国家社科基金后期资助项目
出版说明

后期资助项目是国家社科基金设立的一类重要项目，旨在鼓励广大社科研究者潜心治学，支持基础研究多出优秀成果。它是经过严格评审，从接近完成的科研成果中遴选立项的。为扩大后期资助项目的影响，更好地推动学术发展，促进成果转化，全国哲学社会科学工作办公室按照“统一设计、统一标识、统一版式、形成系列”的总体要求，组织出版国家社科基金后期资助项目成果。

全国哲学社会科学工作办公室

国家社科基金
GUOJIA SHEKE JIJIN HOUQI ZIZHU XIANGMU
后期资助项目

RESEARCH ON THE EXTRATERRITORIAL APPLICATION OF INTELLECTUAL PROPERTY LAW

知识产权法域外适用问题研究

张怀印 著

法律出版社
LAW PRESS·CHINA
——北京——

图书在版编目（CIP）数据

知识产权法域外适用问题研究 / 张怀印著. -- 北京 : 法律出版社, 2025. -- ISBN 978-7-5197-9698-3

Ⅰ. D923.404

中国国家版本馆 CIP 数据核字第 2024AG3834 号

知识产权法域外适用问题研究
ZHISHICHANQUANFA YUWAI SHIYONG WENTI YANJIU

张怀印 著

策划编辑 张 珺
责任编辑 张 珺
装帧设计 汪奇峰

出版发行 法律出版社
编辑统筹 法商出版分社
责任校对 晁明慧
责任印制 胡晓雅
经　　销 新华书店

开本 710 毫米×1000 毫米 1/16
印张 12.75 **字数** 222 千
版本 2025 年 4 月第 1 版
印次 2025 年 4 月第 1 次印刷
印刷 北京虎彩文化传播有限公司

地址:北京市丰台区莲花池西里 7 号(100073)
网址:www.lawpress.com.cn
投稿邮箱:info@lawpress.com.cn
举报盗版邮箱:jbwq@lawpress.com.cn

销售电话:010-83938349
客服电话:010-83938350
咨询电话:010-63939796

书号:ISBN 978-7-5197-9698-3　　**定价**:65.00 元

凡购买本社图书,如有印装错误,我社负责退换。电话:010-83938349

基金项目
国家社会科学基金后期资助项目，项目批准号：21FFXB008

目录 Contents

第一章　导　论

一、选题的背景和价值

知识产权法的域外适用是指一国的行政机关和法院将立法机关通过的具有域外效力的知识产权法适用于其领土之外的人、财产和行为。近年来，英、美等国频繁适用其具有域外效力的知识产权法，使知识产权法的域外适用问题屡次成为国际社会关注的焦点。大变局时代，全球一体化的世界经济秩序逐渐走向保守，多国贸易保护主义抬头。我们应当辩证看待英、美等国知识产权法的域外适用。对于英、美等国具有明确立法依据的域外适用，他国难有反对的法理依据。然而，英、美等国采取违反国际法规则的域外法律适用措施，滥用国内法域外适用规则，不仅扰乱了国际知识产权秩序，也严重干涉了他国的司法主权。对于英、美等国知识产权法域外适用的超保护主义，我们应当制定有效的反制措施。

加入世界贸易组织（WTO）以来，中国同世界经济政治的联系更加紧密，我国企业参与国际贸易竞争的程度日益加深，我国企业与外国主体之间的知识产权争端也在急剧增加。目前，我国各级法院每年受理大量国际知识产权纠纷案件，逐渐成为解决国际知识产权纠纷的主阵地。然而，在我国知识产权法域外效力尚缺乏明文规定的情况下，我国法院主要依据司法解释及对相关法律条文的灵活解释行使管辖权。此外，我国法院对禁诉令机制的运用正处于探索之中，尚未形成有效的制度。禁诉令是英、美等国较为普遍适用的一种处理诉讼管辖权冲突问题的机制。目前，我国还没有禁诉令的具体规定，但在我国涉外民商事纠纷，特别是涉外知识产权诉讼中，人民法院已经开始探索禁诉令机制的运用规则。2020 年是我国知识产权法域外适用的元年。2020 年 8 月 28 日，最高人民法院知识产权法庭对康文森无线许可有限公司与华为技术有限公司专利合同纠纷上诉案（以下简称康文森案）①作出裁决，颁发国内第一个禁诉令，成为我国知识产权禁诉令制度适用的里程碑。2020 年 9 月 23 日，武汉市中级人民法院对小米公司的保全申请作出裁定，并颁发针对美国交互数字公司（IDCC）

① 参见最高人民法院（2019）最高法知民终 732 号、733 号、734 号之一民事裁定书。

的禁诉令。我国法院通过颁发禁诉令探索我国知识产权法域外适用的规则,有利于保护产业利益,维护国家司法主权。

与知识产权法域外适用经验丰富的英、美等国相比,我国在立法上尚缺乏关于知识产权法域外效力的明确规定,在司法管辖权的确定、法院挑选问题的应对和确保知识产权法域外适用效果的反制措施方面均不够成熟。虽然我国法院在禁诉令适用方面已经有了一定的探索和实践,但由于人民法院缺乏相关制度的司法适用经验,现有规则不仅在国际管辖权竞争中无法发挥有效的反制作用,而且难以顺利发挥国际知识产权争议解决的主场优势。在此情势下,如果我国不能尽快构建适宜的知识产权法域外适用体系,形成有效的反制措施,不仅无法保护我国公民和企业的利益,严重削弱企业在国际市场上的竞争力,还将冲击我国司法管辖权和司法主权,阻碍我国提升国际知识产权话语权。

中国法域外适用的法律体系构建和制度设计已经得到党和国家的高度关注。2019 年 2 月 25 日,习近平总书记主持召开中央全面依法治国委员会第二次会议并发表重要讲话,本次会议强调“要加快推进我国法域外适用的法律体系建设”①。因此,在现有国际法框架下,构建体系化的知识产权法域外适用制度,适度扩张国际知识产权司法管辖权,增强我国司法管辖权的弹性应对水平,符合我国参与全球知识产权治理、提升国际知识产权话语权的内在需要。

二、国内外学术史梳理及研究动态

(一)国内文献

与本书相关的现有国内研究主要包括:

1. 知识产权的地域性及其限制

郑成思、刘春田②、王迁③等学者均认为,地域性是知识产权的基本原则之一。郑成思指出,知识产权的地域性是指,“除知识产权一体化进程极快的地区(如西欧经济共同体、法语非洲国家)外,专利权、商标权、版权这些传统的知识产权,均只能依一定国家的法律产生,又只能在其依法产生的地域内有效”④。吴汉东认为:“国民待遇原则是对知识产权保护进行国

① 《习近平主持召开中央全面依法治国委员会第二次会议并发表重要讲话》,载中国政府网,www. gov. cn/xinwen/2019 - 02/25/content_5368422. htm。

② 参见刘春田主编:《知识产权法》,高等教育出版社 2015 年版,第 49 页。

③ 参见王迁:《知识产权法教程》,中国人民大学出版社 2021 年版,第 11 页。

④ 郑成思:《知识产权法:新世纪初的若干研究重点》,法律出版社 2004 年版,第 12 页。

际协调的首要原则，其功用在于克服基于各国主权的地域限制所带来的知识产权的地域限制。”①钟丽认为：“地域性天然的是一个国际视野下的概念，‘知识产权具有地域性’实际上是一个国际私法命题，它是指各国的知识产权法不能支配领域外的知识产权事项和活动，简单地说，知识产权法没有域外效力。”②

2. 知识产权法的域外效力与法律冲突

知识产权法律冲突是否源于地域性的突破？朱榄叶、刘晓红提出：“知识产权领域的法律冲突并非随着知识产权的地域性被突破而产生，知识产权法律冲突存在的范围和程度，更不会由地域性被突破的范围和程度来决定。”③

3. 涉外知识产权诉讼的管辖权

阮开欣认为：“鉴于知识产权的严格地域性，各国法院几乎对知识产权侵权案件采取专属管辖……知识产权专属管辖正在受到彻底性的挑战，英国、美国不断在司法实践中突破专属管辖权的限制。”④丁文严、韩萍认为，美国法的“长臂管辖”制度已成为欧美法院争夺知识产权纠纷管辖权的有效工具。⑤

4. 禁诉令制度及其适用

我国目前对禁诉令制度尚未作出具体规定。学术界对禁诉令制度的研究主要包括：追溯禁诉令制度在英美法系的起源和发展历程；分析禁诉令制度在英美法系司法实践中出现的问题及解决方案；中国在涉外知识产权诉讼中应对禁诉令制度的做法及禁诉令制度体系的构建。

禁诉令制度起源于英国。早期设立禁诉令的目的是应对一国之内的管辖权冲突。禁诉令包括三种：第一种是攻击性禁令，拥有较强的进攻性。这种禁令可以起到阻止案件当事人在其他国家提起诉讼的效果。第二种是防御性禁令，属于保护性的禁令。一旦法院认为案件当事人向外国寻求司法救济的行为对本国法院的司法管辖权造成干涉，往往会颁发禁诉令。第三种是反禁诉令，具有较强的对抗性，能够发挥阻止案件当事人执行外

① 吴汉东：《知识产权法》，法律出版社 2021 年版，第 109 页。

② 钟丽：《国际知识产权争议解决机制研究》，中国政法大学出版社 2011 年版，第 31 页。

③ 朱榄叶、刘晓红主编：《知识产权法律冲突与解决问题研究》，法律出版社 2004 年版，第 105 页。

④ 阮开欣：《知识产权侵权专属管辖之驳论》，载《华中科技大学学报（社会科学版）》2018 年第 6 期，第 94 页。

⑤ 参见丁文严、韩萍：《中国企业专利涉外司法保护中的管辖困境与应对》，载《人民法院报》2018 年 5 月 30 日，第 7 版。

国法院颁发的禁诉令的作用。

（二）国外文献

国外学术界对知识产权的地域性、管辖权冲突等问题已有不少研究成果。Jorge L. Contreras 认为："各国国内法院决定全球专利许可费率的意愿，再加上禁诉令的广泛使用，会引发知识产权司法管辖权的'逐底竞争'。"①禁诉令制度起源于英国，国外已有不少著作阐述了这一制度的适用机理。英、美等国的学者已经将知识产权领域的禁诉令制度与其他领域的禁诉令制度进行了仔细的区分，探讨了诉讼中的程序法和实体法上的问题，对于制度的研究已经到了比较深入的程度。梳理和研究英美法系国家适用禁诉令制度的司法实践，如美国法院在华为诉三星专利侵权纠纷案②中的观点，以及英国法院在无线星球公司（Unwired Planet International）诉华为公司专利纠纷案③中的观点等，对于全面认识英美法系国家的知识产权法域外适用机制具有重要的研究意义。另外，在微软诉摩托罗拉案④中，首次出现了一方当事人寻求域外禁令以影响正在进行的诉讼的情形，这也值得深入分析。在大陆法系国家，法国法院在 IPCom 诉联想案中、德国法院在诺基亚诉大陆公司案（Nokia v. Continental）中签发了反禁诉令。我国武汉市中级人民法院在小米诉 IDCC 案中签发了禁诉令之后，IDCC 先后在印度法院和德国法院申请了针对此禁令的反禁诉令，其中的判决理由和适用规则也需要深入研究。域外国家的相关研究成果较多，司法实践经验丰富，比较分析其他国家与我国的相同点和不同点，对我国禁诉令制度的体系构建将会有所帮助。

哈罗德·伯尔曼（Harold J. Berman）指出："禁诉令早期被用来应对普通法院和教会法院管辖权的冲突问题。"⑤目前，禁诉令已发展为英、美等国应对国际诉讼管辖权冲突的重要制度。沃尔特·海斯（Walter W. Heiser）提出："美国过去更多采用不方便法院原则来应对国际平行诉讼，

---

① Jorge L. Contreras, *It's Anti-suit Injunctions All the Way Down—The Strange New Realities of International Litigation Over Standards-Essential Patents*, IP Litigator, Vol. 26:4, p. 2(2020).

② Huawei Tech., Co., Ltd. v. Samsung Elecs. Co, Ltd., No. 3:16 - CV - 02787 - WHO(N. D. Cal, Apr. 13, 2018).

③ 无线星球公司诉华为公司案，英国法院一审案件编号：HP - 2014 - 000005；二审案件编号：A3/2017/178；三审案件编号：[2020] UKSC 37。

④ Microsoft Corp. v. Motorola, Inc., F. 3d, 2012 U. S. App. LEXIS 20359, 2012WL 4477215(9th Cir. Sep. 28, 2012).

⑤ Harold J. Berman, *Law and Revolution: The Formation of the Western Legal Tradition*, Harvard University Press, 1990, p. 472.

后来随着司法实践的变化，逐渐将禁诉令制度作为处理管辖权冲突的解决方案。"①戴维·阿尔塔拉斯(David Altaras)认为："根据英国法律，原告享有不被在国外法院起诉的合法或公平的权利时，法院可以行使自由裁量权，发布禁止被告向外国法院起诉的命令。"②

法、德等国对待禁诉令的态度较为慎重，对法官的自由裁量权作出了一定的限制，并形成了具体的适用规则。2019 年，法国巴黎高等法院在 IPCom 诉联想案中应 IPCom 的请求，针对美国禁诉令发布反禁诉令，该裁决考量了法院管辖权、是否违反欧盟法律、对公共秩序的影响以及相关利益的权衡四个因素。

Tyler J. Dutton 对欧盟跨界诉讼禁令和美国禁诉令进行了比较研究，分析了两种禁令的适用条件和限制。③ Benedetta Ubertazzi 对国际公法和私法中的知识产权与排他管辖权问题展开研究，结合欧盟和美国的案例介绍了国际私法中知识产权诉讼的管辖权选择问题。④ Graeme B. Dinwoodie 建议制定一个知识产权冲突法公约，以便各国在处理涉外知识产权法律冲突时，统一适用连结点所在地的法律。⑤

上述诸多学者的研究成果无疑具有重大参考价值。现有文献大多聚焦于知识产权地域性、国际管辖权冲突、禁诉令和反禁诉令等方面，对知识产权法域外适用规则制定提出了一些建设性意见，为本书的研究奠定了很好的基础。但是，现有文献对于知识产权法域外适用规则体系缺乏系统的思考和研究，未能厘清知识产权法域外适用的规范逻辑和制度构造，同时，也无法为确保知识产权法的域外适用效果提供充分的理论支撑和有效的保障机制。

三、研究对象、研究思路和主要目标

(一)研究对象

本书的研究对象是知识产权法域外适用的法律体系，包括三个方面：

---

① Walter W. Heiser, *Using Anti-suit Injunction to Prevent Interdictory Actions and to Enforce Choice of Court Agreement*, Utah Law Review, Vol. 3, p. 855 – 879(2011).

② David Altaras, *The Anti-suit Injunction: Historical Overview*, Arbitration: The International Journal of Arbitration, Mediation and Dispute Management, Vol. 75:3, p. 327 – 333(2009).

③ See Tyler J. Dutton, *Jurisdictional Battles in Both European Union Cross-border Injunctions and United States Anti-suit Injunctions*, Emory Int'l L. Rev., Vol. 27, p. 1177 – 1178(2013).

④ See Benedetta Ubertazzi, *Intellectual Property Rights and Exclusive (Subject Matter) Jurisdiction: between Private and Public International Law*, Marquette Intellectual Property Law Review, Vol. 15:2, p. 357(2011).

⑤ See Graeme B. Dinwoodie, *Developing a Private International Intellectual Property Law: The Demise of Territoriality*, William & Mary Law Review, Vol. 51:2, p. 719(2009).

一是知识产权法域外适用的逻辑证成，即知识产权地域性与法律冲突、知识产权法域外效力的内涵和理论观点、逻辑展开等；二是国际法框架下我国知识产权法域外适用的制度构建，包含知识产权法域外适用中司法管辖权的适度扩张、禁诉令制度的运用、民事保全程序的完善等；三是知识产权法域外适用的效果保障机制，即通过低、中、高三种不同强度的反制措施体系确保我国知识产权法域外适用的实施效果。

（二）研究思路

本书以中国知识产权法域外适用的法律体系构建和法律适用效果保障为研究主题，具体研究思路为：问题提出—理论探讨—制度分析—制度构建。具体如图 1－1 所示。

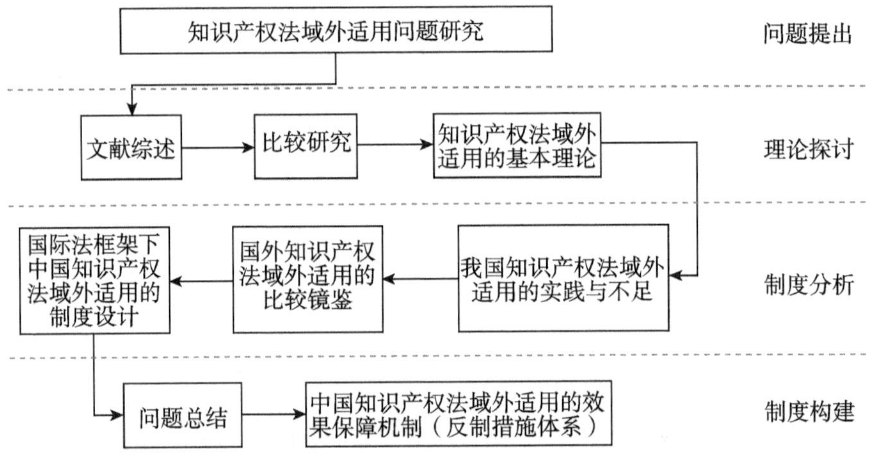

图 1－1　知识产权域外适用体系研究思路

本书的研究从两条线展开：一条线是纵向的理论分析，从国际、国内两个维度探讨知识产权法域外适用的理论基础和具体实践，通过比较研究总结提炼我国知识产权法域外适用的立法不足、司法冲突等难题；另一条线是横向的制度研究，从我国知识产权法域外适用的司法困境和制度需求着手，深入剖析我国知识产权法域外适用的特别程序法和实体法规范冲突问题，借鉴国外知识产权法域外适用的制度经验，最终探索出适合我国国情的知识产权法域外适用的反制措施体系，以期反制英、美等国的法律域外适用泛滥问题，为维护我国司法主权和产业利益提供有力的理论支撑和制度保障。

（三）主要目标

本书从我国知识产权法域外适用的现实困境出发，服务于知识产权法域外适用法律体系构建这一基本目标。在理论层面，本书通过理论探讨、制度分析、域外比较等多种视角,系统梳理我国知识产权法域外适用体系构建的问题、原则和措施,为维护国家利益和产业利益、提升我国参与国际知识产权治理的能力提供理论支撑。在实践层面,本书综合考虑我国涉外知识产权诉讼法律、《阻断外国法律与措施不当域外适用办法》的规定并借助国际争端解决机制等不同强度的反制措施,提出针对英、美等国知识产权法域外适用的有效反制措施,构建国际知识产权争议解决的主场优势,以期维护我国相关企业和产业的利益。

四、本书主要研究内容

本书从我国知识产权法域外适用的现实困境出发,服务于知识产权法域外适用法律体系构建这一基本目标,始终围绕我国知识产权法域外适用体系构建的理论与实践难题、原则、体系构建和效果保障等问题展开,勾勒出未来我国知识产权法域外适用的体系架构和保障机制。全书包含六章及结语。

(1)导论。第一章以英、美国家频频滥用国内法域外适用机制的情形和我国法院探索知识产权法域外适用规则构建有效的反制机制的实践为基点,结合 2019 年中央全面依法治国委员会第二次会议提出的"要加快推进我国法域外适用的法律体系建设"这一论断,引出亟须构建知识产权法域外适用法律体系这一重要论题。本章还对国内外关于知识产权法域外适用的文献进行了简要论述,并阐述了本书独到的学术价值和应用价值、研究思路和主要目标等内容。

(2)知识产权法域外适用的基本理论。知识产权法是否具备域外效力,是知识产权法能否域外适用必须首先阐明的理论预设,也是学术界和实务界争议的焦点。知识产权本身具有很强的地域性限制,一国法院往往不会认可外国知识产权法在本国的法律效力。然而,知识产权法在该国境外得到法律上或事实上的承认有两方面的原因:一为按照一国的国内法和其所缔结的国际条约等,在处理某些问题时应引用有关外国法律的规定;二为一国法律规定其某项法律条款对其境外的人、物或行为会产生域外效力。第二章的研究内容为其后知识产权法域外适用的实践、法律体系构建和效果保障机制设计提供了充分的理论支撑。

(3)我国知识产权法域外适用的实践与不足。知识产权法域外适用通常包括知识产权司法中的域外适用,以及知识产权行政执法中的域外适用。在实践中,我国目前还存在立法依据不足、法院和行政执法部门在域外适用体系中的作用不突出、缺少保障知识产权法域外适用的法律责任体系等问题。综观全球知识产权诉讼,知识产权法的域外适用往往会与他国法院的管辖权发生冲突。在国际知识产权诉讼中,如果严格按照传统的地域性原则,往往会导致我国法院对于被告为外国主体或侵权行为发生在国外的案件缺乏管辖权,这不利于保护我国权利人的利益。同时,这也将制约我国知识产权法域外适用的效果。因此,我国法院在涉外知识产权司法和执法实践中迫切需要突破现有地域性管辖限制,探索管辖权的适当扩张问题。

禁诉令机制源于英美法系,是跨国知识产权诉讼中确定管辖权的常用制度,也是当前实务界和理论界关注的热点问题。相对于英、美等国频繁适用禁诉令制度而言,我国法院在司法实践中适用禁诉令机制的时间比较短,颁发禁诉令的案例还比较少。最高人民法院在我国第一个“禁诉令”裁定中明确了,采取禁止申请执行域外法院判决的行为保全措施时,应考虑域外法院判决的临时执行是否会对中国诉讼产生影响、采取行为保全措施是否的确极为必要、损益平衡、公共利益以及国际礼让原则五要素。在该案中,最高人民法院第一次适用日罚金制度,这也是我国探索“禁诉令”司法适用规则的开始。然而,在我国法院颁发禁诉令的司法实践中,还存在遵循国际礼让原则与保护本国企业之间出现的矛盾、法院对涉外知识产权案件的管辖存在连结点争议、违反禁诉令的保障措施不足等问题,都有待进一步解决。

(4)国外知识产权法域外适用的比较镜鉴。综观知识产权法域外适用的实践,英美法系的美国利用其国内法管辖国外实体和个人的案件,成为当今世界上知识产权法域外适用最为频繁、制度规则最为精密的国家,英国次之,而大陆法系的德国和法国在知识产权法域外适用方面则较为克制,并未积极扩张其域外管辖权,主要将反禁诉令作为反制他国专利法域外适用的必要措施。总之,两大法系在知识产权法域外适用背后的理念和立场存在较大的差异:英美法系国家出于保护本国产业的考量,不断扩张司法管辖权;而大陆法系国家在知识产权法域外适用的态度上则相对保守,往往把知识产权法域外适用视为国际民事诉讼竞合中的一般问题,将知识产权法域外适用视为对别国司法主权的干涉,只是在国际知识产权诉讼竞合中通过颁发反禁诉令维护本国司法主权。两大法系国家在域外适用理念上存在本质不同,但都可以为我国知识产权法域外适用体系的构建提供有益的启示。

(5)国际法框架下我国知识产权法域外适用的制度设计。我国知识产权法域外适用的体系构建需要遵循国际法上通行的基本原则。国际私法中的属地原则等可以成为知识产权法的域外适用体系构建的指导原则。知识产权法域外效力规则的缺失已经成为中国知识产权法开展域外适用的“瓶颈”。因此,中国知识产权法域外适用体系需要在重点领域明确域外管辖权规则,以便执法机关能够有效进行监管、司法机关能够有效适用法律。传统的严格地域性管辖原则不利于我国法院对被告为外国主体或侵权行为发生在国外的案件行使管辖权。为了因应英、美等国知识产权域外管辖权扩张的实践,保护我国企业海外产业免受不正当竞争的侵害,适度扩张知识产权域外司法管辖权已经成为我国迫切需要解决的问题。

虽然学术界和实务界对于知识产权法域外适用中司法管辖权的扩张问题仍存在争议,但我国司法部门业已运用适当联系原则创设新型管辖连结点,对司法管辖权进行适当扩张,并初步形成具体的适用标准,为今后我国知识产权法域外适用的实践提供经验参考。

(6)知识产权法域外适用的效果保障机制(反制措施体系)。针对域外各国频繁适用具有域外效力的知识产权法的情况,首要保护的是我国企业的海外利益。如果不能采取有效的应对措施,可能会造成我国产业整体受损并影响我国企业正常地参与国际市场竞争。因此,应确保我国知识产权法的域外适用效果,以维护国家司法主权,保障“走出去”企业的海外利益。

我国知识产权法域外适用目前存在尚未形成反制措施体系、缺乏域外适用的配套制度和缺乏执行经验等问题,难以有效发挥其反制作用。我们应当借鉴其他国家和地区有关阻断立法、保障反制措施的执行、禁诉令的适用等方面的经验,按照由低至高强度递进的逻辑顺序,设计知识产权法域外适用的法律责任体系,采取《阻断外国法律与措施不当域外适用办法》等规定中的措施,构建适宜中国的反制措施体系。笔者建议,为全面保护我国企业合法权益,应及早制定知识产权诉讼特别审理法。

第二章 知识产权法域外适用的基本理论

知识产权法域外适用面临的首要障碍,即知识产权本质上是由一国授权或保护的私权,具有显著的地域性,通常只具有域内效力。解决知识产权法的地域性与域外效力的冲突,是我国知识产权法域外适用的理论前提。详言之,研究知识产权法的域外适用这一问题,包含的基本理论至少应有:全球化时代地域性是否受到挑战并被突破;知识产权法的域外效力与知识产权的域外效力是等同关系还是有所区别。本章将围绕全球化时代知识产权的地域性原则面临的挑战等基本问题展开讨论。

传统国际私法认为,知识产权具有严格的地域性,"作为知识产权产生根据的知识产权法通常只具有域内效力,所以各国均承认和保护依本国法律取得的知识产权,不适用外国法,不承认外国法的域外效力"①。地域性特征是理解和分析知识产权法域外效力的一把钥匙。破除知识产权法的域内效力限制,提出域外适用的逻辑前提,成为本书研究的逻辑起点。因此,本书的研究从这一问题展开,对知识产权与知识产权法的域外效力之间的关系进行探讨。两者既有密切联系,又存在一定的区别。知识产权作为由内国法授予或者保护的私权,本身具有严格的地域性限制,各国往往不会认可其域外效力。然而,知识产权法却会在该国境外得到承认。因为一国根据其内国法律、所缔结的国际条约、所认可的国际惯例,在审判实践中处理某些问题时可能会援引相关外国法律条文;或者因为一国法律规定某事项或情况适用于境外的人、物或行为。承认知识产权法域外效力的存在可以为相关域外适用的实践、法律体系构建和效果保障机制设计提供充分的理论支撑。

第一节 知识产权的地域性原则及其面临的挑战

地域性原则是各国知识产权法认可的基本原则之一,②不仅为国内外

① 王德辉:《论国际知识产权的法律冲突及其侵权的法律适用》,载《太平洋学报》2006年第8期,第23页。

② See Hanns Ullrich, *TRIPs: Adequate Protection, Inadequate Trade, Adequate Competition Policy*, Pacific Rim Law & Policy Journal, Vol. 4:1, p. 157(1995).

学术界所接受和认可,也被国内外知识产权立法所肯定。什么是知识产权的地域性原则?当前各国均面临数字经济蓬勃发展带来的新机遇,如网络文化产业的繁荣和跨境电子商务的发展等。在此情势下,地域性原则是否会受到挑战?会受到哪些挑战呢?

一、知识产权的地域性原则

(一)知识产权的地域性

"地域性"一词存在于法学各部门法中,并非知识产权学科所独有。刑法、国际私法等领域都与地域性原则有着密切的关联。传统国际法认为,"'地域性'原则发端于《威斯特伐利亚和约》中民族—国家概念的形成"①。纵观欧洲知识产权法的发展史,知识产权制度的发展与地域性有着难解难分的关系。② 与有形财产权相比,知识产权通常体现出鲜明的地域性特征。知识产权作为经过国家授权的私权,往往仅在一国地域内发生约束力。依据地域性原则,公司或自然人在中国取得的专利权、商标权或著作权等,只限于在中国境内获得保护。如果想要在美国获得保护,该公司或自然人则需要另行获得授权或批准。

(二)知识产权地域性原则的起源与发展

知识产权具有地域性与其产生的历史根源有很大的关系。知识产权制度诞生于封建社会的中后期或资产阶级工业革命的初期,不可避免地受到封建法特性的影响。中世纪的欧洲,专利制度经历了从自由的特权到正式法规的漫长发展历程。最初,专利是由封建国王颁发给在某一领域取得较大成就的人。威尼斯政府在1460年给了一位名叫雅各布斯·迪·瓦尔珀格(Jacobus de Valperga)的德国小伙子一种特权,因为他发明了一种新的水泵。③ 直到《英国垄断法案》出台,专利制度才完成从特权到正式法规的蜕变。《英国垄断法案》以恩惠主义作为理论基础,该法案是在封建国王执政时期颁布的,其中明文规定:"专利特许状的授予,为国王之恩惠。"④

版权法的诞生稍晚一些,但也同样经历了由特权到正式立法的过程。

---

① Leo Gross, *The Peace of Westphalia*, 1648 - 1948, American Journal of International Law, Vol. 42: 1, p. 28 - 29(1948).

② See Lydia Lundstedt, *Territoriality in Intellectual Property Law*, Stockholm University, 2016, p. 122.

③ 参见[奥]伊利奇·考夫:《专利制度经济学》,柯瑞豪译,北京大学出版社2005年版,第5页。

④ 曾海帆编著:《专利制度发展简史》,湖南省专利管理局、湖南省科技情报研究所1985年版,第13页。

15 世纪中叶,德国发明家古腾堡使用活字印刷术印制《圣经》,该技术很快在欧洲各国得到广泛应用。此后,图书贸易在欧洲迅速兴起并且竞争日趋激烈,于是各国印刷商开始借助特权方式来保障自己的利益。直到 18 世纪初英国通过《安妮女王法》,版权法才首次以制定法的面貌出现。《安妮女王法》在一定程度上保护了出版商的财产权,但也同样出自封建君主的赐予,无法摆脱封建法的窠臼。

商标法的出现较晚,19 世纪中期以后方才产生。1857 年,法国政府制定《制造与商品标记法》,一般认为,这是世界上最早的商标法。① 英国则于 1862 年颁布《商品标记法》,并在 1875 年颁布《商标注册法》。在正式的商标法律制度出台之前,商标在国外已有了很长的历史。1333 年,"伦敦刀匠约翰在为自己的货物选择标记时,不能再选用新月、短剑、十字锁,因为别的刀匠业已使用过这些标志"②。他选择了乌鸦作为自己作品的标志,因为乌鸦意为"欧丁神的眼睛"③。实际上,商标法的起源与封建行会制定的严格的检查管理制度不无关系。各行会为了从源头杜绝不合格产品,并易于识别和判断缺陷产品的制造商,"发明"了一套强制性生产标记(compulsory production mark)制度,要求成员必须为其生产、销售的商品加上特定标示。④ 随后,英国普通法和衡平法通过一系列的判例确认并发展了商标法的规则,并最终演化为成文法。商标法的产生虽然并不像专利法和版权法那样具有明显的君主授予的烙印,但仍然没有摆脱地域性的限制。19 世纪 70 年代,英国为了保护商人的海外利益,通过外交部与俄罗斯帝国、法国等多个国家签订商标保护的双边协定。⑤ 这充分反映了地域性特征对商标保护的重要性。

专利法、版权法的出现与封建社会君主或者教会的特权有着密不可分的联系。正如利迪亚·伦德斯德特(Lydia Lundstedt)所说:"知识产权,尤其是专利权和著作权可以追溯到 15 世纪欧洲君主授予的特权,这

---

① See Shoen Ono, *Overview of Japanese Trademark Law*, 2nd ed., Yuhikaku Publication, 1999, p. 2.

② 张怀印、凌宗亮:《区块链技术在商标领域的证明作用》,载《知识产权》2018 年第 5 期,第 77 页。

③ Thomas D. Drescher, *The Transformation and Evolution of Trademarks—From Signals to Symbols to Myth*, Trademark Reporter, Vol. 82:3, p. 315 (1992).

④ 参见余俊:《商标法律进化论》,华中科技大学出版社 2011 年版,第 65 页。

⑤ See Great Britain, Parliament and House of Commons, *Treaty Stipulations Between Great Britain and Foreign Powers on the Subject of Trade Marks* (1872), Proquest LLC Cambridge, p. 673 (2016).

些特权被明确限定在该君主所控制的特定区域范围之内。”①有学者认为,“在这种背景下,知识产权的产生不可避免地带有地域性,而且无法与其他同样具有封建属地性的民事权利相区别”②。随着各国资产阶级革命先后完成,虽然知识产权逐渐摆脱封建法的影响,但其地域性特征却得以保留。

“地域性”这一概念的真正出现得益于19世纪末知识产权国际保护制度的形成。当时,随着科学技术的发展,国际贸易在欧洲甚至全球范围内扩展,迫切需要构建国际知识产权的新秩序。于是,“以民族国家和地域性原则为基础建立国际知识产权制度是19世纪后期世界政治秩序的一个合乎逻辑的结果,当时,谈判并缔结了《保护工业产权巴黎公约》(《巴黎公约》)和《伯尔尼公约》”③。这两大公约成为最早的多边知识产权协定,并保留了地域性原则,允许各成员国在满足条约需求和利益规定的情况下制定各国的知识产权法,只要其能够尊重国民待遇原则。④然而,《巴黎公约》等国际条约并没有正式使用“地域性”这一概念。知识产权“地域性”概念的出现与《巴黎公约》的独立原则息息相关,该原则规定:同一专利或者商标在不同国家中的权利取得和保护均具有相互独立性。⑤

20世纪以来,随着科技的进步以及全球化进程的推进,各国签订了一系列知识产权国际协定,知识产权保护的国际秩序也处于不断演进之中。然而,知识产权的地域性一直是国际知识产权法的核心原则之一。根据地域性原则,各国可以出于鼓励本国产业发展或维护公共健康等目的设计各自的知识产权法。《与贸易有关的知识产权协定》(TRIPs)的签订,标志着知识产权国际保护体系在全球范围内正式确立。然而,发展中国家与发达国家在经济发展、产业规模和知识产权保护水平等诸多方面存在较大距离,在此情势下,“知识产权国际保护制度形成过程中跨国利益集团的直接推动依然存在,但随着有关国际组织和社会公众抵制

---

① Lydia Lundstedt, *Territoriality in Intellectual Property Law*, Stockholm University, 2016, p. 73 - 74.

② 刘家瑞、史威:《知识产权地域性冲突法评述》,载《中央政法管理干部学院学报》1998年第6期,第9页。

③ [美]弗雷德里克·M.阿伯特、[瑞士]托马斯·科蒂尔、[澳]弗朗西斯·高锐:《世界经济一体化进程中的国际知识产权法》(上),王清译,商务印书馆2014年版,第100页。

④ See Emmanuel Kolawole Oke, *Territoriality in Intellectual Property Law: Examining the Tension between Securing Societal Goals and Treating Intellectual Property as an Investment Asset*, SCRIPTed, Vol. 15:2, p. 316 - 317(2018).

⑤ 参见《巴黎公约》第4条之二、第6条。

知识产权进一步扩张的意识觉醒,民间力量成为知识产权国际保护制度形成中一股不可忽视的显在力量”①。由发展中国家发起的抵制运动最终促成了 2001 年《TRIPs 与公共健康宣言》(《多哈宣言》)的出台。各国可以根据自身的具体情况出于维护公共健康的需要,通过对专利药品实施专利强制许可的方式来确保药品可及性。《多哈宣言》通过专利强制许可制度维护公共健康的制度设计便是全球化时代知识产权地域性原则的最好诠释,体现了各国知识产权制度的个性。

(三)知识产权地域性的本质

知识产权发端于 15 世纪欧洲君主或者教会授予的特权,资本主义民主国家建立后各国开始制定知识产权法,地域性原则得到保留,并发展为当今国际知识产权法最重要的原则之一。通常认为,知识产权的地域性意味着知识产权的效力并非全球性的,而是限定在授权或注册的地域范围之内,并在该地域范围内获得保护。德国马普创新与竞争法研究所学者安妮特·库尔(Annette Kur)教授等人认为,知识产权的地域性通常产生以下后果:(1)所有的知识产权都具有本国特性,除非这些权利产生并在某一区域内(如欧盟)生效。(2)某一国家赋予的专利权,只在其本国具有约束力。如 A 国授权的专利,仅在 A 国范围内有效。②

知识产权地域性原则蕴含着两个维度:一是知识产权获权的地域性,即其专有权权属的获得具有严格的地域性限制,仅能依据某一国的国内法产生。当然,随着区域性知识产权立法的制定,知识产权地域性的范围不再仅仅局限于某一国家的地域之中,而是扩展到若干国家的联盟。比如,欧盟制定并颁布的《欧盟商标条例》《欧盟著作权指令》《欧盟数字化单一市场版权指令》等。根据上述立法,欧盟商标、欧盟著作权、具有统一效果的欧盟专利在欧盟国家均具有效力。欧盟区域性立法的产生是否消除了知识产权的地域性?当然不会。欧盟区域性立法生效以后,欧盟各国立法机关制定的知识产权法仍然存在,其地域性效力不受影响。实际上,在欧共体成立以后,直到《里斯本条约》生效以前,由于欧共体的目标是实现单一市场内部商品、人员和劳务等要素的自由流动,而依据各成员国法律获得的专利、商标、著作权等知识产权,均具有明显的地域性。因此,知识产权的地域性与建立单一市场、实现商品自由流动的宗旨之间,就存在着不

① 杜颖:《知识产权国际保护制度的新发展及中国路径选择》,载《法学家》2016 年第 3 期,第 116 页。

② See Annette Kur, Thomas Dreier & Stefan Luginbuehl, *European Intellectual Property Law: Text, Cases and Materials*, Edward Elgar Publishing Limited, 2019, p. 13.

可避免的冲突。① 当然,欧共体一直在努力寻求单一市场内商品自由流动与知识产权保护之间的平衡,以维护单一市场的宗旨。欧共体法院根据《欧共体条约》的规定,作出一系列判例。通过这些判例,欧共体法院创设了“权利的存在在于权利的行使”“知识产权的特定主题”“知识产权在共同体范围内用尽”等原则,并在此基础上,在商品自由流动的宗旨与知识产权保护的政策取向之间,实现了最大的平衡。② 事实上,欧共体法院的这些努力并不能从根本上调和两者之间的矛盾。因此,创设单一知识产权法的呼声在欧盟一直很高。《欧盟商标条例》、欧盟著作权及相关权保护指令等法律应运而生。库尔教授也认可,知识产权的地域性不仅存在于一国,还可以扩展到区域范围。③ 这些法律生效以后,将传统的限于一国范围的地域性扩展到了数个国家。换言之,在区域知识产权保护中,地域性仍然存在,只不过是从特定国家扩展到整个区域罢了。以商标权的地域性为例,依据《欧盟商标条例》注册的商标,如果在欧盟区域生效,地域性原则肯定仍然存在,只不过是扩展到了欧盟中其他国家的地域范围之内。欧盟商标权同各国独立的商标权并存,两者并不冲突。二是知识产权保护的地域性,即专利权、商标权、著作权等在某一国地域范围内获得的权属仅在该授权地域内获得保护。依据地域性原则,甲企业在德国申请的专利权仅能请求德国法院在德国地域范围内予以法律上的救济,而不能获得美国法院的支持。

二、全球化背景下知识产权地域性原则面临的挑战

在全球化的今天,知识产权地域性原则是否因为数字网络技术的普及、跨境电子商务贸易的发展以及知识产权国际保护制度的产生和发展等因素被削弱,乃至逐渐消失?毋庸置疑,全球贸易环境和科学技术的迅猛发展对知识产权地域性特征构成了一定的冲击,使学术界和实务界对知识产权地域性开始了新的思索。

(一)知识产权制度的区域化对知识产权地域性原则的挑战

发端于19世纪末的知识产权国际化运动,随着新技术和国际贸易的发展在20世纪得到了极大的发展。继《巴黎公约》《伯尔尼公约》后的一

---

① 参见李明德、闫文军等:《欧盟知识产权法》,法律出版社2010年版,第35页。

② 参见李明德、闫文军等:《欧盟知识产权法》,法律出版社2010年版,第37页。

③ See Annette Kur, Thomas Dreier & Stefan Luginbuehl, *European Intellectual Property Law: Text, Cases and Materials*, Edward Elgar Publishing Limited, 2019, p. 13.

系列重要国际公约①逐步完善了专利权、著作权等方面知识产权的国际保护规则。

20世纪下半叶，以美国为主导的经济发达国家为了进一步提升全球知识产权保护水平，开始将知识产权保护同跨国贸易捆绑在一起，并最终在《关税与贸易总协定》（GATT）基础上签订了TRIPs。TRIPs是国际知识产权公约之集大成者，出于保护贸易与知识产权的考量，对专利权、商标权、著作权及有关权利等各项内容作出了详尽的规定。毫无疑问，TRIPs使以美国为首的西方国家在贸易谈判中获得了巨大的收获。在全球贸易中，TRIPs把知识产权保护水平提升到了一个新的高度②，其他国家只要开展国际贸易，就不得不遵循TRIPs的标准来修改其知识产权法律规范。

学术界对于知识产权国际化保护是否削弱了知识产权地域性的问题一直持有不同的观点。有学者认为，"在知识产权由国内保护发展到国际保护的过程中，知识产权国际保护公约的缔结的确在理论上和实践上淡化了知识产权的严格地域性，使各国知识产权法律制度逐步在权利独立原则之下实现了间接的域外效力"③。其理由是大多数国际知识产权条约均规定了最低保护标准。也有学者并不认同知识产权国际公约已经完全突破或者部分突破知识产权的地域性原则。以著作权国际保护为例，程冰认为，"公约确立的最低限度保护原则要求各成员国赋予外国人享有的著作权不应低于国际社会普遍采用的标准，这并不意味着外国人在来源国获得的权利因为公约的存在便有了域外效力，否则将国民待遇原则和最低限度保护原则进行单独规定则失去了法律意义"④。

---

① 《制止商品来源虚假或欺骗性标记马德里协定》（Madrid Agreement for the Repression of False or Deceptive Indications of Source on Goods）（1891年）、《商标国际注册马德里协定》（Madrid Agreement Concerning the International Registration of Marks）（1891年）、《保护表演者、录音制品制作者和广播组织罗马公约》（International Convention for the Protection of Performers, Producers of Phonograms and Broadcasting Organisations）（1961年）、《专利合作条约》（Patent Cooperation Treaty, PCT）（1970年）、《保护录音制品制作者禁止未经许可复制其录音制品公约》（Convention for the Protection of Producers of Phonograms Against Unauthorized Duplication of Their Phonograms）（1971年）、《关于集成电路知识产权的华盛顿条约》（Treaty on Intellectual Property in Respect of Integrated Circuits）（1989年）、《商标法条约》（Trademark Law Treaty, TLT）（1994年）、《世界知识产权组织版权条约》（WIPO Copyright Treaty, WCT）（1996年）、《视听表演北京条约》（Beijing Treaty on Audiovisual Performances）（2012年）等。

② 参见李明德：《"特别301条款"与中美知识产权争端》，社会科学文献出版社2000年版，第316页。

③ 朱榄叶、刘晓红主编：《知识产权法律冲突与解决问题研究》，法律出版社2004年版，第21页。

④ 程冰：《知识产权国际私法新问题研究》，人民法院出版社2020年版，第20页。

知识产权立法的区域一体化是国际化保护的重要部分，欧盟是区域化立法取得较大成就的典型地区。欧洲国家很早就开始了区域知识产权一体化的进程。1909 年，德国人杜布瓦·雷蒙（DU Bois-Raymond）首次提出建立统一的世界专利制度。第一次世界大战期间，德、奥两国曾经试图统一专利制度，但未能完成。第二次世界大战结束以后，欧洲国家不断尝试制定统一专利制度的立法。捷克斯洛伐克人库切拉（Kucera）在 1946 年、法国人龙香本（Longchambon）在 1949 年分别提出创建统一的欧洲专利局的建议。《欧洲专利公约》最终于 1973 年 10 月 5 日正式签署，并经 7 个国家批准后，于 1978 年正式生效。① 20 世纪 90 年代以后，欧洲区域一体化脚步逐渐加快，专利的地域性日益成为欧盟内部商品自由流通的障碍，创设共同体专利制度再次被提上议事日程。2013 年 2 月，欧盟 25 个成员国在布鲁塞尔签订《统一专利法院协定》（Unified Patent Court Agreement，UPCA），决定设立欧盟统一专利法院（Unified Patent Court，UPC），力求实现专利司法的统一，欧盟统一专利体系（Unitary Patent Package）②也随之确立。欧盟统一专利体系已经于 2023 年 6 月 1 日正式开始运作，标志着欧盟专利一体化的法律进程已经完成，专利司法领域的区域一体化已经实现。在商标立法领域，《欧盟商标条例》的颁布和实施早已实现了商标申请的区域一体化。在著作权领域，《欧盟著作权指令》《欧盟数字化单一市场版权指令》也实现了著作权区域保护的一体化。此外，在边境执法方面，欧盟通过制定《知识产权海关保护条例》，统一了其成员国的边境执法标准。欧盟上述立法的目的在于确保单一市场内知识产权确权和保护的一体化，以解决知识产权地域性同单一市场内商品自由流动之间的内在矛盾。前已述及，欧盟知识产权区域一体化的种种努力并未消除知识产权的地域性，只不过知识产权之效力范围从单一国家扩展到整个欧盟范围，这就使原本限于某一国家的严格地域性原则被削弱了。

（二）跨境电子商务贸易的拓展对知识产权地域性原则的挑战

随着数字网络技术的不断革新及贸易全球化的纵深推进，跨境电子商

---

① 7 个最先批准的国家为：联邦德国、荷兰、英国、瑞典、法国、卢森堡和比利时。See J. B Van . Bentham，*The Organisational and Operational Features of the European and Community Patent Systems*，American Intellectual Property Law Association Quarterly Journal，Vol. 5：4，p. 259（1977）.

② 统一专利体系包含统一专利（European patent with unitary patent）和统一专利法院两个方面。统一专利仍由欧洲专利局审批，专利申请人可以在申请时提出。与此前的欧洲专利不同，统一专利的效力范围仅限于参加统一专利体系的欧盟成员国。统一专利法院由 1 个上诉法院和 3 个中央法院组成，其效力范围仅限于欧盟成员国。

务贸易不断走向成熟。“近年来，中国跨境电商通关、税收和外汇等政策正在进一步完善，新一代信息技术应用逐步推进贸易各环节数字化，跨境电子商务成为越来越多的企业开展跨国贸易的首选渠道。”①据海关统计，“2020年我国跨境电商进出口1.69万亿元，增长了31.1%，其中出口1.12万亿元，增长40.1%，进口0.57万亿元，增长16.5%”②。海关的统计数据表明了跨境电商的迅猛扩张趋势。跨境电商的蓬勃发展，使商品、人员和信息等要素的流动远远超越了地理疆界，商品得以在全球市场内迅速销售。商标权的地域性同商品流动的全球性之间的矛盾因此渐渐显现，并发展成为影响商标确权及诉讼等程序的不确定因素。在经济全球化和跨境电商迅猛发展的今天，应当如何认定发生在域外的商标使用行为的效力？商标权的地域性原则是否意味着法律仅仅承认发生在本国之内的商标使用行为？我们应当固守商标的地域性原则，还是承认和允许地域性原则的适当突破？我国学术界和实务界对此仍然存在较大的分歧。

根据我国的司法判决现状，“大多数判决均认为商标权具有严格地域性，只有发生在我国境内的商标使用行为才受我国商标法的保护”③。如在爱马仕案④中，因法国权利人仅能证明其在我国香港地区拥有较高的知名度，无法证明其在内地的驰名情况，故无法撤销其他公司对“爱马仕”中文商标的抢注，最终导致该商标与“HERMES”商标分属不同的权利人，割裂了该外文商标与其中文翻译商标之间的联系，很容易造成消费者混淆和误认。这一判决代表了司法部门的主流观点，判决法院认为应当遵守商标权的严格地域性原则，没有在我国境内实际发生的商标使用行为，不应当认可其效力。当然，也有法院持商标权的严格地域性不具有绝对性这一观点，认为法院在案件审理过程中应适度认可境外企业使用商标的知名度大小。这一问题在商标行政确权、驰名商标认定案件中较为普遍。如在“NUXE”商标异议案中，法院指出，“娜可丝公司提交的证据足以表明被异议商标申请注册日之前其已经在欧美国家以及我国香港地区具有了较高的知名度。且娜可丝公司对其商标的宣传和使用，使得其‘NUXE PARIS及树图形’商标具备了较高的商业价值，具有了一定的影响力，并最终认定

① 曲维玺、王惠敏：《中国跨境电子商务发展态势及创新发展策略研究》，载《国际贸易》2021年第3期，第4页。

② 孔繁鑫：《2020年我国跨境电商进出口规模达1.69万亿元》，载光明网，https://m.gmw.cn/baijia/2021-01/14/34543698.html。

③ 凌宗亮：《域外商标使用行为的效力及其判断》，载《知识产权》2019年第12期，第46页。

④ 参见最高人民法院再审行政裁定书，(2016)最高法行申2088号。

'NUXE PARIS 及树图形'商标在我国内地已经为相关公众所知悉，并形成了一定的知名度"①。

对于发生在我国内地以外的商标使用行为，是否应当固守地域性原则，是否认其效力还是适度突破地域性原则，承认其效力，对此，学术界也存在较大的争议。否定意见认为，应当严格遵循地域性原则，以出口加工语境下的商标使用为例，有学者认为，"由于贴有诉争商标的货物并未在我国市场上销售，本国境内的消费者没有接触到该商品的可能性，因此商标的贴附行为不属于商标法意义上的使用行为"②。与此相对应，也有不少学者将商标使用与商誉传播分离开来，开始重视商誉溢出③效应，认为"商标权具有地域性，但'商誉溢出'现象不受地理疆界的约束。随着互联网经济和全球传媒的发展，即便商标未在我国境内实际使用，也足以使得消费者对商品的质量产生信赖，从而对该商标的信誉予以认可"④。因此，在跨境电商越来越发达的今天，我们应当重视发生在域外的商标使用行为，慎重考虑商标地域性限制与突破问题。毕竟，"商标权的地域性并不等同于商标所承载的利益或者商标声誉也具有地域性，出于商标法与时俱进的需要，也为了保护商标权人的正当权益，防止消费者混淆误认，应适度承认域外商标使用行为的效力"⑤。笔者对这一观点深表赞同，越来越多的商标确权案件⑥表明，随着近年来跨境电商的蓬勃发展，很多发生在境外的商标使用行为中的商标，往往在境内已有很高的知名度，产生了"商誉溢出"效应。如果对此类商标在国内的知名度和影响力一概不予认可，往往会出现前述爱马仕案中遇到的问题，切断国外商标与其中文翻译商标之间的紧密联系，造成消费者混淆，人为割裂中国市场与国际市场的联系。

跨境电商是企业从事国际贸易的一种重要方式，也逐渐受到世界各国

---

① 北京市第一中级人民法院行政判决书，(2012)一中知行初字第1053号；北京市高级人民法院行政判决书，(2013)高行终字第86号。

② 张鹏：《〈商标法〉第49条第2款"注册商标三年不使用撤销制度"评注》，载《知识产权》2019年第2期，第14页。

③ "商誉溢出"理论，既来源于现代商业实际，又植根和服务于商标的次生功能，强调基于在一国或一地的商标实际使用方可禁止他人注册或使用该商标，是与禁止来源混淆原理相吻合的。由于该商标已经在该国家或地区中实际用于生产销售，公众能够切实接触到其商品或服务，如果市场上再出现其他相同商标就会产生混淆，对其保护有助于阻止公众对商品来源的认知混淆。参见杨静：《商标授权确权中地域性原则的重构——基于中美实践的比较》，载《知识产权》2020年第3期，第65页。

④ 黄武双、刘榕：《驰名商标地域性认定标准的突破》，载《科技与法律》2020年第5期，第47页。

⑤ 凌宗亮：《域外商标使用行为的效力及其判断》，载《知识产权》2019年第12期，第46页。

⑥ 此类案件目前已有很多，如优衣库案、无印良品案。

消费者的青睐。在这种情况下，商品、人员和信息的流动加速，商品自由流动与商标地域性之间的紧张关系日益凸显，对严格商标地域性特征造成了挑战。因此，我们应当正视商标使用行为同商品的知名度可能发生分离的情形，依据商誉溢出理论，适度认可发生在域外的商标使用行为具有正当性。总体而言，世界技术文化交流日益频繁、技术合作势在必行，对知识产权的地域性提出了挑战，要求突破知识产权地域性的呼声也越来越高。然而，这并不意味着传统的知识产权地域性已经消灭或可以在短时间消灭，但可以说，有关国际组织、国际条约的出现大大动摇了原来知识产权严格的地域性特征，使其变小、变弱了。①

第二节　知识产权法的域外效力

随着国际贸易的开展，尤其是跨境电子商务的蓬勃开展，跨国知识产权争端与日俱增。在涉外知识产权案件审理中，知识产权法的适用问题，尤其是知识产权法是否具备域外效力的问题常常引起争议，并存在截然相反的观点。欲阐明知识产权法的域外效力问题，在探讨知识产权法域外适用的基本理论问题之前，必须首先明确国际私法上法的域外效力的内涵。

一、法的域外效力

“法的效力范围是指法对何种人，在何种空间范围、时间范围内有效，从而发挥法的约束力和强制力。”②一般而言，主权国家的法律效力仅限于在其所有的领土范围内产生约束力。但是，从司法实践来看，主权国家将其法适用于其领土以外的人或者行为的情况屡见不鲜。近年来，知识产权法领域的国际平行诉讼日益增加，主权国家的法院对某一案件颁发全球禁诉令或者针对全球专利包设定统一许可费率的做法即属于法的域外适用。适用过程中所产生的法律约束力，即为法的域外效力。因此，法的域外效力是指主权国家的法律在其领土范围以外仍有约束力。换言之，法律对其本国以外的人或行为同样具有效力。我国各部门法中，有的对法的域外效力作出了明确的规定，有的法律部门则并未作出此类规定。一般认为，我国目前只有《刑法》及部分经济法明文规定了域外效力。按照我国《刑法》

---

① 参见肖玲：《涉外知识产权的法律冲突及其法律适用原则》，载《法学论坛》1995 年第 2 期，第 38 页。

② 张文显主编：《法理学》（第 2 版），法律出版社 2004 年版，第 77 页。

第 8 条的规定①,我国《刑法》可以对外国人在我国境外实施的针对我国国家和公民的犯罪行为行使管辖权。不仅如此,我国《刑法》在某些情况下还可以适用于并非针对中国或中国公民的犯罪行为。比如,我国《刑法》第 9 条的规定②也表明我国《刑法》在一定条件下对于域外发生的犯罪行为当然具有域外效力。此外,我国《反垄断法》第 2 条③也作出了类似的规定。有学者认为,“这个条款的第二句性质上是一条冲突规范,即我国反垄断法不仅适用于我国境内产生的限制竞争,而且还适用于产生在境外但对我国市场具有排除、限制竞争影响的垄断行为”④。实际上,除此之外,“在目前中国法相当一部分重点领域中,确立域外效力的规则仍处于缺位状态”⑤。

当然,刑法等公法领域中所说的域外效力与国际法中经常讨论的域外效力理论不尽相同。有学者认为,国际私法探讨域外效力问题,主要是用以解释国际民商事法律冲突产生的原因以及法律适用,但在刑法等公法领域因其自身的特征几乎不可能存在选择适用外国法的问题。⑥ 鉴于知识产权法的域外效力常常发生在国际知识产权诉讼环境之下,因此对国际私法意义上的域外效力概念予以讨论更为恰当。韩德培先生等曾对法律的域外效力作出界定,认为“一个国家的法律不仅对该国境内的所有人有约束力,还可以适用于居住在该国以外的本国人”⑦。国际私法学界认为,法律的域外效力主要存在于以下三种法律关系之中:“(1)按照某一国家的法律所设定的权利义务关系,在该国境外得到法律上或事实上的承认;(2)一国按照其国内法、它所缔结或加入的国际公约、它所认可的国际法上的惯例与审判实践,在处理某些问题时引用有关外国法律的规定;(3)一国法律规定其某项法律条款适用于其境外的人、物或行为。”⑧当然,

① 我国《刑法》第 8 条规定:“外国人在中华人民共和国领域外对中华人民共和国国家或者公民犯罪,而按本法规定的最低刑为三年以上有期徒刑的,可以适用本法,但是按照犯罪地的法律不受处罚的除外。”

② 《刑法》第 9 条规定:“对于中华人民共和国缔结或者参加的国际条约所规定的罪行,中华人民共和国在所承担条约义务的范围内行使刑事管辖权的,适用本法。”

③ 我国《反垄断法》第 2 条规定:“中华人民共和国境内经济活动中的垄断行为,适用本法;中华人民共和国境外的垄断行为,对境内市场竞争产生排除、限制影响的,适用本法。”

④ 王晓晔、吴倩兰:《国际卡特尔与我国反垄断法的域外适用》,载《比较法研究》2017 年第 3 期,第 132 页。

⑤ 廖诗评:《中国法域外适用法律体系:现状、问题与完善》,载《中国法学》2019 年第 6 期,第 26 页。

⑥ 参见蒋进:《知识产权法的域外效力辨》,载《求索》2009 年第 2 期,第 157 页。

⑦ 韩德培主编:《国际私法新论》,武汉大学出版社 2003 年版,第 96 页。

⑧ 余先予主编:《国际法律大辞典》,湖南出版社 1995 年版,第 330 页。

国际私法上所说的域外效力只是虚拟的域外效力,想让此种虚拟的域外效力完成向实际的法律效力之转变,在实际的司法和执法中发挥效用,还有赖于各国立法、司法以及执法机构依照主权原则等规则相互认可他国法律的域外效力。

二、知识产权法的域外效力与域外适用

知识产权法是不是具有域外效力,一直是国际私法学界争论的话题。传统冲突法否认知识产权法的域外效力,因为知识产权体现出严格的地域性,这一特征决定了知识产权只能在其本国疆域范围之内获得授权并受到保护,基本上不可能具有域外效力,亦不可能造成各国法律之间的冲突。实际上,随着经济全球化的推进,地域性原则日益受到挑战并呈现弱化趋势,知识产权法领域的法律冲突也已存在。比如,法、德等国所确立的作者权体系与英、美等国所采用的版权法体系之间的立法原则大相径庭,设计法律规则的出发点也存在较大差异,因而导致其在相关法律制度上产生重大差别,进而在著作权保护期、著作权保护客体、著作权取得方式、"合理使用"规定、无须作者统一的付费适用规定等诸多方面存在法律冲突。① 在此情况下,如果一概否认知识产权法之域外效力,将会给知识产权权利人的救济造成诸多的不便。

鉴于此,部分国家制定法律明文规定知识产权法的域外效力。有的国家在国际私法中设立专编、专章或专节来规定知识产权冲突法。比如,1987 年《瑞士联邦国际私法法规》第八编以"知识产权"为题,分别规定诉讼管辖权、侵权行为、合同转让、判决承认等法律适用条款。"有的国家则在民法典中规定知识产权法的法律冲突与适用问题"②,如越南、意大利、葡萄牙和秘鲁等国在民法典中规定,或者分别将工业产权、著作权、技术转让等作单项条款的分散规定,或者规定在物权法等章、节中。此外,英、美等国的立法均对知识产权法的域外效力作出明文规定③,这些规定又通过判例法不断演变。

我国知识产权法对于本国法的域外适用仅仅作出了部分规定。比如,对于我国《著作权法》第 2 条之规定,学界一般认为,该条第 2 款和第 3 款直接承认外国人、无国籍人创作的作品在一定条件下可以得到我国《著作权法》的保护。而其第 1 款则属于属人主义的保护原则,即中国公民、法人

① 参见徐妮娜:《著作权法的国际私法问题研究》,中国社会科学出版社 2015 年版,第 8 ~ 22 页。
② 张仲伯:《国际私法学》,中国政法大学出版社 2007 年版,第 308 ~ 309 页。
③ 程冰:《知识产权国际私法新问题研究》,人民法院出版社 2020 年版,第 10 ~ 14 页。

以及非法人组织的作品不论是否发表,均可以受到著作权法的保护。由此可见,我国《著作权法》可以适用于发生在域外对我国公民、法人或非法人组织造成的著作权侵权行为,具有一定的域外效力,但我国知识产权法域外适用的法律依据尚缺乏体系化的规定。

知识产权法域外效力规范的缺失难以为我国涉外知识产权司法实践提供明确的法律依据。举例而言,对于发生在我国境外的侵犯中国作者著作权的纠纷,如果我国法院拥有司法管辖权,是否可以径直适用我国《著作权法》予以审理?① 这一问题的答案对指引我国涉外知识产权审判有着重要的参考价值。

三、知识产权的地域性与知识产权法的域外效力

国际私法学界通常认为,"法律的域外效力是造成各国之间法律冲突的前提条件,因而也是我们理解全部国际私法上域外效力问题的关键因素"②。知识产权带有明显的地域性,其权利获取和保护仅在权利授予国地域范围内具有约束力,因而冲突法的观点通常认为,知识产权不具有域外效力。在此观点影响下,部分学者认为,知识产权法不具有域外效力,也不会引发各国知识产权之间的法律冲突。之所以产生以上误解,是因为在知识产权法域外效力之争中,知识产权法的域外效力与知识产权的域外效力常常被混为一谈。知识产权作为一国法律授予权利人的专有权,在各国法上具有相对的独立性,其法律上的空间效力常常被限制在一国的地域之内。然而,我们并不能就此否认知识产权法之域外效力。有学者指出,"知识产权因有显著的地域性限制而没有域外效力,但决不能断然否认知识产权法因此也不具有域外效力。知识产权的域外效力与知识产权法的域外效力是截然不同的两个概念,在是否具有域外效力的问题上更是具有实质性区别"③。蒋进认为,"乙国法院适用甲国知识产权法保护原告依甲国知识产权法享有的知识产权——乙国法院保护的不是乙国法意义上的知识产权——知识产权地域性并没有变,知识产权法却可以具有域外效力,两者截然不同"④。赞同两者之间存在实质性区别观点的学者在学术界并非少数,在此不一一赘述。

---

① 参见徐妮娜:《著作权法的国际私法问题研究》,中国社会科学出版社 2015 年版,第 30 页。

② 吕岩峰:《刑法的域外效力辨析——来自国际私法学的观照》,载《法制与社会发展》1998 年第 4 期,第 49 页。

③ 程冰:《知识产权国际私法新问题研究》,人民法院出版社 2020 年版,第 14 页。

④ 蒋进:《知识产权法的域外效力辨析》,载《求索》2009 年第 2 期,第 159 页。

总而言之,在知识产权法域外适用的基本理论命题展开之前,我们首先应当对知识产权的域外效力与知识产权法的域外效力的关系进行恰当阐释和分析。诚然,因知识产权受到严格地域性特征的限制,其域外效力往往不会被世界各国所认可,但知识产权法在该国境外得到法律上或事实上的承认,有两方面的原因:一是一国按照其内国法律、所缔结的国际条约、其所认可的国际惯例与审判实践,在处理某些问题时援引相关外国法律条文;二是因为一国法律规定其某项法律规定适用于其境外的人、物或行为。在知识产权法域外适用体系的构建中,知识产权法是否具备域外效力及如何应对,是我们首先要面对的基础理论问题之一。

第三节　知识产权的法律冲突理论

知识产权法的冲突理论是当前我国法学研究中的重要部分,也是探讨知识产权法域外适用问题的重要理论基础。目前已有一些学者敏锐切中这一问题,对知识产权领域是不是存在法律冲突,知识产权法的冲突与其地域性之关系,知识产权的域外效力等问题展开了一定的探讨。但是,知识产权法学界、国际私法学界关于知识产权的法律冲突的讨论和探究尚未达成共识,尚待进一步深入探讨。

一、法律冲突的内涵

法律冲突是国际民商事法律关系中普遍存在的现象。何为法律冲突?国际私法学说对此作出了明确的界定。法律冲突(conflict of law)又称法律抵触,“是指两个或两个以上的不同法律同时调整一个相同的法律关系而在这些法律之间产生矛盾的社会现象”①。一般而言,法律冲突在国际民事法律关系中较为普遍,既有可能存在于同一内国法律体系的不同部门法之间,也有可能产生于不同国家的法律之间。前者如各国商标和反不正当竞争立法对未注册商标的保护存在差异导致的法律冲突,后者如我国《著作权法》的保护期限依照国际公约的规定为作者生前及去世后的50年,而美国、欧盟等国家和地区已经将这一期限延长到作者生前及去世后的70年。鉴于各国和地区在历史、经济发展阶段、社会文化等方面存在一定的差异,对于同一问题的法律规定往往不同,当这些法律规范在司法实践中适用时,法律的冲突自然就会产生。通常认为,“不同国家之间民商事

① 韩德培主编:《国际私法新论》,武汉大学出版社2003年版,第91页。

制度的差异性、国际经贸的合作以及各国在某些条件下认可他国法在本国的域外效力等因素相互作用，是产生法律冲突的重要原因”①。

二、知识产权法律冲突的学理争议及表现

（一）知识产权的法律冲突存在的学理争议

知识产权的法律冲突是否存在一度是学术界争论的焦点问题。国际私法理论的传统观点认为，“知识产权具有严格的地域性，在一国取得的知识产权只有域内效力，原则上不发生域外效力。即依一国法律取得的知识产权并不会得到他国的承认和保护……因此，从传统的国际私法观点来看，根本不会产生知识产权的法律冲突问题”②。换言之，知识产权法领域并不会存在法律冲突的可能。然而，这一观点没有预料到新技术革命对国际贸易发展和网络知识产权保护带来的巨大影响。随着数字网络技术的迅速发展、跨境贸易的纵深推进，知识产权领域的法律冲突日渐凸显。当前，关于知识产权领域是不是产生了法律冲突，学术界提出了下面几种不同的理论。

1. 否定法律冲突存在说

关于法律冲突存在与否的论战早在20世纪80年代就已开始。当时有学者认为，在知识产权的保护问题上，法律冲突是客观存在的，并不因其具有地域性而只能由权利赋予国的本国法或国际条约中的统一实体法来调整。③ 然而，持否定观点的学者认为，“由于知识产权本身具有一定的特殊性，它不因各国之间经济交往的发展、知识产权国际条约的制定，而改变其固有的特性。制定国际公约的目的不在于创立一个凌驾于各国之上的实体法，亦不在于否定知识产权强烈的地域性。知识产权的国际保护，并未导致知识产权的法律冲突，因此，在知识产权领域没有产生法律冲突及其法律适用问题”④。值得注意的是，否定说的前提有其合理性，知识产权国际保护制度之所以产生，目的并不在于破除知识产权的地域性，时至今日也没有否定知识产权地域性的存在。正如郑成思先生所说，“这种认识在实践中并无市场，因为任何国家实际上都不会去这么做——这么做将无

① 韩德培主编：《国际私法》（第2版），高等教育出版社、北京大学出版社2007年版，第88页。

② 丁伟主编：《国际私法学》，上海人民出版社2004年版，第274页。

③ 参见郭毅敏：《知识产权的法律冲突及法律适用问题》，载《现代法学》1988年第4期，第53页。

④ 陈云东：《知识产权领域不存在法律冲突》，载《现代法学》1989年第3期，第26页。

谓地损害本国的经济利益”①。然而,由于时代的局限性,当时的科学技术水平远远没有现在发达,网络科技尚未兴起,跨境电子商务也没有出现,上述论者自然无法预料到因数字网络技术发展和跨境电子商务的兴起而引发的知识产权的法律冲突。

除此之外,有学者提出,之所以不承认存在知识产权法律冲突,根源还在于是否应当承认知识产权法的域外效力。有学者认为,不应当认可知识产权法之域外效力。持该观点的学者认为,“由于知识产权的地域性,作为知识产权产生根据的知识产权法通常只具有域内效力,所以各国均只承认和保护依本国法律取得的知识产权,不适用外国法,不承认外国法的域外效力,也不承认依外国法所产生的这一权利,即奉行知识产权法律适用上严格的‘属地主义’。所以,涉外知识产权民事法律关系并不存在适用冲突规范的基础”②。实际上,虽然知识产权国际条约并未改变知识产权的严格地域性,但是不认可知识产权法可以发挥域外效力的观点,以及否定知识产权法领域存在冲突的观点都是以知识产权具有严格的地域性且无法突破为前提的。

2. 肯定法律冲突存在说

近年来,学术界和实务界开始认识并接受知识产权法律冲突的理论。但是,对于造成知识产权法律冲突之原因,学者们却各持己见,至今未能达成统一的看法。综观学术界的现有研究文献,大致有下面几种学说。

一是地域突破说。与前述否认存在知识产权法律冲突的见解不同,部分观点赞成知识产权领域存在法律冲突,其理由是近年来知识产权随着社会经济的发展已逐渐突破了严格地域性的限制。这种突破具体表现为:其一,国际条约造成知识产权地域性的突破。有学者认为,知识产权国际公约规定的内容不尽相同导致存在知识产权法突破了地域性。吕岩峰认为,知识产权国际条约并未达成统一的国际知识产权法,实际上“各项国际条约对同一问题的规定也不尽相同。因而,即使是在同一条约的缔约国之间,知识产权法的分歧也会在不同程度上存在。这些分歧构成了在跨国知识产权问题上产生法律冲突的必要条件,但还不是充分条件。充分条件的

① 郑成思:《知识产权的国际保护与涉外保护》,载《中国社会科学院研究生院学报》1997年第2期,第55页。

② 王德辉:《论国际知识产权的法律冲突及其侵权的法律适用》,载《太平洋学报》2006年第8期,第23页。

取得关键在于'突破'知识产权的地域性"①。换言之,持地域突破说的学者认为,"对知识产权的国际保护必然会引起地域性的突破,进而导致各国之间知识产权法产生冲突"②。当然,也有观点认为,知识产权国际性公约的发展推动其域外效力的产生,即"一系列国际知识产权公约共同确立了一个知识产权国际保护的基本体制,使原本只在其原始国受到法律保护的、具有专有性的知识产权获得了国际性,知识产权国际性的加强客观上使各国的知识产权法通过内国法院的法律适用间接地具有域外效力,或者通过某些地区性公约而直接地获得了域外效力,这导致了知识产权的法律冲突"③。其二,国民待遇原则的规定。目前,大部分知识产权国际条约都明确认可国民待遇原则④,而这一原则也为各国知识产权立法所接纳,最终各国都按照该原则给予外国人在本国享有与本国公民相同的民事法律地位。其三,区域性知识产权立法对地域性的扩展。随着区域一体化的高度发展,在一些地区出现了统一的知识产权立法,这在欧盟范围内的表现尤其突出。"二战"以后,欧盟地区单一市场的发展对商品、人员、信息等要素的流动提出了越来越高的要求,而知识产权严格地域性的限制很显然不利于单一市场的发展,甚至与其产生了冲突。⑤ 在此情势下,欧盟对统一各成员国知识产权法律规定的内在要求应运而生,且日益迫切。近年来,《欧盟商标条例》《欧盟著作权及相关权保护指令》《欧盟数字化单一市场版权指令》等一系列指令和条例的制定和实施就是欧盟知识产权一体化趋势的最好例证。如前所述,欧盟知识产权一体化立法虽然并未让知识产权的严格地域性消失,但却使本属于某一国的知识产权扩展到整个欧盟区域范围之内,产生了跨区域的知识产权,这在很大程度上打破了知识产权本身的严格地域性。

二是管辖权说。接受该学说观点的学者认为,"各国知识产权管辖权制度的创新,即各国法院不再只受理有关本国知识产权的诉讼,而且还受

---

① 吕岩峰:《知识产权的国际私法保护:中国的实践》,载《河南财经政法大学学报》2013 年第 6 期,第 94 页。

② 韩德培主编:《国际私法新论》,武汉大学出版社 2003 年版,第 293 页。

③ 王德辉:《论国际知识产权的法律冲突及其侵权的法律适用》,载《太平洋学报》2006 年第 8 期,第 23 页。

④ 如 TRIPs 第 3 条第 1 款规定:"在知识产权保护方面,各成员国应给予其他成员国不低于本国国民的待遇,除非在《巴黎公约》(1967 年)、《伯尔尼公约》(1971 年)、《罗马公约》或《集成电路知识产权条约》已规定的例外。对表演者、录音制品制作者与广播组织而言,该义务仅适用于本协议规定之权利。"

⑤ 参见李明德、闫文军等:《欧盟知识产权法》,法律出版社 2010 年版,第 35 页。

理有关外国知识产权的诉讼,是知识产权法律冲突产生的原因"①。按照这一观点,知识产权法律冲突的产生与地域性并没有什么关系,而是在于法院管辖权制度的突破。只要一国法院受理具有跨国因素的知识产权纠纷案件,就必然面临法律适用的不同选择,法律冲突随之产生。近年来,知识产权领域的跨国争端越来越多,英国的无线星球公司诉华为公司专利纠纷案、IPCom 诉联想案、我国的康文森案等都是典型的跨国知识产权案件,其中就包含了各国法律冲突的问题。

综上所述,知识产权的法律冲突这一观点已经逐步被知识产权法学界、国际私法学界所接纳。无论是源于对传统严格地域性原则的突破,还是源于管辖权的选择,在知识产权法律冲突的理论争议中,法律冲突存在说都占据了主流。

(二)知识产权法律冲突的具体表现

随着国际贸易尤其是跨境电商的迅猛扩展,我国知识产权领域的跨国法律冲突日益增多。有学者指出,在有关商标权的平行进口、涉外域名、商标抢注与行政确权、跨国知识产权转让合同等方面,均存在知识产权的法律冲突。② 事实上,不仅如此,在知识产权获权、涉外知识产权侵权、涉外知识产权利用等很多方面都存在知识产权的法律冲突。下文根据知识产权权利授予的不同环节对知识产权法律存在的具体冲突进行梳理。

1. 知识产权获权中的法律冲突

在知识产权获权方面,内国人向外国申请知识产权,或者外国人向内国申请知识产权都有可能产生法律冲突。内国人向外国申请知识产权,只要不涉及国家秘密和国家安全问题,一般是被允许的,依照相应的程序规定办理即可。然而,外国人能否在内国申请,则取决于各国知识产权法对外国人法律地位的规定。如何解决外国人在本国的法律地位问题,一直是国际私法研究和关注的主要问题,这既与各国参加的国际条约有关,也和各国的立法规定密切相关。"在这一问题上,各国如参加国际条约,就依有关条约办理,如果未参加条约,则由其国内法决定。各国一般都是根据对等互惠的原则,来决定别国公民或法人能否在内国获得知识产权,当外国人有资格在内国申请知识产权后,其申请的程序、授予的权利、具体保护的期限以及其他细节则都是由该内国法决定,实行国民待遇原则,即依被请

---

① 王德辉:《论国际知识产权的法律冲突及其侵权的法律适用》,载《太平洋学报》2006 年第 8 期,第 23 页。

② 参见朱榄叶、刘晓红主编:《知识产权法律冲突与解决问题研究》,法律出版社 2004 年版,第 24 ~ 32 页。

求保护国法。”①

2. 涉外知识产权侵权诉讼中的法律冲突

首先，涉外知识产权侵权争端中面临的是各国法院之间司法管辖权的冲突及确定问题。依照国际私法传统，通常选择侵权行为地法确定由哪个国家的法院管辖。近年来，涉外知识产权侵权行为地确定的法律适用也曾发生过一些变化。比如，《瑞士联邦国际私法法规》的冲突规范规定，当事人在合同中可以对法院地法的适用进行约定。② 但是，在当前涉外知识产权侵权纠纷中，大多数国家都是依照国际私法的惯例援用本国法律规定予以审理。

其次，当一国法院审理的知识产权案件涉及的侵权在多国同时发生时，一国法院仅能就发生在本国的侵权行为作出判决，还是可以扩展到多个国家，常常引发法律适用的冲突。比如，英国最高法院在无线星球公司诉华为公司专利纠纷案中，就专利权人的全球许可费率作出判决，要求华为公司接受其对涉案专利的全球许可费率裁定，实际上这已经超越了一国法律的司法管辖范围。该案引发了学者和实务人士的较多关注，也是对他国司法主权的冲击和挑战。

最后，在知识产权诉讼中，禁诉令和反禁诉令的适用也属于法律冲突的一个重要方面。法国巴黎高等法院在 2019 年 IPCom 诉联想案中应 IPCom 的要求对美国禁诉令发布了反禁诉令。③ 该案的起因是 IPCom 在 2007 年从博世(Bosch)公司购买了一些 2G、3G、4G 相关的专利，其中一项为EP 1 841 268 B2。IPCom 将该专利加入欧洲电信标准化协会并向联想公司发出了授权许可要约。但联想公司并未接受该要约，转而在美国加利福尼亚州北区法院提起诉讼，请求其就该标准必要专利的全球许可费率作出裁决。联想公司请求美国加利福尼亚州北区法院对 IPCom 发布禁诉令，禁止其继续在英国的诉讼，以及禁止其提起任何与 EP268 专利相关的诉讼。于是，IPCom 在法国巴黎大审法院提起诉讼，请求该法院发布反禁诉令，命令联想公司撤回在美国的禁诉令。法国巴黎大审法院遂发布针对联想公司的反禁诉令，但该禁令仅仅对 EP268 专利的法国部分有效，并不扩展到其他国家。在本案中，法国巴黎大审法院发布的反禁诉令保持了克

① 肖玲:《涉外知识产权的法律冲突及其法律适用原则》，载《法学论坛》1995 年第 2 期，第 39 页。

② 参见《瑞士联邦国际私法法规》第 110 条第 2 款规定，因知识产权侵权行为产生的请求，在侵害事件发生后，当事人可以在任何时候约定适用法院地法。

③ See The Tribunal de Grande Instance of Paris, 8 November 2019, n° 19/59311.

制，其效力并未扩展到其他国家，但也与美国的禁诉令发生了冲突。近几年，因禁诉令和反禁诉令造成的知识产权法律冲突屡屡出现，已成为学术界和实务界关注的焦点之一。禁诉令的颁发引起的法律冲突关系到各国司法主权，往往引发不同国家法院之间的管辖权之争。

3. 跨国知识产权转让中的法律冲突

当前，跨国技术转让、商标许可以及许可证贸易等已经成为促进知识产权国际转让的重要方式。在跨国知识产权转让中，当事人中至少有一方是外国人，在转让合同发生纠纷时，往往会出现法律冲突。这是因为"跨国知识产权转让合同同样受到传统知识产权地域性的限制，然而跨国公司知识产权转让具有的诸多涉外因素，也使此类合同有可能适用不同国家的法律而产生法律冲突"①。跨国知识产权转让合同的法律适用有其特殊性，如何避免法律冲突是法院面临的难题。

（三）知识产权法律冲突产生的原因

国际私法的通说认为，国际民事法律冲突产生主要有四个因素，即四因素说。② 四因素说从各国法律制度的差异、各国民商事法律关系的"叠加"、外国人在内国法律地位的认可、承认外国法的域外效力等不同视角对法律冲突的产生原因进行了全面分析。

如前所述，传统知识产权的严格地域性限制并不会导致知识产权领域的法律冲突。知识产权领域法律冲突的出现绝非偶然，而是随着国际知识产权制度的产生和发展逐渐显现的。通常认为，造成知识产权法律冲突产生的原因包括：一是各国知识产权申请与授予、归属、转让、例外制度、权利内容、保护期限和侵权救济等各方面的法律规定存在一定程度上的差异。这些差异是导致知识产权法律冲突的必要条件。二是国家之间相互承认公民或法人在本国的民事法律地位。知识产权国际条约所确立的国民待遇原则已经为各国所接受并转化为内国法律。有学者认为，各国知识产权立法对另一国公民和法人民事地位的承认，已达到一种较高的水平。③ 正因如此，权利来源国的法律与被请求保护国的知识产权立法之间，亦有可能产生冲突。三是各国法院在一定情况下对他国知识产权法在本国的效

---

① 朱榄叶、刘晓红主编：《知识产权法律冲突与解决问题研究》，法律出版社 2004 年版，第 32 页。

② 四个因素分别为：（1）各国民事法律制度互不相同。由于世界各国的阶级性质、社会制度、经济发展状况以及历史文化传统的不同，其法律制度千差万别。（2）各国之间存在正常的民事交往，结成大量的国际民事关系。（3）各国承认外国人在内国的民事法律地位。（4）各国在一定条件下承认外国民事法律在内国的域外效力。参见韩德培主编：《国际私法新论》，武汉大学出版社 2003 年版，第 95 ~ 96 页。

③ 参见冯术杰：《知识产权与法律冲突》，载《法学杂志》2005 年第 1 期，第 121 页。

力予以承认。有学者认为,“知识产权的法律冲突不是因为知识产权法开始具有域外效力而产生的,是随着各国司法机关对于国际知识产权争端获得管辖权而出现的”①。

三、新技术发展对知识产权法律冲突的影响

知识产权的制度功能是激励创新、促进科学技术的进步,而科技发展反过来又对知识产权制度的变革产生了巨大的作用。近年来,数字网络技术、3D打印技术、区块链技术、人工智能等各种新技术的出现与广泛应用对知识产权制度的挑战与影响成为各界关注的热点。

(一)网络环境下的知识产权法律冲突

时至今日,一方面,知识产权保护的国际化趋势依然是主流;另一方面,区域化的知识产权立法日益增加。《区域全面经济伙伴关系协定》《全面与进步跨太平洋伙伴关系协定》等区域性国际条约中的知识产权条款就是很好的例证。这些国际化的知识产权条约在一定程度上削弱了传统知识产权的严格地域性。然而,毋庸置疑,知识产权的地域性仍是其显著的特征。有学者认为,“随着数字技术的发展,信息传递和传播的时空维度发生了较大的变化。信息内容和载体的可分性使知识的专有性不再明显,信息交换的迅速快捷使著作权的时间性受到挑战,电子信息服务和应用的全球化对著作权的地域性形成了威胁”②。因此,“传统法律意义上的疆界限制在网络空间将不再存在。由于互联网本身乃是一个极大的信息网络,此类法律冲突会逐渐增加”③。

(二)标准必要专利与知识产权法律冲突

标准必要专利许可费争议引起的知识产权诉讼已经成为全球关注的焦点。标准必要专利作为企业参与市场竞争的核心要素,与之相关的许可费率、反垄断、禁令救济、颁发禁诉令等问题屡屡出现。在计算标准必要专利许可费率、颁发禁诉令时,法院一旦超越自己的管辖权限,对全球范围内的法律问题作出全面裁决时,就会造成知识产权法律冲突,干扰或损害他国的司法主权和管辖权。英国最高法院裁决的无线星球公司诉华为公司

---

① 程冰:《知识产权国际私法新问题研究》,人民法院出版社2020年版,第31页。

② 朱军:《信息时代对著作权的新挑战》,载《法学评论》1998年第6期,第71页。

③ 肖永平、李臣:《国际私法在互联网环境下面临的挑战》,载《中国社会科学》2001年第1期,第101页。

专利纠纷案①就是典型案例。无线星球公司是一家典型的专利非实施实体(Non-Practicing Entity,NPE),曾从诺基亚等公司购买大量2G、3G和4G相关的专利,并宣称在全球范围内拥有上述标准必要专利包。自2013年11月起,无线星球公司在英国提起专利侵权诉讼,并同华为公司展开FRAND许可谈判。在谈判无果的情况下,无线星球公司请求英国法院对全球标准必要专利包许可费率作出裁决。英国法院经过三审最终对全球标准必要专利包许可费率作出了裁决。有学者指出,"英国司法部门主动裁决全球标准必要专利包费率,违反了FRAND原则的本意和市场资源优先的内涵,可能引发国家间SEP许可费率管辖的冲突与争夺和禁诉令问题"②。在该案中,英国法院对全球标准必要专利包许可费率作出的"一揽子"裁决,不符合各国法院的一贯做法,可能会产生两方面影响:其一,英国法院对全球标准必要专利包许可费率的裁决会侵害其他国家对涉案专利许可费率的司法管辖权,造成国家之间的司法管辖权冲突,也不符合国际司法中礼让的基本规范。专利权具有明显的地域性,专利许可费率的计算方式和结果也会因不同国家的市场发展状况有所不同。此外,专利权的稳定性可能在不同国家因为法律规定的不同而效力不同。从这一意义上来看,英国法院要求专利技术的实施人接受其对于全球专利包许可费率的裁决,极为不妥。这一裁决以英国法院对全球专利包权利的效力认定和许可费率计算方式代替了其他国家的认定结果,严重冲击了其他国家的司法管辖权。其二,英国司法机关在审判中颁发了禁诉令,阻止华为公司在中国提起标准必要专利反垄断之诉。在这种情形下,一旦华为公司在中国或者其他国家请求法院颁发禁诉令,会引发国家之间的司法管辖权冲突和禁诉令冲突。

综上观之,标准必要专利诉讼可能会涉及全球的许可费率和禁诉令的颁发,造成不同国家之间的司法管辖权冲突和禁诉令冲突,已经成为目前国际知识产权争端解决中多方瞩目的热点问题。

(三)跨境电子商务领域的知识产权冲突

跨境电子商务的发展引发了涉外知识产权争端数量的增长。跨境电子商务领域的知识产权案件往往超越某一国的国界,其权利人分属不同国家,或者侵权行为、侵权事实发生在境外,常常引发知识产权司法管辖权的

① 参见无线星球公司诉华为公司专利纠纷案,英国法院一审案件编号:HP-2014-000005;二审案件编号:A3/2017/178;三审案件编号:[2020]UKSC 37。

② 祝建军:《标准必要专利全球许可费率司法裁判问题研究》,载《知识产权》2020年第10期,第11页。

冲突。商标权领域跨境电商行业产生的权利冲突和法律冲突较为频繁,在国际知识产权案件中占据很大的比重。在传统的国际贸易中,由于国家间地理疆域的间隔,以及商标存在地域性,商标权人可以轻易地实施差异化的销售策略。然而,跨境电商的蓬勃发展却在不断打破基于疆界的信息壁垒和消费场域。

众所周知,大多数国家的商标权取得都实行注册制,只有少数国家采用"先使用制度"(如美国)或"先申请+使用取得制"(如德国),同一商标的商标权人分别属于不同国家公民和法人的情况实属寻常。即使同一商标在不同国家的权利人属于同一人,平行进口问题也常常造成法律的冲突。可见,商标权造成的法律冲突很难避免,给跨境电子商务经营平台和商家都带来了很大的挑战。

第三章　我国知识产权法域外适用的实践与不足

知识产权法域外适用既存在于司法实践中,也存在于知识产权行政执法中。我国在当前知识产权法域外适用的实践中还存在立法依据不足、法院和行政执法部门在域外适用体系中的作用不突出、缺少保障知识产权法域外适用的法律责任体系等问题。在国际知识产权诉讼中,知识产权法的域外适用常常引起司法管辖权的冲突。在涉外知识产权诉讼中,传统的严格地域性管辖原则往往会导致我国法院对被告为外国主体或侵权行为发生在国外的案件缺乏管辖权,既不利于保护我国知识产权权利人的利益,不符合知识产权管辖权发展的一般趋势,也将制约我国知识产权法域外适用的效果。因此,我国法院在国际知识产权诉讼中迫切需要突破现有地域性管辖限制,探索司法管辖权适当扩张的路径。

第一节　我国知识产权法域外适用的现状

知识产权法的域外适用包括积极适用和消极适用两个层面。所谓积极适用,是指我国法院和行政执法部门在涉及我国或者他国企业的涉外知识产权纠纷中主动适用我国知识产权法进行管辖和裁判。所谓消极适用,是指我国知识产权法在他国的知识产权诉讼或者仲裁中因法律的转致(反致)予以适用的情形。本书研究的重心在于知识产权法在涉外纠纷中积极适用的问题,即我国司法和行政执法部门在涉外知识产权诉讼、行政执法过程中如何适用知识产权法的问题。随着国际贸易的持续发展,我国涉外知识产权纠纷数量逐年增多。与此同时,"我国知识产权专门化法院体系建设日臻完善,发挥着司法体制改革的先导作用和知识产权保护的主导作用"①。尽管我国知识产权法域外适用的法律、司法解释等还存在不足,但是我国法院和行政执法机构在涉外知识产权纠纷的司法和执法中已进行了适度扩张,对法律规定进行了灵活解释和细化,在一定程度上弥补了立法漏洞,增加了法律适用的可操作性。

---

① 吴汉东:《中国知识产权法院建设的理论与实践》,载《知识产权》2018 年第 3 期,第 3 页。

一、知识产权法域外适用的现状和制度价值

近年来,英、美等国法院在知识产权领域频频适用其国内法之域外效力,其作出的具有域外效力的裁判结果不仅对我国司法管辖权造成干扰,还会严重影响我国企业的海外利益和产业利益,乃至对国际知识产权秩序造成冲击。

(一)维护我国司法主权和法院管辖权

英、美等国法院适用不符合国际法规则的域外法律措施,滥用其国内法域外适用机制,既是对国际秩序和国际法治的破坏,也是对我国的司法管辖权和司法主权的严重冲击。2017 年 7 月,华为公司在深圳市中级人民法院提起针对无线星球公司的专利侵权及许可费率等纠纷。在英国法院就相同专利审理的国际平行诉讼中,华为公司曾提出,其需要支付的许可费中的 64% 都是基于在中国境内的生产销售行为产生的,双方当事人在中德两国也有平行诉讼,“这属于当地法院的司法管辖权,英国法院无权在其他案件定案前就替其决定其国家专利包的价值”。然而,英国法院却认为,国际平行诉讼会增加企业司法诉讼成本和许可谈判成本,坚持对涉案全球专利包的许可费率作出裁定。① 英国法院的裁决罔顾中德等国法院对该案同样具有司法管辖权这一事实,严重违反了国际法的司法礼让原则,是对他国司法的不信任,同时也会对在中德两国的国际平行诉讼造成不利影响,排除了当事人在他国获得合法救济的权利。随后,华为公司考虑到在英国市场面临禁售的风险,被迫撤回了在深圳市中级人民法院的相关诉讼,选择同无线星球公司达成全球和解。

美国法院在审理国际知识产权诉讼中,也曾经多次颁发禁诉令,扩张其司法管辖权,适用其国内法的域外效力。2016 年 5 月,华为公司在深圳市中级人民法院针对三星公司的专利侵权行为提起诉讼;同月,其还在美国加利福尼亚州北区法院提起针对三星公司的专利侵权及违约诉讼。三星公司提起反诉,并提出颁发针对中国诉讼的禁诉令申请。美国加利福尼亚州北区法院认为其有权阻止华为公司与三星公司在中国法院的国际平行诉讼,遂批准并颁发禁诉令。该裁决是对中国司法的不信任,也对国际知识产权诉讼秩序造成了极大的冲击。

司法管辖权体现了国家的司法权威,是主权国家的基本权力之一,国际法上一般适用礼让等原则尊重他国司法主权。近年来,全球一体化的世

---

① 参见无线星球公司诉华为公司专利纠纷案,英国法院案件编号为[2020] UKSC 37。

界经济秩序正逐渐走向保守,多国贸易保护主义抬头。英、美等国在国际知识产权平行诉讼中屡屡适用其国内法的域外效力,排除我国法院对相关诉讼案件的管辖权,致使我国专利司法陷入尴尬的境地,严重损害了我国的司法权威。出于维护国家司法主权的需要,我们应当积极探索知识产权法的域外适用规则。

2020 年是中国知识产权法域外适用的元年。最高人民法院、武汉市中级人民法院在实践中通过颁发禁诉令,探索我国知识产权法域外适用的规则,以期保护产业利益,维护司法主权。在最高人民法院审理的康文森案中,华为公司请求最高人民法院知识产权法庭确认其不侵犯康文森公司的专利权,并颁发禁诉令以禁止该公司在本案终审判决作出之前申请执行德国杜塞尔多夫高等地区法院作出的判决。最高人民法院在审理中创造性地运用"五要素"法①,对颁发禁诉令的必要性和考量因素进行了周密分析,最终同意华为公司的请求,颁发了我国首个禁执令。该案在我国司法史上具有里程碑意义,"拓展了中国行为保全制度的适用范围,初步构建起中国禁诉令适用的司法实践路径"②。

(二)维护本国产业和企业的海外利益

知识产权法域外适用的核心目的是维护本国的司法主权和产业利益。如何在遵守国际规则的基础上发展符合中国国情的知识产权域外适用体系,有效维护本国产业和国家利益,是我国面临的一项重要课题。值得注意的是,英、美国家的知识产权法在我国的适用,不仅是对我国司法主权的践踏,还将严重影响我国企业的利益。比如,在深圳市中级人民法院审理的华为公司诉三星公司专利侵权案中,华为公司最后被迫放弃了该案的执行。不仅如此,英、美国家法院的裁判还会助长外国企业对专利诉讼权的滥用,影响我国在海外市场中的产业利益和企业利益。有学者指出,"上述无线星球诉华为案的直接后果是以小国市场绑架我国企业专利在全球尤其中国的专利许可,迫使我国企业或者为该国市场背负明显不合理的专利许可费成本,或者被迫放弃该国市场。并且,压低中国公司的利润率,直接损害我国企业在全球的专利许可收益,减损我国企业的研发投入和创新能

---

① 最高人民法院认为,对于华为公司的请求,"应当考虑被申请人申请执行域外法院判决对中国诉讼的影响,采取行为保全措施是否确属必要,不采取行为保全措施对申请人造成的损害是否超过采取行为保全措施对被申请人造成的损害,采取行为保全措施是否损害公共利益,以及采取行为保全措施是否符合国际礼让原则等因素进行综合判断"。参见最高人民法院民事裁定书,(2019)最高法知民终 732 号、733 号、734 号之一。

② 宾岳成:《禁诉令性质的行为保全裁定之考量因素及保障措施——我国知识产权诉讼首例禁诉令裁定解读》,载《法律适用》2021 年第 4 期,第 90 页。

力，遏制企业的长远发展”①。

笔者认为，应当基于我国跨国知识产权诉讼的具体实践，综合考虑我国产业发展、国际话语权提升、国家利益维护等多重因素，构建适宜中国国情的知识产权法域外适用法律体系，以便发挥我国法院在国际知识产权纠纷中的主场优势，并最终成为解决国际知识产权纠纷的“优选地”。

（三）参与全球知识产权治理、提升国际知识产权话语权

在知识产权法域外适用的全球语境中，英、美等国通过扩张其国内司法管辖权，发展出具有各自特点的知识产权法域外适用体系，以维护其产业利益。对此，我国既缺乏理论层面的深度思考，又在实践层面举步维艰，难以作出有针对性的反制措施。在当前知识产权全球治理体系变革、主体多元化的时代背景下，我们应当抓住难得的机遇，在实践中发展涉外知识产权诉讼特别规则，在国际法的框架下加强中国知识产权法域外适用立法和司法，推动制定公平合理的国际规则，在国际规则重构中发出中国的学术声音与实践声音，掌握这一领域建章立制的话语权。

二、行政执法中的知识产权法域外适用

知识产权行政执法是极具中国特色的知识产权保护制度，源于20世纪90年代一次次的中美知识产权谈判提出的具体诉求。② 我国知识产权行政执法体制经过多年完善，目前已经形成了涉专利权、著作权和商标权等全方位的知识产权行政执法部门，与司法部门一同在知识产权保护中发挥了独到而显著的功能。“中国知识产权行政保护既包括行政机关的依职权行为，也有依申请行为，其最显著的特点是行政保护措施相比司法救济而言更为迅速、有力，行政执法程序也相对简单。”③由于知识产权行政执法具有成本低、效率高、程序简便等特点，受到权利人的广泛认可。深入分析当前知识产权行政执法实践，可以发现，在知识产权行政执法过程中执法部门很少针对涉及外国民事主体或发生在域外但与我国有连结点的案件进行执法并作出处理决定。实际上，国际法已经赋予各国实施域外管辖的空间，我国知识产权行政执法机关完全可以充分利用这一点，在执法过程中实现知识产权法域外适用的目标。以下两种途径可以实现这一目标：

---

① 丁文严、韩萍：《中国企业专利涉外司法保护中的管辖困境与应对》，载《人民法院报》2018年5月30日，第7版。

② 参见黄宇蓝：《中美知识产权三十年》，广西人民出版社2013年版，第140页。

③ 韩秀成、谢小勇、王淇：《构建知识产权大保护工作格局的若干思考》，载《知识产权》2017年第6期，第86页。

“一是扩大解释现行行政处罚和行政强制措施中常见的属地管辖连结点；二是灵活解释属人管辖连结点。”①

上海市市场监管局机场分局在Booking. Com公司案中的做法就体现了执法机关对《反不正当竞争法》中属人管辖原则的灵活运用。上海市市场监管局机场分局于2018年12月14日作出决定，对Booking. Com公司作出责令停止违法行为并罚款20万元的处罚。② 该公司注册地位于荷兰，其主要经营全球性酒店预订平台。从2018年7月开始，当事人通过微信公众号“中国东方航空”和“春秋航空”设置链接，跳转到当事人自有的酒店预订平台，发布上海建工浦江皇冠假日酒店、西安唐隆国际酒店、新天地朗廷酒店的相关介绍信息，并在宣传中将上述3家酒店定为“五星级”。事实上，这些酒店还没有取得“五星级旅游饭店”资质。上海市市场监管局机场分局据此认定，Booking. Com公司的行为违反我国《反不正当竞争法》(2017年)第8条之规定，构成虚假宣传行为。本案中，当事人的注册地虽然在国外，但并未对上海市市场监管局机场分局的管辖权提出异议，且我国《反不正当竞争法》(2017年)第2条也并未限定经营者仅为中国的自然人、法人和非法人组织。上海市市场监管局机场分局在执法过程中灵活地解释了相关规定，将“经营者”范围扩大到国外的法人组织，实现了我国《反不正当竞争法》域外适用的目标。

虽然我国知识产权行政执法的案件数量极多，但是，知识产权行政执法部门将知识产权法进行域外适用的案例还比较少。究其原因，一方面是我国知识产权法中域外适用的法律依据不足，缺乏具有可操作性的具体规则；另一方面是执法主体对国际法赋予自身的可以实施域外管辖的权限认识不充分。因此，加强知识产权行政执法的域外适用，不仅要从立法上进行完善，还应加强对知识产权行政执法人员的素质训练，推动其观念转变和意识提升。

第二节 我国知识产权法域外适用的不足

当前，我国法院和行政执法部门对知识产权法域外适用的探索刚刚起步，对源于英美法系的不方便法院原则、国际礼让原则、禁诉令制度、行为

---

① 廖诗评：《中国法域外适用法律体系：现状、问题与完善》，载《中国法学》2019年第6期，第35页。

② 参见上海市工商行政管理局机场分局沪工商机案处字(2018)第200201810030号行政处罚决定书。

保全措施等规则,尚无法内化为适合我国具体情况的制度并加以运用。

一、域外适用缺乏明确的立法依据

确立知识产权法域外效力的立法规则是其得以域外适用的基础。如果知识产权法不具有域外效力,司法机关和执法机关就无法在实践中进行域外适用。有学者指出,"现行中国法域外适用规则尚未形成完整的法律体系,且整体趋于保守,防御性色彩浓厚但进攻性略显不足,确立域外效力和保证域外适用效果的规则也都存在不足之处"①。这一问题在知识产权各部门法中普遍存在。在专利法中,"我国《专利法》的域外适用受到了《涉外民事关系法律适用法》的限制,但是在现有技术与专利权用尽原则方面,我国法的适用范围已经扩展至域外"②。尽管如此,我国专利法对发生在域外的侵权行为是否具有效力仍然缺乏明确的规定。在商业秘密民事法律中,我国《反不正当竞争法》并没有规定其域外效力,目前司法机关和执法机关最好的选择是将"经营者"范围扩大到国外的法人组织。在商业秘密刑事法律中,商业秘密法域外效力的规则尚不明确。针对外国人在我国领域外对我国国家或者公民犯罪的行为,我国《刑法》第 8 条采取了有限的保护管辖原则,设置了三个条件:(1)所犯之罪必须侵犯了我国国家或者公民的法益。(2)所犯之罪按我国《刑法》规定的最低刑为 3 年以上有期徒刑。(3)所犯之罪按照犯罪地的法律应受刑罚处罚。③ 按照这一规定,如果外国主体实施了针对我国企业的盗窃商业秘密行为,而犯罪地法律并未规定刑事处罚措施,那么,该外国主体在我国亦不会受到刑事处罚,这不利于在国际贸易中保护我国企业的合法权益。在商标法领域,由于我国相关规定的缺失,对商标法地域性与跨境电商全球化司法处理、域外驰名商标的使用效力、涉外定牌加工商品商标的域外使用效力等问题均存在争议。

总体而言,知识产权法域外效力规则的缺失,给中国知识产权法域外适用造成了很大的困扰,是当前亟待解决的问题。

二、中国法院和行政执法部门在域外适用体系中的作用不突出

在知识产权法领域,司法和行政执法共同构成了传统知识产权保护的

---

① 廖诗评:《中国法域外适用法律体系:现状、问题与完善》,载《中国法学》2019 年第 6 期,第 26 页。

② 韩书立:《我国专利法的域外适用问题研究》,载《法学评论》2021 年第 4 期,第 157 页。

③ 参见张明楷:《刑法原理》(第 2 版),商务印书馆 2017 年版,第 52 页。

二元格局。我国法院处理的涉外知识产权诉讼案件数量不断攀升,但是知识产权法域外适用的实践数量极少。法院无法拒绝裁判,也不能主动介入知识产权法域外适用的动态过程。但这并不是说人民法院在知识产权法域外适用中没有发挥作用的空间。有学者认为,“法院可以进一步确保执法机关域外适用决定的实施,并在司法过程中对具有域外适用效力的国内法进行解释和阐述,明确国家的域外适用主张,甚至为国际法新规则的创设提供丰富的国家实践”①。

在知识产权法域外适用方面,知识产权行政执法部门行使管辖权的自由空间较大,可以主动行使职权。因此,行政执法部门在执法过程中只要适时转变观念,灵活解释法律中的属人管辖或属地管辖规则,就能够充分发挥保护我国公民和企业利益的作用。

三、缺少保障知识产权法域外适用的法律责任体系

我国现行知识产权法域外适用体系中,法律责任的主要类型是罚款,相比英美法系的责任类型而言,我国的规定较为单一,无法保证知识产权法域外适用的法律效果。在康文森案中,最高人民法院综合考虑必要性、损益平衡、国际礼让原则等因素最终作出裁定②,责令康文森公司不得在最高人民法院终审判决作出以前申请执行德国杜塞尔多夫地区法院作出的判决。同样,在武汉市中级人民法院审理的小米诉 IDCC 案中,法院作出了类似的裁定。武汉市中级人民法院裁定,“要求 IDCC 立即撤回或中止在印度针对小米申请的专利许可费率裁决及禁令,且不能在全球任何法院针对小米申请专利许可费率裁决及禁令。如违反裁定,每日罚款人民币 100 万元”③。

最高人民法院和武汉市中级人民法院作出的裁定是根据案件中违法行为的恶劣程度和损害后果作出的,既遵从案件实际情况,也符合国外法院的通行做法。然而,按日处罚的规则能否达到遏制国外当事人违法行为的效果,尚未可知。有学者指出,“相比数以亿计的许可费以及国际司法管辖权的激烈争夺,即使顶格按件计罚一百万元也无法形成威慑。过低的处

---

① 廖诗评:《中国法域外适用法律体系:现状、问题与完善》,载《中国法学》2019 年第 6 期,第 28 页。

② 参见最高人民法院民事裁定书,(2019)最高法知民终 732 号、733 号、734 号之一。

③ 武汉市中级人民法院民事裁定书,(2020)鄂 01 知民初 169 号之一。

罚力度在司法实践中很有可能会成为技术性短板”①。

除处罚措施以外,我们还应当根据当事人违法行为的恶劣程度,进一步丰富行政处罚乃至刑事责任的类型,使其得以落实到位,以保证人民法院作出的处罚决定能够更好地维护我国企业的利益和法院的权威。

四、知识产权法域外适用中的挑选法院与微调机制不明确

挑选法院是国际平行民事诉讼中的常见问题,不方便法院原则和禁诉令都是解决国际民事诉讼中挑选法院问题的司法微调机制。② 不方便法院原则在协调各国管辖权方面的优势已经得到各国的认可,因而跨越了其发源之地英国的大门,已经影响了诸多国家和地区的立法。从法系的角度看,不方便法院原则正在消除大陆法系和普通法系在这方面的差异,成为两大法系公认的国际法原则。③ 我国在司法实践中已经将该原则应用于具体的个案,并取得了良好的法律效果和社会效果。④ 在康文森案⑤等案件中,法院已根据我国法律规定适用不方便法院原则处理案件的管辖权问题,且取得了较好的实践效果。但我国法院在涉外知识产权诉讼中对不方便法院原则的适用经验仍比较匮乏,还需要进一步完善。

禁诉令作为应对国际平行诉讼中挑选法院问题的另一种机制,在我国涉外知识产权诉讼中也得到了一定的运用。自 2020 年以来,随着标准必要专利诉讼在全球的增多,我国也逐渐成为标准必要专利许可费纠纷的主要“战场”之一。在康文森案、小米诉 IDCC 案等多起案件中,我国法院开始了禁诉令适用的司法实践。最高人民法院、武汉市中级人民法院、深圳市中级人民法院等相继颁发禁诉令,表明我国法院开始探索知识产权法的域外适用规则,也为解决国际知识产权纠纷提供了中国的法律规则。然而,对源于英美法系的禁诉令制度,我国的司法实践才刚刚起步,仍有待加强研究。国际知识产权诉讼中禁诉令适用的前提条件有哪些?存在哪些必要限制?应当采取哪些确保禁诉令效果的保障措施?此外,涉外案件中适用禁诉令还应避免引发外国对我国法院滥用管辖权或者过度扩张管辖

---

① 宾岳成:《禁诉令性质的行为保全裁定之考量因素及保障措施——我国知识产权诉讼首例禁诉令裁定解读》,载《法律适用》2021 年第 4 期,第 98 页。

② 参见[美]阿瑟·冯迈伦:《国际私法中的司法管辖权之比较研究》,李晶译,法律出版社 2015 年版,第 223 ~ 224 页。

③ See James J. Fawcett, *Declining Jurisdiction in Private International Law*, Clarendon Press, 1995, p. 207.

④ 参见宋建立:《不便管辖原则在我国法院的适用》,载《人民司法》2012 年第 21 期,第 42 页。

⑤ 参见最高人民法院民事裁定书,(2019)最高法知民辖终 157 号。

权的担忧,否则可能会造成他国对我国司法公信力的不信任并采取反制措施。① 这些都是我国禁诉令制度构建和具体适用中亟待解决的问题。

第五章将对知识产权法域外适用中不方便法院原则和反禁诉令适用问题及制度设计作出详细的阐释和分析。

五、弥补知识产权法域外适用反制措施的不足

在国际知识产权诉讼中,英、美等国已经开始通过长臂管辖原则、最低限度联系原则在知识产权法领域扩张司法管辖权,对我国司法管辖权和产业利益造成了较大冲击。近年来,我国在立法、司法等方面采取了一定的反制举措,对他国的“长臂管辖”等进行制约。在立法方面,我国先后颁布了《阻断外国法律与措施不当域外适用办法》《反外国制裁法》等,为阻断和反制外国法律适用提供合法的依据。在司法方面,我国法院开始尝试在一些涉外知识产权案件尤其是标准必要专利案件中颁发禁诉令、禁执令等。② 这些举措虽然有一定的成效,但离我国形成完善的、确保法律域外适用效果的反制措施体系还有较大差距。为了维护我国企业和产业利益,提升我国企业在国际市场上的竞争力,我们应当综合考虑我国涉外知识产权诉讼法律的适用、《阻断外国法律与措施不当域外适用办法》的适用和贸易报复规则等不同强度的反制措施,制定针对英、美等国知识产权法域外适用的有效反制措施,发挥国际知识产权争议解决的主场优势。本书将在第六章详细探讨反制他国知识产权法域外适用的有效措施。

第三节　知识产权法域外适用的管辖权问题

一、知识产权法域外适用的管辖权冲突

在国际知识产权平行诉讼中,知识产权法的域外适用常常会造成司法管辖权的冲突。究其原因,一是知识产权具有明显的地域性特征,当同一知识产权因地域性分属不同国家时,常因各国均具有管辖权而产生冲突。如在专利权领域,因同一专利在不同国家许可、实施引发的专利权纠纷就会造成管辖权的冲突。比如,在武汉市中级人民法院审理的小米诉 IDCC

---

① 武汉市中级人民法院在小米诉 IDCC 案中颁发的全球禁诉令,引发了印度德里法院和德国慕尼黑第一地区法院的强烈反制,两法院颁发了反禁诉令。

② 参见李凡、郜宙翔、李芮:《涉外知识产权诉讼中长臂管辖的影响与应对》,载《中国发明与专利》2021 年第 4 期,第 66 页。

案中,由于小米公司在武汉市中级人民法院提起诉讼并申请颁发禁诉令,IDCC先在印度德里法院申请针对小米公司的反禁诉令,后来又在德国法院申请了反禁诉令,均获得批准。在这起国际知识产权纠纷中,中国法院、印度法院和德国法院相继颁发具有域外效力的禁诉令,禁止小米公司和IDCC在他国提起诉讼,于是造成了司法管辖权冲突,违背了国际礼让原则。又如在商标权领域,当同一商标权因出现国际许可、转让、被他人抢注等情况分属于不同权利人时,也会引发商标权国际纠纷及管辖权冲突。比如,英国某企业的商标,拥有中国、韩国和美国的商标权,后将韩国商标权转让给某日本企业,当其将在中国生产并贴有该商标的产品销售到韩国或美国时,就会因平行进口引发商标权纠纷,造成管辖权冲突。

二是在国际知识产权纠纷引发的平行诉讼中,各国法院对于管辖权适用的原则和标准把握不一致,尤其是近年来英美等国突破传统的侵权行为地原则,对发生在域外的知识产权侵权行为进行管辖,是导致管辖权冲突的重要原因。知识产权法域外适用首先出现在2012年美国法院审理的微软诉摩托罗拉案中。微软首先在美国法院起诉摩托罗拉,认为其在标准必要专利许可谈判过程中违反FRAND合同义务,涉及摩托罗拉专利包许可费率认定问题。摩托罗拉遂在德国法院起诉微软专利侵权,并申请颁发请求禁令。微软在德国法院下达侵权判决之前向美国法院申请禁止执行令并获得批准,禁止执行令的内容为禁止摩托罗拉在美国法院判决之前执行其可能在德国法院获得的禁令,主要理由是摩托罗拉在德国的侵权诉讼将影响到微软正在进行的美国诉讼中对同一专利包的许可费率的裁定。①在这起国际知识产权纠纷中,美国率先突破传统的知识产权管辖原则,对发生在美国和德国的专利包许可费率一同计算,通过直接颁发禁执令的方式促使标准必要专利案件在本国审理。颁发这种临时禁令也是造成各国知识产权管辖权冲突的原因之一。

三是网络知识产权侵权和跨境电子商务中的知识产权侵权等新类型侵权形式的出现,是造成各国法院管辖权冲突的重要原因之一。互联网所具有的超地域性和超国界性特征增加了跨国知识产权争议解决的难度。对于传统环境下知识产权纠纷案件,法院很容易按照侵权行为发生地、侵权行为结果地等原则识别出相应的管辖地。随着互联网技术的发展,“互联网所具有的虚拟性、实时性、发散性等多重特点对各个国家本来以地域

① See Microsoft Corp. v. Motorola, Inc., F.3d, 2012 U.S. App. LEXIS 20359, 2012 WL 4477215 (9th Cir. Sept. 28, 2012).

疆界为基础而形成的传统管辖权规则造成了前所未有的冲击”①，著作权、商标权和专利权等领域的国际争端涌现。在国内网络环境下，有管辖权的不同法院产生管辖权冲突时，我国《民事诉讼法》已有了一套调整和协调管辖权冲突的规则。然而，在超越国界的网络环境下，著作权、商标权等侵权行为的发生无法完全限制在某一地域范围内，在不同国家的司法机关对同一知识产权纠纷均拥有管辖权的情况下，就会造成管辖权冲突。比如，“依照《信息网络传播权条例》《网络著作权司法解释》的规定，当作品在中国境外被上载计算机上载到位于国外的网络服务器上，即侵权行为实施地在中国境外时，对于中国国内公众可访问网络服务器，存在已有实际访问并浏览、下载作品或未有实际访问发生的两种情况，虽然侵权损害结果已经或可以发生在中国，中国的法院却可能难以行使诉讼管辖权”②。对此，如果中国法院积极行使对案件的管辖权，对通过国外网络上传作品的侵权行为予以规制，就可能导致与国外法院的管辖权冲突。

跨境电子商务的蓬勃发展也会引起国际知识产权纠纷中的司法管辖权冲突。过去几年，美国联邦法院审理的著名品牌商指控各个国家跨境电商平台商标纠纷的诉讼案件有几千起。中国企业成为各品牌商起诉的重点对象，所涉及的国外品牌商多达 97 家。③ 按照美国的司法实践，对人管辖权已扩展到任何与管辖地具有“充分的最低限度接触”的任何个人或者实体。④ 美国对人司法管辖权的扩张对各国跨境电商企业的业务开展产生极其重要的影响，也会造成各国法院的管辖权冲突。

总而言之，网络知识产权和跨境电子商务领域的国际知识产权争端增多，给传统以地域为基础的管辖权带来了挑战。有学者认为，“随着新型知识产权侵权形式的出现，传统的侵权管辖规定已不能适应科技发展带来的变化和知识产权国际保护的需要，亟须创制新的知识产权侵权管辖原则”⑤。

---

① 孙尚鸿：《传统管辖规则在网络背景下所面临的冲击与挑战》，载《法律科学（西北政法大学学报）》2008 年第 4 期，第 163 页。

② 郭鹏：《信息网络传播权涉外侵权的中国法院管辖权分析——以〈网络著作权司法解释〉第 1 条的完善为中心》，载《法学评论》2011 年第 5 期，第 133 ~ 134 页。

③ 参见刘海峰主编：《跨境电商应对商标侵权诉讼实务指南》，法律出版社 2020 年版，第 17 ~ 18 页。

④ 参见易继明：《跨境电商知识产权风险的应对——以中国电商在美被诉为例》，载《知识产权》2021 年第 1 期，第 41 页。

⑤ 程冰：《知识产权国际私法新问题研究》，人民法院出版社 2020 年版，第 102 页。

二、严格地域性原则与知识产权法域外适用的管辖权困境

随着贸易全球化的发展，出于保护本国专利权、著作权和商标权人利益和产业发展的考虑，英、美等国已经通过司法实践开始突破地域性管辖原则的限制，不仅保护发生在其本国境内的知识产权侵权行为，还将管辖权扩张到发生在本国境外的侵权行为。我国在涉外知识产权纠纷管辖中仍然坚持严格的地域性原则，不利于对我国企业海外利益的保护。我国法院审理国际知识产权诉讼案件的主要依据是《民事诉讼法》第29条、第272条，最高人民法院《关于适用〈中华人民共和国民事诉讼法〉的解释》第24条、第25条、第531条；最高人民法院《关于审理专利纠纷案件适用法律问题的若干规定》；最高人民法院《关于审理侵害信息网络传播权民事纠纷案件适用法律若干问题的规定》等法律规定。从上述法律规定可知，我国法院采用严格地域性原则，对于侵害我国知识产权权利人的诉讼拥有管辖权。目前，我国法院主要采用侵权行为地和被告所在地法院管辖两种方式确定案件管辖权。依据我国《涉外民事关系法律适用法》相关规定①，我国法院在涉外知识产权诉讼中主要适用被请求保护地法。

互联网时代，无论是知识产权侵权纠纷、跨境电子商务中的知识产权纠纷，还是标准必要专利许可费引发的合同和侵权纠纷，完全遵循传统的严格地域性管辖原则可能会导致我国法院对被告为外国主体或侵权行为发生在国外的案件缺乏管辖权，不利于对我国知识产权权利人的保护，还将导致我国知识产权法无法产生域外适用的效力。

1. 不利于知识产权法适用于发生在国外的侵权行为

国际知识产权纠纷案件管辖遵循的一般原则是属地管辖原则，一国法院只能拥有对发生在本国境内的、侵犯本国法所保护的知识产权纠纷案件的管辖权。在网络环境下或者跨境电子商务知识产权国际纠纷中，如果侵犯知识产权的行为部分或者全部发生在本国境外，那么，按照传统的严格属地管辖原则，我国法院不能对发生在境外的知识产权纠纷行使管辖权。这将导致我国知识产权法无法发挥其域外效力，不利于保护我国知识产权权利人的合法利益。

2. 不符合知识产权管辖权发展的国际趋势

随着国际贸易全球化的深化发展，英国、美国、荷兰、法国、德国等不少

---

① 参见《涉外民事关系法律适用法》第50条规定：知识产权的侵权责任，适用被请求保护地法律，当事人也可以在侵权行为发生后协议选择适用法院地法律。

国家已经开始突破地域性管辖原则，通过司法判例确立了最低限度联系原则、连带关系原则，对发生在域外的知识产权侵权行为进行管辖。[①] 在此情势下，随着网络技术的发展、跨境电商数量的持续增长，我国如果仍然坚守严格地域性管辖原则，放弃知识产权法的域外适用，不符合知识产权管辖权发展的国际趋势。

第四节 我国涉外知识产权诉讼的禁诉令适用及其问题

近年来，我国不少企业在国外市场参与竞争，面临着英、美等国知识产权平行诉讼的挑战，深受禁诉令和反禁诉令制度的影响。比如，在无线星球公司诉华为公司专利纠纷案中，英国从保护本国产业利益的角度出发，颁发禁诉令或反禁诉令，不仅让我国企业陷入国内国际市场的两难境地，也是对我国司法主权的干涉。有学者提出，“针对目前世界多数国家管辖权不断扩张的趋势，我国有必要在涉外民事诉讼中建立禁诉令和反禁诉令制度，并有限度地予以使用，以维护我国国家的重要公共利益以及司法权不被过度侵蚀”[②]。禁诉令的适用既关系到我国法院同外国法院之间在国际平行诉讼中的管辖权冲突与竞争，又关系到我国企业在海外市场的利益和竞争力，具有重要的战略意义。如何通过适用禁诉令制度积极行使我国法院对涉外知识产权案件的管辖权，并对其他国家的禁诉令进行反制，是当前我国法院面临的重大课题。

2020 年可谓我国涉外知识产权诉讼中禁诉令制度适用的开局之年。2021 年 2 月，最高人民法院知识产权法庭提出，“禁诉令已经是当前我国知识产权司法实践中无法回避的问题。中国企业在海外的多起诉讼已经遭遇他国司法机关颁发的禁诉令。禁诉令的国际化趋势深刻反映出各国法院对于国际纠纷管辖权和规则制定主导权的竞争态势”[③]。此后，最高人民法院、武汉市中级人民法院、深圳市中级人民法院等相继颁发了禁诉令。

---

① 参见李先波、刘林森：《论涉外知识产权诉讼管辖权之协调》，载《湖南社会科学》2004 年第 1 期，第 79～81 页。

② 沈红雨：《我国法的域外适用法律体系构建与涉外民商事诉讼管辖权制度的改革——兼论不方便法院原则和禁诉令机制的构建》，载《中国应用法学》2020 年第 5 期，第 126 页。

③ 《中国知识产权审判发出的首例禁诉令——案件合议庭详解康文森公司与华为公司标准必要专利许可纠纷案》，载最高人民法院知识产权法庭网 2021 年 2 月 26 日，http://enipc.court.gov.cn/zh-cn/news/view-1056.html。

一、涉外知识产权诉讼中引入禁诉令制度的理论争议

我国《民事诉讼法》并未对禁诉令制度作出具体规定，虽然理论界与实务界对禁诉令制度的研究已有一定的成果，但仍有待于进一步研究。我国企业在激烈的国际市场竞争中，会面临如何应对国外法院颁发的禁诉令问题，禁诉令制度研究的重要性日益凸显。理论界和实务界在探究禁诉令制度在我国建立的可能性问题上还存在一些争议，大致有以下三种观点：

第一种观点是支持论。欧福永认为，我国目前非常需要禁诉令制度，应当在立法中对其作出详细的规定，以在实践中更好地适用。①

第二种观点是分阶段引入论。彭奕认为，由于我国司法传统和司法环境与英美法系不同，引入禁诉令制度需要分阶段、分区域进行。② 时任最高人民法院民事审判第四庭副庭长沈红雨法官提出，“要建立有限度的禁诉令和反禁诉令制度，但是由于民事诉讼法的修订尚需时日，在那之前可以参照行为保全制度来实现禁诉令和反禁诉令的作用”③。深圳知识产权法庭祝建军法官提出，“我国应在对等和国际礼让原则的基础上建立禁诉令制度……我国法院可以先在个案审判中积极而审慎地实行处理专利争议的禁诉令机制，并在实践中注意与相关配套制度配合适用”④。

第三种观点是反对引入论。徐昶等学者持反对观点，认为我国引入禁诉令制度在理论上具备一定的合理性，在实际操作过程中并不可行，不适用禁诉令的负面影响并不大，完全能够采取一些替代性措施进行弥补。⑤ 郑珠玲提出，禁诉令制度将会挑战我国的立法体系和司法权威。由于适用禁诉令需要赋予法官较大的自由裁量权，这与我国的司法传统不同，并且禁诉令的适用还有可能造成对其他国家司法主权的干涉，因此内地法院不

---

① 参见欧福永：《国际民事诉讼中的禁诉令》，北京大学出版社2007年版，第256～257页。

② 参见彭奕：《我国内地适用禁诉令制度探析》，载《武汉大学学报（哲学社会科学版）》2012年第5期，第60页。

③ 沈红雨：《我国法的域外适用法律体系构建与涉外民商事诉讼管辖权制度的改革——兼论不方便法院原则和禁诉令机制的构建》，载《中国应用法学》2020年第5期，第125～126页。陈南睿：《不方便法院原则在中国法院的适用及完善——以125例裁判文书为视角》，载《武大国际法评论》2021年第2期，第129页。

④ 祝建军：《我国应建立处理标准必要专利争议的禁诉令制度》，载《知识产权》2020年第6期，第33页。

⑤ 参见徐昶：《我国不宜在涉外民商事审判中引入禁诉令制度——以禁诉令的目标与效果为视角》，载《南京工业大学学报（社会科学版）》2009年第3期，第59～61页。

宜引入禁诉令制度,而应当将反禁诉令作为反制禁诉令的工具。①

二、我国涉外知识产权诉讼中禁诉令制度的适用现状

同英、美等国频频适用禁诉令制度扩张司法管辖权相比,我国法院禁诉令适用的实践还比较少。截至 2021 年年底,涉外知识产权诉讼中只有 5 个颁发禁诉令的案例。

1. 康文森案

在康文森案中,最高人民法院作出中国知识产权领域的首个禁诉令裁定。2020 年 8 月,华为公司向最高人民法院提出行为保全措施申请,请求颁发禁诉令。收到华为公司提出的申请以后,最高人民法院综合考虑颁发禁令的必要性等多重因素,最终裁定颁发禁诉令,即"康文森不得在最高人民法院作出终审判决前,申请执行上述德国判决。如违反本裁定,自违反之日起,处每日罚款人民币 100 万元,按日累计"②。具体来说,对于华为公司提出的禁诉令申请,最高人民法院考量了以下五个因素:域外法院的判决临时执行是否会对中国诉讼产生影响、采取行为保全措施是否的确极为必要、损益平衡、颁发禁诉令是否损害公共利益、是否违背国际礼让原则。③

2. 三星诉爱立信专利纠纷案④

2020 年 12 月,武汉市中级人民法院作出裁定,同意三星公司提出的针对爱立信公司的禁诉令申请,禁止爱立信公司在美国得克萨斯东区法院提起诉讼或就其标准必要专利寻求禁令的救济、寻求反禁诉令等,并冻结了三星公司担保金 5000 万元。

3. 小米诉 IDCC 案

与康文森案中最高人民法院作出的针对德国判决的禁执令有所不同,武汉市中级人民法院在其审理的小米诉 IDCC 案中发布我国首个跨国禁诉令,禁止 IDCC 在全球范围内任何一家法院针对小米公司提起专利许可费率裁决及禁诉令。该案的基本案情:2020 年 6 月 9 日,小米公司在武汉市中级人民法院起诉,请求该院就 IDCC 的专利许可使用费进行裁决。同

---

① 参见郑珠玲:《海事平行诉讼/仲裁中禁诉令的司法实践及解决方案——兼评内地法院反禁诉令第一案》,载《北京仲裁》2019 年第 4 期,第 278 ~ 279 页。

② 康文森案,最高人民法院(2019)最高法知民终 732 号、733 号、734 号之一民事裁定书。

③ 最高人民法院民事裁定书,(2019)最高法知民终 732 号、733 号、734 号之一。

④ 参见三星诉爱立信专利纠纷案,湖北省武汉市中级人民法院(2020)鄂 01 知民初第 743 号民事裁定书。

年7月29日，IDCC向印度德里法院起诉，指控小米公司专利侵权，请求对许可费率争议进行裁决并给予禁令救济。同年8月初，小米公司向武汉市中级人民法院提出禁诉令保全申请。同年9月初，武汉市中级人民法院作出裁定，批准小米公司的行为保全申请请求："要求IDCC立即撤回或中止在印度针对小米申请的专利许可费率裁决及禁令，且不能在全球任何法院针对小米申请专利许可费率裁决及禁令。如违反裁定，每日罚款人民币100万元。"①

值得注意的是，武汉市中级人民法院作出的上述裁定在严谨性和规范性方面与最高人民法院在康文森案中的裁定相去甚远，缺乏清晰明确的法律说理，也没有对颁发禁诉令的考量因素作出精准的分析，整体上乏善可陈，甚至被国外法院认为是对他国司法的干涉。随之而来的印度法院和德国法院的针对性反禁诉令可以说明颁发禁诉令应当谨慎。

4. OPPO与夏普公司专利纠纷案②

OPPO与夏普公司专利纠纷案法院判决的意义不仅在于我国法院颁发了另一"全球禁诉令"，而且此次判决正面应对了德国法院颁发的"反禁诉令"，该判决也是首次正式表明了我国法院对全球许可费率的管辖权。2020年1月，夏普公司在东京法院提起针对OPPO的专利侵权诉讼，认为OPPO侵犯其专利权，随后其陆续在德国等地的法院相继对OPPO提出类似诉讼。OPPO于同年2月在深圳市中级人民法院起诉，请求法院裁定本案的全球许可费率，深圳市中级人民法院于2020年10月作出相关裁定。

5. 中兴与康文森公司专利许可纠纷案

康文森公司注册地为卢森堡，属于国际上典型的NPE。该公司曾从诺基亚等公司购买部分无线通信标准必要专利，并对全球通信企业进行专利许可。康文森公司与中兴公司最终因没有达成标准必要专利许可合同而引发争议，中兴公司于2018年年初在深圳市中级人民法院起诉康文森公司，请求法院就该公司与中兴公司的标准必要专利包费率作出裁判。康文森公司遂于2018年4月在德国杜塞尔多夫地区法院提起侵害专利权诉讼案件，指控中兴公司及其德国子公司存在专利侵权行为。2020年8月下旬，杜塞尔多夫地区法院经审理后判决中兴公司败诉，认为"中兴公司及其德国关联公司侵害了康文森公司的EP1 797 659号欧洲专利，判令禁止中

---

① 参见小米诉IDCC案，湖北省武汉市中级人民法院(2020)鄂01知民初169号之二民事裁定书。

② 参见OPPO与夏普公司专利纠纷案，广东省深圳市中级人民法院(2020)粤03民初689号之一民事裁定书。

兴公司及其德国关联公司在德国境内提供、销售、使用、进口或拥有带有UMTS功能的智能手机等移动终端产品。康文森公司可以在提供70万欧元后取得该判决的临时执行权”。为反制德国法院的判决,中兴公司于一天后向深圳市中级人民法院申请采取行为保全措施,请求法院颁发禁诉令,责令被申请人康文森公司在本案终审判决作出之前不得申请执行德国法院作出的停止侵权判决。中兴公司为获得禁诉令还向法院提供了600万元人民币保函作为担保。

深圳市中级人民法院经审理认为,倘若康文森公司申请在我国执行德国法院停止侵权的判决,将很可能影响本案的审理及后续裁判的执行,导致本案的审理和判决失去意义,综合考虑各种因素,最终作出裁定:“康文森公司不得在本案作出终审判决前,申请执行德国杜塞尔多夫地区法院在2020年8月底作出停止专利侵权的判决。”①

三、我国涉外知识产权诉讼中适用禁诉令出现的问题及原因

(一)遵循国际礼让原则与保护本国企业之间出现矛盾

一方面,国际礼让原则是各国在适用禁诉令制度时普遍遵循的原则。这是由于禁诉令制度的适用虽然只针对当事人而不针对当事人所在国,但是,颁发禁诉令禁止当事人在他国提起诉讼或者禁止执行当事人在他国获得的可执行的判决,将不可避免地造成对他国司法主权的冲击。因此,遵循国际礼让原则在禁诉令制度的考量因素中占据十分重要的地位。另一方面,保护本国企业的权利不受到损害也是适用禁诉令制度应当考虑的问题,但是,遵循国际礼让原则和保护本国企业之间可能会出现矛盾。在康文森案的法院判决中,法院认为,一旦执行康文森公司在德国杜塞尔多夫地区法院作出的判决,华为公司有可能被迫退出德国市场,对华为公司的市场发展造成严重的影响。这是法院保护本国企业的表现,有利于维护本国企业的利益在国际市场竞争中不受损害,但是过于强调本国企业的利益往往会与遵循国际礼让原则产生矛盾,引发外国当事人对我国法院管辖权扩张的担忧。如何平衡维护本国企业海外利益与尊重国际礼让原则之间的关系,是当前法院在处理涉外知识产权纠纷中需要关注的重要问题。

(二)法院对涉外知识产权案件的管辖存在管辖连结点争议

一国法院对申请人申请颁发禁诉令是否具有管辖权,主要是根据其是否具有法律规定的管辖连结点,但是不同国家对于管辖连结点的规定有所

① 广东省深圳市中级人民法院民事裁定书,(2018)粤03民初335号之一。

不同，法院对涉外知识产权案件的管辖可能会存在管辖连结点争议。换言之，一国法院对于某一案件行使司法管辖权可能会引发他国当事人的质疑。在三星诉爱立信专利纠纷案中，三星公司是一家韩国公司，而爱立信公司是一家瑞典公司，三星公司选择在武汉市中级人民法院提起诉讼，爱立信公司对此提出了异议，但实际上是三星公司在武汉的分公司与三星株式会社、三星中国公司共同作为申请人向武汉市中级人民法院提出了禁诉令申请，三星武汉分公司是三星公司提起本次申请的管辖连结点，其是否能够作为本案的管辖连结点并且得到对方当事人的认可，仍然存在争议。

（三）违反禁诉令的保障措施不足

对于违反禁诉令的处罚制度，英美法系国家基于对法庭秩序的违反规定了藐视法庭罪，并有罚金、人身监禁等处罚方式。我国在康文森案中尝试了按日计罚的处罚制度，对于违反禁诉令的行为，每日罚款 100 万元。武汉市中级人民法院在小米诉 IDCC 案中也适用了同样的处罚制度。我国法院进行的此种初步尝试虽然能够起到震慑当事人，督促其履行义务的作用，但按日计罚制度的设计也存在问题。如在康文森案中，其所涉及的禁诉令具体来说是禁执令，禁止执行德国法院已经作出的判决，颁发禁诉令意味着我国法院将不会执行德国法院作出的判决，那么就不会出现违反该禁执令的情况。相应地，其所设置的按日计罚制度就显得有些多余。

（四）适用禁诉令缺乏明确的考量因素

当前，我国法院对于颁发禁诉令需要具体考虑哪些因素还未明确。由于我国法院目前对禁诉令机制的适用尚处于探索阶段，目前仅最高人民法院在华为与康文森专利许可纠纷案、深圳市中级人民法院在中兴与康文森公司专利许可纠纷案中提出了适用禁诉令的五个考量因素，其余案件并未就考量因素展开分析。下文将根据康文森案中我国法院提出的五个考量因素展开探讨。

1. 域外法院的判决临时执行对中国诉讼的影响

最高人民法院的判决观点认为，对于申请人提出禁止被申请人申请执行域外法院判决的，人民法院首先应当审查的因素是域外判决的执行是否对中国诉讼产生实质性影响。最高人民法院认为，应当从三方面审查域外判决的执行对国内判决的影响。[①] 在该案中，最高人民法院经审理指出，“中国和德国法院的诉讼当事人基本相同，均为华为公司和康文森公司及

---

① 三方面影响因素是指中外诉讼的当事人是否基本相同、审理对象是否存在重叠、被申请人的域外诉讼行为效果是否对中国诉讼造成干扰。

其在中国、德国的关联公司；审理对象也相同，均是华为公司请求对康文森公司的标准必要专利许可费率作出裁决，并判定华为公司的德国关联公司是否侵害康文森公司的标准必要专利权；在行为效果方面，如果康文森公司在人民法院申请执行德国杜塞尔多夫法院的判决且获得准许的话，则国内正在审理中的案件将会受到干扰”①。从上述三个因素出发，最高人民法院认定，“康文森公司申请执行德国法院判决的行为将对本院案件下一步的审理和裁判执行造成实质性的消极影响”②。

2. 采取行为保全措施的必要性判断

必要性判断是指判断是否采取行为保全措施，采取行为保全措施是否会导致当事人的利益受到难以弥补的损害以及对法院的判决和执行造成严重损害。最高人民法院认为，准许采取行为保全措施的必要性应当考察该措施对当事人的利益是否带来严重伤害或者达到“难以弥补”的程度。“关于采取行为保全措施是否确属必要，应着重审查不采取行为保全措施是否会使申请人的合法权益受到难以弥补的损害或者造成案件裁决难以执行等损害；该损害既包括有形的物质损害，又包括无形的商业机会、市场利益等损害；既包括经济利益损害，又包括诉讼利益损害；既包括在华利益损害，又包括域外利益损害。”③在康文森案中，最高人民法院判断，如果不签发禁诉令，执行德国法院对华为公司的判决，华为公司面临的是十分高昂的许可费率或者被迫退出德国市场的境地，这对于我国企业来说是难以承受的结果，因此达到了必要的程度，应当签发禁诉令。

3. 相关利益衡量

相关利益衡量是对禁诉令申请方和被申请方利益的权衡和比较，必要性判断分析了双方当事人的利益受到影响的程度，利益衡量则是进一步对双方当事人的损益权衡。在康文森案中，法院更多地分析了华为公司可能受到的损失，缺少对康文森公司的损益分析。实际上，康文森公司是一家NPE，因此，签发禁诉令暂不执行德国法院的判决，按照法律规定对华为公司实施保全措施，在中国法院判决作出后再计算康文森公司的损失并进行填补，并不会对康文森公司的利益造成很大损害。可见，法院在进行相关利益衡量时应当更加全面。

---

① 最高人民法院民事裁定书，(2019)最高法知民终732号、733号、734号之一。

② 最高人民法院民事裁定书，(2019)最高法知民终732号、733号、734号之一。

③ 《最高人民法院知识产权案件年度报告(2020)摘要》，载《人民法院报》2021年4月26日，第2版。

4. 是否损害公共利益

对公共利益的损害也是禁诉令颁发审查中应着重予以考虑的重要因素,主要包括对我国知识产权政策和公共政策是否会产生较大的影响等问题。在康文森案中,法院认为,本案主要涉及康文森公司和华为公司的利益衡量,而不涉及公共利益。

5. 国际礼让原则

最高人民法院在康文森案中考虑是否颁发禁诉令,将国际礼让原则纳入了考量的范围。国际礼让原则是英美法系国家签发禁诉令通常会考虑的因素之一。这是因为签发禁诉令,禁止一方当事人向其他国家提起诉讼,不可避免地会对其他国家的司法主权造成一定的影响,因此签发禁诉令要尽量避免这种情况的发生。但是,如前所述,我国在考虑国际礼让原则的同时,强调对本国企业利益的保护,使得两者产生了矛盾。在康文森案中,法院认为,如果执行德国法院已经作出的判决,会对华为公司的德国市场造成较严重的影响,因此不予执行德国法院的判决。但实质上,从国际礼让原则的角度考虑,应当思考不予执行德国法院的判决是否会对德国法院的司法主权造成影响。答案是否定的。首先,在我国最高人民法院对华为诉康文森案作出判决前,不予执行德国法院的判决是对德国法院判决的暂不执行,并不是永不执行,不会损害德国法院的司法主权。其次,被申请人康文森公司是一家 NPE,不以实施涉案专利为营利方式,暂不执行德国法院的判决不会对其利益造成损害。因此,最高人民法院适用禁诉令时,考虑了国际礼让原则,衡量各方利益。

最高人民法院在康文森案中提出的颁发禁诉令的五个考量要素,主要是基于我国民事诉讼制度中行为保全措施适用的审查标准。有学者指出,"该案裁定在《行为保全司法解释》第 7 条规定的'难以弥补的损害、损益平衡、公共利益'三个要素基础上,增加了'域外判决临时执行对中国诉讼的影响''国际礼让原则'两个因素。本案确定的五要素,既立足于我国法律基本规定,也借鉴了域外禁诉令具有共性的规则"①。

---

① 宾岳成:《禁诉令性质的行为保全裁定之考量因素及保障措施——我国知识产权诉讼首例禁诉令裁定解读》,载《法律适用》2021 年第 4 期,第 97 页。

第四章　国外知识产权法域外适用的比较镜鉴

在考察了知识产权法域外适用的基本范畴和我国的实践困境之后，有必要对知识产权法域外适用实践较多的国家进行考察，以便了解知识产权法域外适用的多样化表现形式，管窥知识产权法域外适用的深度与广度，为构建我国知识产权法域外适用体系奠定比较法的基础。

近年来，英美法系的美国利用其国内法的管辖规则在知识产权领域审理了很多涉及国外实体和个人的案件，成为当今世界上知识产权法域外适用最为频繁、制度规则最为精细的国家，英国次之。大陆法系的法国和德国在域外适用上则较为克制，较少使用其作为扩张域外管辖权的手段，而主要将反禁诉令作为反制他国专利法域外适用的必要措施。两大法系在知识产权法域外适用的理念和立场上存在较大的差异：英美法系国家出于保护本国产业的考虑，不断突破知识产权地域性原则，扩张司法管辖权；大陆法系国家则比较保守，将知识产权法域外适用视为国际民事诉讼竞合中的一般问题对待，尤其是将域外适用视为对他国司法主权的干涉，故其只是在国际知识产权诉讼竞合中通过颁发反禁诉令维护本国司法主权。

第一节　知识产权法的域外管辖权、域外效力与域外适用

国家管辖权，是指“国家以立法、行政或司法行为影响人员、财产及事件，创设、改变或终止其法律关系的权力”①。各国管辖权的规定、司法适用和理论基础不尽相同，要准确界定和统一管辖权的内涵几乎是不可能的。尽管如此，在研究国外知识产权法的域外适用、域外管辖制度之前，我们仍应明确域外管辖权、域外效力和域外适用等概念，以免因对相关术语的不同理解产生分歧。

美国法上的域外管辖可以分为立法管辖、司法管辖和执行管辖。美国最高法院早在1818年就通过判例确立了反域外效力推定原则②。时至今

① 中国社会科学院法学研究所法律辞典编委会编：《法律辞典》，法律出版社2003年版，第586页。

② United States v. Palmer, 16 U. S. 610(1818).

日,该原则仍是美国知识产权法域外适用中的重要法律依据。但美国国会却屡屡通过制定成文法上的例外规则来肯定知识产权法的域外效力。随着网络信息技术的发展和跨境电子商务的盛行,各国的依存度不断提升。诸如由国外组装产品零部件、著作权网络传播、跨境电商中商标的使用引发的纠纷日益增多,美国知识产权法的域外适用案例也与日俱增。美国在知识产权法领域不断扩张管辖范围,遭到英、法、德和加拿大等国以及欧盟的强烈反对,这些国家和地区通过立法和司法制定了一些反制措施。

一、本国法的域外管辖权

域外管辖是指延伸至某一特定州或国家自然界线之外的司法权。①事实上,随着美国法的发展,域外管辖的含义得到扩展。"美国法上的域外管辖权包括立法管辖权、司法管辖权和执法管辖权三种形式。"②美国学者帕德罗·J. 马丁内兹-弗拉加则认为,"美国法的域外适用在管辖权的分析内占有一个独特的位置。与对人管辖权③和事物管辖权④存在鲜明不同,立法管辖权是指一国将其法律适用于在外国的人或行为的权力"⑤。"立法管辖权明确指的是立法机关制定能在域外适用的法律的权力。"⑥司法管辖权则是指法院或者行政裁判庭适用其本国法对涉及外国主体或者发生在域外的侵权行为作出裁决的权力。"美国法上的执法管辖权与国际法中的'执行管辖权'基本一致⑦,是指政府利用资源诱导或强制遵从法律的权力。"⑧美国法域外适用最为典型的就是在知识产权法领域。美国国会可以通过立法将专利法、商标法、版权法和商业秘密法等适用于国外的民事主体和侵权行为;美国法院、联邦贸易委员会(Federal Trade

① 参见薛波主编:《元照英美法词典》,北京大学出版社 2014 年版,第 522 页。

② See American Law Institute, *Restatement (Third) of Foreign Relations Law of United States*, §401(1987).

③ 对人管辖权(Personal Jurisdiction)是法院对其审理案件的当事人所拥有的,作出对其有约束力命令的权力。参见[美]理查德·D. 弗里尔:《美国民事诉讼法》,张利民、孙国平、赵艳敏译,商务印书馆 2013 年版,第 42 页。

④ 事物管辖权(Subject Matter Jurisdiction)又称标的物管辖权,是指法院审理和裁决某一类案件的权限范围。参见薛波主编:《元照英美法词典》,北京大学出版社 2014 年版,第 1300 页。

⑤ [美]帕德罗·J. 马丁内兹-弗拉加:《国际私法程序中礼让的新作用》,李庆明译,中国社会科学出版社 2011 年版,第 56~57 页。

⑥ See Matsushita Elec. Industrial Co. v. Zenith Radio Corp. 475 U. S. 574, 582(1986).

⑦ 执行管辖权,即国家在领土内或领土外强制公民遵守其命令的权限。参见小原喜雄:《经济法域外适用的法律原则》,雷法译,载《现代外国哲学社会科学(文摘)》1986 年第 6 期,第 47 页。

⑧ See American Law Institute, *Restatement (Third) of Foreign Relations Law of United States*, §401(1987).

Commission,FTC)等对发生在域外的知识产权侵权行为适用美国法作出裁决;而美国海关则可以根据 FTC 的裁决行使执法权,对涉嫌知识产权侵权的外国商品予以扣押。①

近年来,国内学术界对美国行使"长臂管辖权"问题关注颇多,尤其对涉及我国企业和公民的涉外民事诉讼案件的司法管辖问题展开探讨。②"'长臂管辖权'是法院对不在法院地居住,但与法院具有某种联系的被告所享有的管辖权"③,是对人管辖权的一种特别形式。

"长臂管辖权"与域外管辖权不同。有学者指出,"长臂管辖权""实质是域外管辖权的一种形式,但不能反过来认为域外管辖权都是'长臂管辖权'"④。需要注意的是,在我国语境下,"长臂管辖权"实际上是一种域外管辖权。比如,2018 年,在国务院新闻办公室发布的《关于中美经贸摩擦的事实与中方立场》中对我国政府所认为的"长臂管辖权"概念作出界定,"'长臂管辖'是指依托国内法规的触角延伸到境外,管辖境外实体的做法。近年来,美国不断扩张'长臂管辖'的范围,涵盖了民事侵权、金融投资、反垄断、出口管制、网络安全等众多领域,并在国际事务中动辄要求其他国家的实体或个人必须服从美国国内法,否则随时可能遭到美国的民事、刑事、贸易等制裁"⑤。恰当区分中国和美国语境下"长臂管辖权"、域外管辖权的具体内涵,对于我们探讨美国法的域外管辖和域外适用问题非常必要。

二、知识产权法的域外管辖权与域外效力

除了明确美国法上域外管辖权的定义,我们还需要了解美国民事诉讼程序规则中管辖权分配的一般原则。根据美国民事诉讼的规则,"管辖权

---

① 美国联邦贸易委员会拥有独特的准司法权,可以根据美国《1930 年关税法》(Tariff Act of 1930)第 337 节及相关修正案针对进口产品侵犯美国知识产权的行为以及进口贸易中的其他不公平竞争行为发起调查,并根据其结果发布普遍排除令、部分排除令和禁执令,由美国海关予以执行。据此可以看出,海关知识产权执法也有域外适用的功能。

② 参见肖永平:《"长臂管辖权"的法理分析与对策研究》,载《中国法学》2019 年第 6 期,第 39 ~ 65 页;郭玉军、甘勇:《美国法院的"长臂管辖权"——兼论确立国际民事案件管辖权的合理性原则》,载《比较法研究》2000 年第 3 期,第 266 ~ 276 页;丁文严:《跨国知识产权诉讼中的长臂管辖及应对》,载《知识产权》2018 年第 11 期,第 28 ~ 34 页;霍政欣、金博恒:《美国长臂管辖权研究——兼论中国的因应与借鉴》,载《安徽大学学报(哲学社会科学版)》2020 年第 2 期,第 81 ~ 89 页。

③ See Bryan A. Garner, *Black's Law Dictionary*, 9th ed., West Publishing Co., 2009, p. 869.

④ 肖永平:《"长臂管辖权"的法理分析与对策研究》,载《中国法学》2019 年第 6 期,第 40 页。

⑤ 《关于中美经贸摩擦的事实与中方立场》,载中央政府网,www.gov.cn/zhengce/2018-09/24/content_5324957.htm。

即选择适当的法院,法院受理一项国际或国内民事诉讼均需满足三个条件:对人管辖权、事项管辖权和适格的审判地"①。在跨国知识产权纠纷案件中,适格的审判地一般不涉及知识产权法的域外效力问题,与知识产权法域外效力相关的主要是对人管辖权和事项管辖权。

美国学者弗里尔认为,"对人管辖权是法院对其审理案件的当事人所拥有的,作出对其有约束力命令的权力"②。近年来,美国法院在专利法、著作权法、商业秘密法等涉外知识产权诉讼中采取的"长臂管辖权"就是对人管辖权的一种形式。

事项管辖权决定了一个知识产权案件应当向美国州法院还是联邦法院提起诉讼。根据《美国宪法》的规定,"联邦法院对所有依据联邦宪法和联邦法律提起的诉讼拥有事项管辖权"③。州法院拥有广泛的普通事项管辖权,而联邦法院则仅有有限的事项管辖权,只能审理特定类型的案件。根据《美国法典》第1338(a)条的规定,对于专利、著作权和植物新品种等知识产权案件,美国联邦法院享有专属事项管辖权。而对于商标、商业秘密等方面的案件,美国联邦和州均拥有事项管辖权。因此,美国知识产权法领域的事项管辖权极为复杂,既存在属于联邦法院的专项事项管辖权,又有州的普通事项管辖权。

至于美国法院是否对发生在国外的侵犯美国知识产权法的侵权行为或当事人具有管辖权,则取决于美国知识产权法是否明文规定了域外效力。如果美国知识产权法对此有明文规定,那么,美国法院即可拥有事项管辖权。比如,在美国专利法领域,《美国专利法》第271(a)条明确了专利权具有地域性,遵循美国最高法院确立的反域外效力推定原则。但美国国会通过修改《美国专利法》,扩张了该法的域外效力。可见,美国知识产权法是否具有域外效力,是由国会立法决定的。

三、知识产权法的域外管辖权与域外适用

域外管辖权与国内法的域外适用存在着密切关系。对于两者的关系,学术界存在以下几种观点:第一种观点认为,两者为同一关系,是对同一问

① [美]Joseph W. Glannon:《民事诉讼法(第4版)》,中国方正出版社2004年版,第113~114页。

② [美]理查德·D.弗里尔:《美国民事诉讼法》,张利民、孙国平、赵艳敏译,商务印书馆2013年版,第42页。

③ 杜涛:《论反垄断跨国民事诉讼中域外管辖权和域外适用问题的区分——以中美新近案例为视角》,载《国际经济法学刊》2019年第1期,第75页。

题的不同表述。有学者认为,法律的域外效力有时称为域外管辖权,两者互为表里,域外效力可能更多的是一种表象性的描述,域外管辖权才是较为规范的国际公法用语。① 第二种观点则认为,两者是前提与结果的关系。“域外管辖权是国内法域外适用的前提,域外适用则是国家行使域外管辖的过程和结果。”②第三种观点则认为,应当将域外管辖权与域外适用进行严格区分。有学者指出,“反垄断法域外管辖权这一概念在美国和中国语境下有不同含义”,并且认为“法院的诉讼管辖权问题与反垄断法的域外效力问题应当区分”③。笔者认为,域外管辖同法的域外适用并不相同。

美国法的域外管辖权也不同于域外适用。美国法的域外适用是指法院和行政部门将美国国会制定的法律适用于美国境外的人或行为。美国法的域外适用常常与事项管辖权混为一谈。这是因为美国联邦法院的事项管辖权通常要遵照国会立法的规定,但是,“美国法的域外适用是一个成文法的范围问题,而事项管辖权强调的是法院管辖什么事,两者并不是一回事”④。

美国法的域外效力同域外适用既存在一定联系,又有所不同。美国法的域外效力是指美国法在其境外产生约束力,而美国法的域外适用则是指美国法在其疆域以外得到适用。有学者认为,“域外效力正是基于法律的域外适用而产生的拘束力,因此域外效力概念与域外适用往往是一语两用,实为同义互用”⑤。由此观之,美国知识产权法的域外效力是指美国知识产权法在其法域之外产生拘束力,而美国知识产权法的域外适用则是美国法院或行政机关行使域外管辖权,使其知识产权法在域外得以适用。近年来,美国通过修改知识产权法,通过法院、FTC 行使域外管辖权,不断扩大知识产权法的域外效力。

总而言之,美国法的域外管辖权、域外效力和域外适用三个概念在内涵上具有一定的交叉性,但又有区别。美国法的域外管辖权是一个统称概念,域外效力是指美国法院通过司法程序对国外的人、物、行为产生约束力,而美国法的域外适用则是美国法院或行政机关通过行使管辖权将本国

---

① 参见王中美:《竞争规则的国际协调》,人民出版社 2005 年版,第 46 页。

② 参见廖诗评:《中国法域外适用法律体系:现状、问题与完善》,载《中国法学》2019 年第 6 期,第 22 页。

③ 参见杜涛:《论反垄断跨国民事诉讼中域外管辖权和域外适用问题的区分——以中美新近案例为视角》,载《国际经济法学刊》2019 年第 1 期,第 74、83 页。

④ 李庆明:《论美国域外管辖:概念、实践及中国因应》,载《国际法研究》2019 年第 3 期,第 4 页。

⑤ 孙国平:《论劳动法的域外效力》,载《清华法学》2014 年第 4 期,第 25 页。

法适用于域外人、物、行为的过程。

第二节 英美法系国家的知识产权法域外适用

一、美国知识产权法的域外适用

(一)美国知识产权法自设的域外效力

根据美国宪法对联邦和州之间事项管辖权的区分,美国知识产权法是否具有域外效力,取决于国会在知识产权立法中的专门规定。在过去的半个多世纪里,为了因应不断出现的域外知识产权侵权问题,美国国会在其专利法、商标法、版权法的修改以及商业秘密法的制定中,不断创设知识产权法域外适用的新依据,大大扩张了美国知识产权法域外适用的范围。下文针对知识产权法的四个主要领域,即专利法、版权法、商标法和商业秘密法分别阐述美国知识产权法的域外效力。

国际私法学界认为,法律的域外效力可以分为两种:一种是虚拟的或自设的域外效力;另一种是现实的域外效力。有学者提出,自设的域外效力需要经过他国立法的认可才能变成现实的域外效力。① 知识产权法领域亦是如此。有学者认为,“各个国家在制定版权立法的时候,通常会根据主权原则确定域外效力,但这种情况下的域外效力仅仅是虚拟的域外效力,只有当其他国家根据对等原则予以认可之后方可转变为现实的域外效力”②。

当然,对于各国法律自设的域外效力是否只有经过他国承认才可转化为自设的域外效力,抑或可以通过本国法院或行政机关的主动适用来发挥其域外效力问题,学术界尚存在一定的争议。有学者指出:“我国学界对域外效力之内涵的理解亦有分歧,据笔者目前所掌握的资料,代表性观点主要有三种:第一种观点认为,域外效力指对域外的人、物、行为的拘束力,即本国法院针对域外之人、物、行为等适用本国法律而产生拘束力。第二种观点认为,域外效力是指本国法律可以在其制定者管辖范围以外被域外司法机构或行政机关适用或执行的状态。第三种观点认为,不能绝对地认为法律的域外效力就是‘在本法域外调整有关的法律关系’,法律的域外效力并非只发生在外法域,亦可在调整本法域内的涉外法律关系时体现。”③

---

① 参见韩德培主编:《国际私法新论》,武汉大学出版社 2003 年版,第 96 页。

② 丛立先:《网络版权问题研究》,武汉大学出版社 2007 年版,第 240 页。

③ 孙国平:《劳动法域外效力研究》,中国政法大学出版社 2016 年版,第 28 ~ 30 页。

对此，本书不再过多论述，本节的内容主要是从第一种观点出发，探讨美国知识产权法自设的域外效力。

1. 美国专利法自设的域外效力

美国作为英美法系的典型代表之一，虽然自建国以来一直重视法典编纂工作并在某些州取得了实质性成果①，但不可否认的是，判例制度至今在美国法体系中仍牢牢占据重要的地位。美国法上的许多重要法律原则和制度均源于判例。比如，美国专利间接侵权规则就来自判例法的发展，即"从共同侵权到间接侵权的制度转型，有两个不同的轨迹：在美国，经历了从判例法到成文法的变迁；在德日，则是从民法典到专门法的过渡"②。

在美国专利法域外适用规则的长期演进过程中，成文法与判例法并重，共同形成了规制美国域外专利侵权行为的法律基础。前已述及，为了因应日渐增多的域外制造和组装、互联网发展、新样态发明等引发的域外专利侵权，美国很早就着手创设专利法域外效力规范。美国法已经通过判例法形成了专利法反域外效力推定规则，并经过国会制定成文法例外规则肯定了其专利法的域外效力。

(1) 专利法反域外效力推定原则

《美国专利法》第271(a)条规定："除本法另有规定外，在专利有效期内，任何擅自制造、使用、许诺销售或者销售任何专利产品，在美国或向美国进口任何有效期内的专利产品，即构成直接侵权。"③该法规明确规定一项领土限制——所有侵权活动必须发生在美国境内。一般认为，本条规定即《美国专利法》严格遵守专利地域性原则、不具有域外效力之明证，同时也是其符合反域外效力推定原则的依据。美国专利法上反域外效力推定原则并非自始存在于成文法之中，而是通过美国最高法院的判例创设，并一直为美国法院所遵守，成为美国涉外专利诉讼中规制域外适用的法律基石。

①反域外效力推定原则的历史演变。美国最高法院早在1818年就通过美国诉帕尔默案确立了反域外效力推定原则。时至今日，该原则仍是美国法域外适用的重要法律依据。该案并非知识产权案件，但却是最早确立

---

① 参见许中缘：《论普通法系国家法典的编纂》，载《比较法研究》2006年第5期，第37～38页。

② 吴汉东：《专利间接侵权的国际立法动向与中国制度选择》，载《现代法学》2020年第2期，第34页。

③ 35 U. S. C. 271—Infringement of patent. (a) Except as otherwise provided in this title, whoever without authority makes, uses, offers to sell, or sells any patented invention, within the United States, or imports into the United States any patented invention during the term of the patent therefor, infringes the patent.

美国法不适用于域外的判例之一。在该案中,争议的焦点问题是联邦海盗法规能否适用于外国公民在外国船只上实施的公海抢劫行为。美国最高法院指出,根据《美国宪法》的"定义和惩罚"条款,国会拥有规范有关行为的宪法权力,问题是国会是否已经制定了相关规范。鉴于联邦海盗法规的措辞可以涵盖"任何人",过于宽泛,美国最高法院认定,"任何人"这样笼统的术语不能解释为涵盖在美国境外实施犯罪行为的外国公民的。① 自此,反域外效力推定原则广泛适用于劳工法、反垄断法、环境法、证券法、知识产权法等诸多领域,逐渐成为判断美国国内法域外适用问题的主要原则。在其后漫长的岁月里,反域外效力推定原则不仅适用于域外的外国公民,也扩展到域外的美国实体。在1909年,美国香蕉公司诉联合水果公司案中,美国最高法院认为,《谢尔曼反托拉斯法》不适用于美国公司在巴拿马和哥斯达黎加实施的反竞争行为。②

反域外效力推定原则在知识产权法领域一直得到遵守。美国最高法院长期以来坚持认为,专利权在本质上是具有严格的属地性的。1972年莱特拉姆诉深南案(以下简称深南案)③是专利法遵从反域外效力推定原则的里程碑判例。原告莱特拉姆公司拥有一项自动剥虾壳去肠的机器专利,其起诉被告深南公司在国外的机器组装行为构成专利侵权。被告深南公司则主张,虽然《美国专利法》第271(a)条规定在美国境内制造"全部"机器构成专利侵权行为,但该公司的机器并未全部在美国制造,而是在美国制造部分零部件,将零部件运输到境外之后组装成机器再销售到国外,此种情形并不构成侵权。美国最高法院认可被告的观点,认定专利权不具有域外效力,判决其境外行为不构成侵权。

尽管美国最高法院一直在司法实践中坚持专利的地域性原则,但是也存在赋予专利法域外效力的例外情形。一种情形是依据共同侵权原则认可专利法的域外效力。美国最高法院认为,根据美国专利法,如果在国外的行为积极诱导或促成了在美国境内发生的侵权行为,则可以认定构成共同侵权。④ 另一种情形涉及收回因侵权而获得的利润。美国联邦巡回法院指出,只要被告在美国侵犯了专利权(如通过制造专利发明),那么,可

---

① See United States v. Palmer, 16 U. S. 610(1818).

② See American Banana Co. v. United Fruit Co., 213 U. S. 347(1909).

③ See Deepsouth Packing Co., Inc. v. Laitram Corp., 406 U. S. 518(1972).

④ See Spindelfabrik Suessen-Schurr v. Schubert & Salzer, 903 F. 2d 1568, 1577 – 78(Fed. Cir. 1990).

收回的损害赔偿可能包括被告从发明的国外销售中获得的利润。① 值得注意的是,以上两种情况下,专利侵权责任的存在均需要以在美国境内存在专利侵权为前提条件。倘若在美国境内并未发生专利侵权,则美国专利法不会产生域外效力。同样,也不能对境外销售中获得的利润予以收回。美国最高法院赋予专利法域外适用的两种例外情形对著作权同样适用,但不适用于商标权。②

②美国最高法院坚持反域外效力推定原则之成因。美国最高法院长期以来一直严格遵守专利权的地域限制,在没有国会明文规定域外适用的情况下,是反对域外效力推定存在的。为什么美国最高法院在司法审判中坚持反域外效力推定原则?美国学者柯蒂斯·A.布拉德利(Curtis A. Bradley)认为,"没有理由说明(最高法院)奉行'反域外效力推定原则'的原因。然而,对最高法院域外效力裁决的评论表明,最高法院至少阐明了采用该原则的五个理由:国际法、国际礼让、法律选择原则、国会可能有的意图和分权的考虑"③。由此观之,美国最高法院的反域外效力推定原则并非轻易得来,而是在综合考量国际公约、国际私法、国会立法意图和三权分立原则等国际、国内法的基本准则和基本精神的基础上创设的。

(2)成文法例外肯定域外效力

美国最高法院长期坚持专利地域性原则,否定专利法域外效力的存在,并创设和坚持适用反域外效力推定原则。而早在1856年的Brown v. Duchesne案中,美国最高法院就指出,"专利法是由宪法授权,提供给国会权力,让其借助确保作者与发明人就其作品与发明享有一定期间的排他权利,来促进科学与有用技术的进步。所以这个权力本质上是仅及于国内而必须仅限于美国国境之内……而专利权人就其发明所享有的财产权与专属使用其发明的权利,均来自专利法条文的规定……这些国会法案并没有,也不打算产生超过美国的国界的效果;由于专利权人的财产权和专有使用权是由此而来的,因此它们不能超越法律本身所受的限制"④。"成文法例外肯定域外效力"即由此而来。所谓成文法例外肯定域外效力,是指美国成文法仅在特定状况下承认专利法具有域外效力,但原则上仍然以域

① See Schneider(Europe) AG v. Scimed Life Sys., 39 U. S. P. Q. 2d(BNA) 1596, 1598(Fed. Cir. 1995)(per curiam).

② See Curtis A. Bradley, *Territorial Intellectual Property Rights in an Age of Globalism*, Virginia Journal of International Law, Vol. 37, p. 513 – 523(1997).

③ Curtis A. Bradley, *Territorial Intellectual Property Rights in an Age of Globalism*, Virginia Journal of International Law, Vol. 37, p. 513 – 523(1997).

④ Brown v. Duchesne, 60 U. S. (19 How.) 183, 195 – 96(1856).

外效力推定不存在为原则。① 换言之,美国最高法院仅承认国会明文规定的专利法中关于域外效力的例外情况。这一做法为美国各级法院所遵守,并在1952年美国修改其专利法时发展成为《美国专利法》第271(a)条。

自20世纪80年代以来,科技和国际贸易的发展形势发生变化,境外组装、制造已成为当时国际加工贸易的常态,境外专利间接侵权也屡屡发生。为因应这一情势,美国国会在1984年修改了其专利法,增加第271(f)条规定:"(1)任何未经授权向美国或自美国提供,并积极诱使在美国境外组装专利发明的主要、全部或未完全组装的部件,如果这种在美国境外的组装行为发生在美国境内属于专利侵权,则应承担侵权法律责任。(2)任何人未经许可向美国或自美国提供或诱使提供某一专利发明的任何部件,该部件专为此发明所设或仅适用于此发明,而不是用于非发明用途的日用品或商用物品,如果此人知道该部件的专用性并意图在国外进行组装,且在美国境内的同等组装行为构成专利侵权,则应承担侵权法律责任。"②

自此,美国国会对境外组装、制造引发的间接侵权、共同侵权等问题的态度发生了巨大变化。因为美国国会就专利保护的范围和域外效力发出了"明确而肯定"的信号,美国最高法院也紧跟国会立法的步伐,在判决中开始适用专利法的域外效力。

《美国专利法》第101条对四种法定的专利客体③作出明文规定,即可以被赋予专利的事务的种类:"任何新颖或者实用的方法、机器、制造物、合

---

① 参见谢祖松:《美国专利域外效力——兼论其对专利涉外民事案件审理之影响》,载《兴大法学》2015年第17期,第196页。

② 35 U. S. C. 271—Infringement of patent. (f)(1) Whoever without authority supplies or causes to be supplied in or from the United States all or a substantial portion of the components of a patented invention, where such components are uncombined in whole or in part, in such manner as to actively induce the combination of such components outside of the United States in a manner that would infringe the patent if such combination occurred within the United States, shall be liable as an infringer. (2) Whoever without authority supplies or causes to be supplied in or from the United States any component of a patented invention that is especially made or especially adapted for use in the invention and not a staple article or commodity of commerce suitable for substantial noninfringing use, where such component is uncombined in whole or in part, knowing that such component is so made or adapted and intending that such component will be combined outside of the United States in a manner that would infringe the patent if such combination occurred within the United States, shall be liable as an infringer.

③ 四类法定的专利客体详见[美]谢尔登·W. 哈尔彭、克雷格·艾伦·纳德、肯尼思·L. 波特:《美国知识产权法原理》,宋慧献译,商务印书馆2013年版,第250~258页。

成物,或者新颖或实用的改进。”①其中,方法专利相比其他三种专利在权利保护范围上有一定的差别。有学者提出,“如果美国专利制度对于不同发明类型的专利权利保护有所区别,则第271(f)条是适用于所有发明类型,抑或仅适用于特定发明类型的法规,美国法院的实务见解有不一致的意见”②。为解决实务中存在的判决不一致问题,美国国会在1988年通过《方法专利修正案》(The Process Patent Amendments Act,PPAA)并制定《美国专利法》第271(g)条,专门适用于对抗方法专利的境外组装、制造侵权行为。该条规定:“任何未经授权向美国进口、在美国许诺销售、销售或使用在美国获得专利权的专利方法制造的产品的,如果进口、许诺销售、销售或使用行为发生在专利保护期内,则行为人应负侵权之责。在侵害方法专利权的诉讼中,不能根据产品的非商业化使用或零售来确定救济方式,除非考虑到产品的进口、其他使用、许诺销售或销售无法通过本法实施充分救济。在下述情形下,不能认为产品是通过专利方法制造的:(1)后续使用的方法使产品发生了实质性的改变;或(2)产品成为另一产品的可忽略不计的不重要的组成部分。”③这次法律修改再次增强了美国专利法的域外效力,明确了方法专利对于境外生产、制造行为的可适用性。

总而言之,反域外效力推定原则在过去200年间一直是专利法不得域外适用牢不可破的基石。然而,随着科技发展日新月异,国际贸易兴盛,在境外组装、制造等引发的专利侵权行为频发,并对美国国内的产业产生了影响的情况下,美国国会通过增加《美国专利法》第271(f)条、第271(g)条规定,确立了《美国专利法》域外适用的成文法规则。这也是美国知识产权法中少数自设的域外效力的规定。

---

① 35 U.S.C. 101 Inventions patentable. Whoever invents or discovers any new and useful process, machine, manufacture, or composition of matter, or any new and useful improvement thereof, may obtain a patent therefor, subject to the conditions and requirements of this title.

② 李森堙:《谈美国专利法271条f项之问题》,载《科技法律透析》2008年第4期,第26~27页。

③ 35 U.S.C. 271—Infringement of patent. (g) Whoever without authority imports into the United States or offers to sell, sells, or uses within the United States a product which is made by a process patented in the United States shall be liable as an infringer, if the importation, offer to sell, sale, or use of the product occurs during the term of such process patent. In an action for infringement of a process patent, no remedy may be granted for infringement on account of the noncommercial use or retail sale of a product unless there is no adequate remedy under this title for infringement on account of the importation or other use, offer to sell, or sale of that product. A product which is made by a patented process will, for purposes of this title, not be considered to be so made after—(1) it is materially changed by subsequent processes; or (2) it becomes a trivial and nonessential component of another product.

2. 美国版权法自设的域外效力

美国第一部版权法制定于1790年，与美国专利法同样发端于《美国宪法》的同一条款。现行《美国版权法》于1976年颁布。“与美国专利法不同，美国版权法中没有任何语言表明其适用范围通常限于美国境内。该法第106条①中列出的版权‘专有权’（exclusive rights）并未提及任何特定地区。第501（a）条②中的一般侵权条款也未说明其仅适用于美国境内。”③这一规定与我国《著作权法》的规定有些类似。比如，一般认为，我国《著作权法》第2条第1款隐含了属人主义的保护原则，即我国公民、法人或者非法人组织的作品无论在哪个国家发表，无论是否发表，均可以受到《著作权法》的保护。由此推定，我国《著作权法》可以适用于发生在域外的对我国公民、法人或非法人组织造成侵权的行为，即具有一定的域外效力。然而，《美国版权法》并非如此，无法从其第106条中简单推断出其对域外侵权行为的可适用性。且美国法院严守反域外效力推定原则，认为一般情况下《美国版权法》不适用于域外。

1908年美国最高法院裁决的United Dictionary Co. v. G. & C. Merriam Co.案中，根据奥利弗·温德尔·霍姆斯（Oliver Wendell Holmes, Jr.）大法官的意见，美国最高法院认定，“美国版权法要求在‘出版的每一版的副本中’插入版权页，这一要求并不适用于美国以外的出版物”。因为“（国会）不可能对个人行为的要求超出其控制范围。尤其是不太可能需要向公众发出警告，以防该法律在其生效的管辖范围之外发生违法行为”。④ 这是美国法中较早奉行反域外效力推定原则的经典案例，一直为其后的司法实务和理论研究所引用。

1994年美国第九巡回法院审理的Subafilms, Ltd. v. MGM-Pathe Communications Co.案⑤（以下简称Subafilms案）是证明反域外效力推定原则的里程碑式判决。在该案中，美国第九巡回法院秉承其版权法域外适用的一贯观点，认为《美国版权法》不具有域外效力，在美国境外发生的侵

① See 17 U. S. C. § 106.

② See 17 U. S. C. § 501(a). A territorial limitation does appear in the definition section of the chapter of the Copyright Act governing digital audio recording devices and media, which was enacted in 1992. There, the word “distribute” is defined as meaning “to sell, lease, or assign a product to consumers in the United States, or to sell, lease, or assign a product in the United States or ultimate transfer to consumers in the United States”.

③ Curtis A. Bradley, *Territorial Intellectual Property Rights in an Age of Globalism*, Virginia Journal of International Law, Vol. 37, p. 513 – 523(1997).

④ 208 U. S. 260, 264(1908).

⑤ See 24 F. 3d 1088(9th Cir. 1994)(en banc).

权行为并不侵犯美国著作权法。美国第九巡回法院援引了反对联邦法规的反域外效力推定原则,并指出“无论是1976年《美国版权法》还是其他相关法令,都没有明确表达国会改变先前存在的治外法权原则的意图”①。自此,美国法院越来越多的判决都明确表示,《美国版权法》不具有域外效力。

由以可知,《美国版权法》并未明文规定其具有域外效力,而法院在长期的裁判中也明确否定了版权法域外适用的可能性。这是否意味着,发生在域外的侵犯《美国版权法》的行为绝对不会被追究呢?实际不然,在跨国文化贸易日益繁荣的今天,对外文化出口不仅将美国的意识形态和文化传播到世界各国,每年还为美国文化产业巨头带来极为可观的收益。美国自然不可能放任域外版权侵权行为。美国联邦法院往往通过“长臂管辖”取得对跨国版权诉讼的管辖权,从而实现对境外版权侵权行为的管辖。除此以外,美国法院在坚守反域外效力推定原则之外,还适用美国专利法域外效力的两种例外规则,这两种规则同样适用于《美国版权法》。当然,美国法院在不同时期对境外版权侵权行为是否管辖的态度有所不同,对此将在《美国版权法》的域外适用部分进行深入分析。

3. 美国商标法自设的域外效力

美国现行的商标法是1946年制定的《兰哈姆法》。与对待专利法和版权法的态度不同,美国法院毫不掩饰其在涉外商标诉讼中认可商标法域外效力的观点。有学者指出,“虽然美国现行的《兰哈姆法》未明确规定域外适用原则,但是在美国司法实践中其域外适用却较为广泛,不论在美国境内是否有商标侵权行为,美国商标法也可以直接适用于发生在美国境外的商标侵权行为”②。这意味着在美国判例法传统下,美国商标法的域外效力得到了法院的肯定。

美国法院认可商标法域外效力的实践最早可追溯到1952年的里程碑式案件 Steele v. Bulova Watch Co. 案③(以下简称 Steele 案)。Bulova 手表公司是当时美国乃至全球最大的手表制造商,拥有 Bulova 美国商标权,但没有在墨西哥注册 Bulova 商标。Sidney Steele 是美国公民,多年前就在墨西哥注册 Bulova 商标。Steele 从美国进口手表零部件并在墨西哥组装后贴上 Bulova 商标销售,部分手表还销售到美国境内。Bulova 手表公司后起诉 Steele,请求美国法院对在墨西哥完成的商标侵权行为颁发停止侵

---

① 24 F. 3d 1096(9th Cir. 1994)(en banc).

② 程冰:《知识产权国际私法新问题研究》,人民法院出版社2020年版,第12页。

③ See 344 U. S. 280(1952).

权的禁令，并对自己的损失给予救济。美国最高法院裁定，Steele 在墨西哥的商标侵权行为同样构成侵权，《兰哈姆法》拥有广泛的管辖权，因而具有域外效力。美国最高法院在判决中强调：Steele 是美国公民，其行为对美国有影响——他一直从美国购买手表部件，他的手表正在销售到美国；同时，美国最高法院还驳回了 Steele 贴上侵权商标并出售手表的地点决定法律选择的论点，认为适用《兰哈姆法》与外国法律没有冲突。①

美国法院认为，Steele 案确立了判定商标法域外效力三要素原则：(1)被告的国籍或公民身份；(2)对美国商业的影响；(3)与外国法的冲突或潜在冲突。② Steele 案之后，美国各巡回法院在三要素原则基础上发展出很多路径，其中最突出的是美国第二巡回法院的 Vanity Fair 准则，美国第五巡回法院的 American Rice 变种和美国第九巡回法院的 Wells Fargo 理性规则。③ 有学者认为，"美国最高法院在'Steele 案'中坚持《兰哈姆法》具有域外适用性的一个重要的理由就是法院发现被告的行为对美国商业具有实质性的影响"④。无论如何，Steele 案所确立的三要素原则已成为美国法院判定商标法域外效力的标尺，在美国商标法域外适用中占据极为重要的地位。

4. 美国商业秘密法自设的域外效力

美国商业秘密法的域外效力可以分为刑事和民事立法两个层面。从立法史的角度来看，美国国会首先在 1996 年《经济间谍法》中规定了域外效力条款，然后将其扩展到商业秘密民事立法中。

(1)美国商业秘密刑法域外效力的历史变迁

作为刑法适用效力的一般原则，美国在建国后长期奉行反域外效力推定原则，核心是限制本国法的域外效力。然而，面对知识经济发展中商业秘密的巨大价值，在产业界和情报部门对商业秘密保护的强力推动下，美国于 1996 年出台《经济间谍法》，实现了刑法域外适用效力原则的根本转型，成为全球首个单独制定商业秘密刑事规范并明确规定域外效力的国

---

① See Curtis A. Bradley, *Territorial Intellectual Property Rights in an Age of Globalism*, Virginia Journal of International Law, Vol. 37, p. 513, 527, 528 (1997); Alexander Peukert, *Territoriality and Extraterritoriality in Intellectual Property Law*, SSRN (Sep. 30, 2018), https://ssrn.com/abstract=1592263.

② See J. Thomas McCarthy, McCarthy on Trademarks and Unfair Competition 5th, Thomson Reuters, Vol. 5, § 29:57 (2020).

③ See Tim W. Dornis, *Behind the Steele Curtain: An Empirical Study of Trademark Conflicts Law, 1952–2016*, Vanderbilt Journal of Entertainment and Technology Law, Vol. 20:3, p. 575 (2018).

④ 杨松才：《论美国知识产权法的域外适用》，载《法学杂志》2007 年第 5 期，第 113 页。

家。《经济间谍法》的域外效力规则,一方面表明美国通过最低限度联系原则扩张其域外管辖权,以刑事措施打击全球范围内的商业秘密犯罪行为,另一方面表明美国法的域外适用正在逐步由经济法律、民事法律领域向刑事法律领域扩张。

①对域外效力的一般否定:反域外效力推定原则。美国最高法院早在1818年就通过美国诉帕尔默案确立了反域外效力推定原则。时至今日,该原则仍是美国法域外适用的重要法律依据。一般而言,商业秘密同样受到地域性原则的约束,反域外效力推定原则同样适用于商业秘密法的域外适用。在美国伊利诺伊州东部地区联邦地区法院审理的摩托罗拉诉海能达商业秘密和著作权纠纷案①中,被告海能达提出,本案起诉所依据的三项法令均不具有域外效力,所有损害赔偿应仅限于各自法令的国内适用。审理法院采用美国最高法院提出的"两步法"对《保护商业秘密法》的域外效力进行判断。② 第一步分析反域外效力推定原则在该法中是否被推翻,如果国会立法明确表明该法可以域外适用,则反域外效力推定原则会被推翻,③反之,如果国会立法没有明确、肯定的指示,则该法不具有域外效力。第二步是确定该案件是否涉及"该法的国内适用"问题。④

反域外效力推定原则已成为美国法院判断国会立法是否具有域外效力的首要规则,是制约美国法域外适用的重要原则之一。然而,美国政府和企业对商业秘密保护日益重视,美国法院又屡屡"出手",对发生在域外的行为和域外的主体进行管辖。那么,美国法院如何实现对商业秘密法的域外适用呢?这主要还是取决于国会立法是否作出明确的规定。

②对域外效力的特别肯定:《经济间谍法》的域外效力。全球经济竞争激烈,各国对高新技术和商业秘密都非常重视。1996年,出于严厉打击盗窃商业秘密、保障企业科研和经济秘密的需要,美国国会高票通过《经济间谍法》。作为联邦制国家,美国保护商业秘密的立法体系较为复杂。"美国在联邦层级上存在一部具有示范性的《统一商业秘密法》,各州主要依据其参考该《统一商业秘密法》制定出的成文商业秘密法或者依据其普通法对侵犯商业秘密行为进行民事制裁,但是对于侵犯商业秘密行为的刑

---

① See Motorola Solutions, Inc. v. Hytera Communications Corp. Ltd., 436 F. Supp. 3d 1150, 1159 - 1163 (N. D. Ill. 2020).

② See Morrison v. National Australia Bank Ltd., 561 U. S. 247(2010).

③ See WesternGeco LLC v. ION Geophysical Corp., 138 S. Ct. 2129, 2136(2018).

④ See RJR Nabisco, Inc., v. European Community, 136 S. Ct. 2090, 2101(2016).

事处罚,美国在联邦层面上却存在统一的立法,即《经济间谍法》。"①

反域外效力推定原则适用于美国的任何法律部门,除非国会另有规定,否则一般假定联邦刑法不适用于美国或其领土以外的行为。② 为应对美国的商业秘密在全球范围内被盗用的问题,《经济间谍法》专门规定了该法的域外效力:本章也适用于发生在美国境外的行为,如果犯罪者是美国公民或具有美国永久居民身份的外国人,或根据美国或其州或政治机构的法律组建的机构;或者在美国实施了促进犯罪发生的行为。③

总之,为能够打击全球范围内针对美国企业的商业秘密盗窃行为,美国国会明确规定了商业秘密刑法具有域外效力。这也是美国法上著名的"长臂法案"之一。一般而言,各国刑事立法会通过保护管辖权划定本国对发生在国外的犯罪行为具有管辖权的"犯罪圈"。但美国刑法并没有像我国《刑法》第 8 条那样明确规定对于国外犯罪行为的保护管辖权,而仅在《美国法典》第 18 编第 7 条规定了特别海洋和领土管辖权。④ 因此,《经济间谍法》的域外效力条款可以视为美国对域外商业秘密犯罪行为行使保护管辖权的法律依据。

(2)《经济间谍法》域外效力条款的意旨和争议

1996 年美国《经济间谍法》与知识产权界并无太大的关系,主要是受到了产业界的强烈影响。首先,就起草者而言,该法的起草者主要是商业律师和执法者。其次,就审议者而言,在参议院,审议该法案的部门是情报委员会与恐怖主义、技术和政府信息小组委员会;在众议院,负责审议该法案的是司法委员会犯罪行为小组委员会。⑤ 最后,就听证人而言,虽然立法者在 1996 年举行了两次听证会,但听证人并不是来自知识产权协会的专家,而是联邦调查局局长路易斯 · J. 弗里(Louis J. Freeh)。⑥ 由是观之,在《经济间谍法》制定时,美国知识产权界是缺位的。立法者认为,商业秘密盗窃不仅仅是一种简单的侵犯知识产权或反竞争的行为,而是后"冷战"时代的产物。在后"冷战"时代,情报工作的重心转向收集损害美

---

① 宋建宝:《美国侵犯商业秘密罪的量刑依据问题及借鉴——以美国〈经济间谍法〉为中心》,载《法律适用》2015 年第 2 期,第 45 页。

② See U. S. Department of Justice, *Prosecuting Intellectual Property Crimes*, Watch Publishing Company, 2019, p. 221.

③ See The Economic Espionage Act, 18 U. S. C. § 1837(1996). 本条内容在文中表述为《经济间谍法》第 1837 条,亦即《美国法典》第 18 编第 1837 条。

④ See 18 USC §7(7).

⑤ 该机构现已更名为"犯罪行为、恐怖主义与国土安全小组委员会"。

⑥ See Gerald J. Mossinghoff et al., *The Economic Espionage Act: A New Federal Regime of Trade Secret Protection*, Journal of the Patent and Trademark Office Society, Vol. 79, p. 191, 192(1997).

国及其商业企业的有价值的经济信息。①

正因如此,《经济间谍法》过于宽泛的定义以及与知识产权界的脱节,使其自制定以来就饱受质疑和批评。有学者"对使用独特的商业秘密法体系来保护知识产权利益的有效性表示怀疑"②,认为《经济间谍法》"本质上是有缺陷的,因为它是一个传统立法,却用来打击无国界时代的经济间谍"③,或许力有未逮。也有学者指出,"《经济间谍法》是一种有限且不充分的补救措施,不能满足在海外经营的美国公司的需求,而且由于缺乏民事补救措施,难以充分补偿受害者"④。还有学者担心该法的不当实施会阻碍创新,认为"如果《经济间谍法》被扩张性地解释和适用,将会减少公共领域的信息流动并扼杀创新"⑤。学界的批评和疑虑表明《经济间谍法》本身先天缺乏理论支撑,也反映了美国产业界、情报部门与知识产权界对其域外适用效力存在严重的分歧。如后所述,20 余年的执法实践证实了学者们的忧虑不无道理。

(3)美国商业秘密刑法适用中"长臂管辖权"的行使

"长臂管辖权"是美国民事诉讼法中的一项特殊管辖制度,原本属于美国各州对发生在本州乃至本国以外的人行使的司法管辖权。当前,美国法院的"长臂管辖权"不仅在国际反垄断、税收、知识产权法等方面普遍适用,美国法院也将其扩展到海外反腐败、商业秘密保护的刑事案件之中。在 1922 年美国诉鲍曼案(United States. v. Bowman)中,美国最高法院援引 1918 年《美国法典》第 35 条的规定,开始行使域外刑事管辖权,将美国刑法适用于发生在公海赫尔巴西的欺诈等犯罪行为上。⑥ 美国法院行使"长臂管辖权"的实践往往会引起国际管辖权冲突,干涉他国法院的诉讼管辖权,在国际上引发了较大的争议。事实上,"长臂管辖权"的产生有其内在必然性,其所反映的价值取向经历了从主权至上到个人自由利益至上

---

① See S. Rep. No. 104 - 359, at 6 - 8.

② Robert G. Bone, *A New Look at Trade Secret Law: Doctrine in Search of a Justification*, California Law Review, Vol. 86, p. 241, 277 - 278(1998).

③ Susan W. Brenner & Anthony C. Crescenzi, *State-Sponsored Crime: The Futility of the Economic Espionage Act*, Houston Journal of International Law, Vol. 28, p. 389, 433(2006).

④ Spencer Simon, *The Economic Espionage Act of* 1996, Berkeley Technology Law Journal, Vol. 13, p. 305, 316(1998).

⑤ Rochelle Cooper Dreyfuss, *Trade Secrets: How Well Should We Be Allowed to Hide Them—The Economic Espionage Act of* 1996, Fordham Intellectual Property, Media & Entertainment Law Journal, Vol. 9, p. 5 - 6(1998).

⑥ See United States. v. Bowman, 260 U. S. 94, 43 S. Ct. 39, 67 L. Ed. 149(1922).

的转变。[①] 因此,我们应当辩证看待美国法院的“长臂管辖权”。

为保护本国利益和本国公民的利益,各国刑法通常采取保护主义原则惩罚外国人在国外实施的危害本国利益和本国公民利益的犯罪行为。此为刑法的保护主义,其含义是无论行为人是本国人还是外国人,只要其在国外的犯罪行为侵害了本国利益或者本国公民的利益,就适用本国刑法。[②] 美国《经济间谍法》明确规定了对域外的商业秘密犯罪行为行使管辖权,这是其保护主义的体现,符合刑法的基本理念。美国法院据此对国外发生的商业秘密犯罪行为行使“长臂管辖权”,他国亦没有反对的法理依据。

(4)《保护商业秘密法》的域外效力及争议

将商业秘密刑事规制立法进一步完善并确立私人诉讼制度的《保护商业秘密法》,是否同样具有域外效力呢?对此存在争议。一些观点认为,尚不清楚国会是否打算将《经济间谍法》的(域外效力)规定嵌入《保护商业秘密法》的民事诉讼权。[③] 也有观点认为,“严重的管辖权问题正等待着原告,他们希望基于《保护商业秘密法》对外国被告的商业秘密盗用行为提起诉讼。这一观察不仅仅是将一些新的事实假设适用对人管辖权和不方便法院原则,它还揭示了一些隐藏在《保护商业秘密法》支持者努力确保法律通过背后的困难事实”[④]。换言之,《保护商业秘密法》要想对外国被告产生域外效力,并适用于发生在国外的商业秘密民事诉讼中,将面临管辖权上的难题。美国在《经济间谍法》中规定了特定情况下商业秘密刑法的域外适用,并在 2016 年制定《保护商业秘密法》时将《美国法典》第 18 编第 1837 条规定的域外效力条款扩展到商业秘密民事立法中。

无论如何,美国政府和企业对科技和商业秘密非常重视,其对国外企业和自然人盗窃商业秘密行为的打击力度也在持续增加,美国商业秘密法的域外适用情形随之不断扩大。

(二)美国知识产权法域外适用的机制

近年来,美国在标准必要专利许可费率计算、反垄断等领域频繁适用其国内法的域外效力,引起各国的关注。实际上,标准必要专利引发的美

---

① 参见郭玉军、甘勇:《美国法院的“长臂管辖权”——兼论确立国际民事案件管辖权的合理性原则》,载《比较法研究》2000 年第 3 期,第 268 页。

② 参见张明楷:《外国刑法纲要(第 2 版)》,清华大学出版社 2007 年版,第 47 页。

③ See Elizabeth A. Rowe & Giulia C. Farrior, *Revisiting Trade Secret Extraterritoriality*, Boston University Journal of Science and Technology Law, Vol. 25, p. 450(2019).

④ Robin J. Effron, *Trade Secrets, Extraterritoriality, and Jurisdiction*, Wake Forest Law Review, Vol. 51:6, p. 790(2016).

国知识产权法域外适用,只是美国法域外适用中很小一部分。美国知识产权法的域外适用已有很长时间。美国国会通过行使域外立法管辖权为知识产权法的域外效力确定法律基础。当然,美国国会并未确立所有知识产权法的域外效力,而仅仅是在专利法中明确规定了在特定情况下的域外适用情形。美国知识产权法自设的域外效力很大程度上依赖于美国法院的判例。美国法院在审判实践中一直坚持知识产权法的地域性,奉行反域外效力推定原则。当然,鉴于美国判例法的传统,美国法院也经常通过行使司法管辖权对知识产权法进行域外适用,并确立了判定知识产权法域外效力的各种方法,如商标法域外适用的三要素原则等。美国国会立法中的成文法例外规则和美国判例法中的域外效力适用规范共同形成了美国知识产权法域外适用体系。

美国法院在坚持知识产权法地域性的前提下,遵守国际礼让等国际法原则,调和国际知识产权诉讼中的挑选法院与管辖权冲突,并适当通过不方便法院原则、禁诉令机制进行微调,形成了复杂、完善的知识产权法域外适用机制。如何应对发生在域外的侵权行为以及跨国知识产权平行诉讼的管辖权冲突和挑选法院是各国法院均面对的重要问题。美国知识产权法的域外适用机制及经验可以为我国知识产权法域外适用的制度设计提供一定的参考。

1. 美国专利法的域外适用

(1)美国专利法域外适用的司法管辖权

美国法院在法律的域外效力问题上,一直坚守反域外效力推定原则。该原则源于美国最高法院的指示,"除非出现相反的意图,否则国会的立法只适用于美国的领土边界"①。据此,美国法院在国际知识产权诉讼中一贯坚持知识产权的地域性标准。美国国际私法领域著名法学家 J. 斯托里认为,"从国际角度来看,管辖权若要正确地行使,必须以某人处在其领土内为根据,或以某物位于其领土内为根据……任何主权国家都不能将其司法程序延及自身的领土边界以外,而使他人或财产受其司法判决的约束"②。

美国法院在受理国际知识产权纠纷时,会综合考虑对人管辖权、事项管辖权和适格的审判地三个因素。在对人管辖权中,最具全球影响力的要

① See Foley Bros., Inc. v. Filardo, 336 U.S. 281, 285(1949).

② J. Story, *Commentaries on the Conflicts of Law*, 2nd ed., Hilliard, Gary and Company, 1841, p. 539.

算“长臂管辖权”。此外,联邦法院和州法院的事项管辖权限区分也是值得关注和深入研究的重要问题。美国知识产权法领域的事项管辖权极为复杂,既有属于联邦法院的专项事项管辖权,又有属于州的普通事项管辖权。对于专利、著作权和植物新品种案件,美国联邦法院享有专属事项管辖权。而对于商标、商业秘密等案件,美国联邦和州均拥有事项管辖权。下文将重点分析“长臂管辖权”的适用、限制条件等问题。

①“长臂管辖权”的适用依据。“长臂管辖权”是美国民事诉讼法中的一项特殊管辖制度,是对人管辖权的一种,原本是指美国各州对发生在本州乃至本国以外的人行使司法管辖权。当前,美国法院的“长臂管辖权”不仅在国际反垄断、税收等方面普遍适用,也在知识产权法领域得到广泛应用。有学者指出,“美国法所确立的长臂管辖等机制,日益沦为跨国企业争夺知识产权诉讼管辖权的工具,而我国知识产权跨国司法审判实践也陷入管辖困境”①。事实上,“长臂管辖权”产生有其内在必然性,其所反映的价值取向经历了从主权至上到个人自由利益至上的转变。② 美国的“长臂管辖权”在知识产权法、反垄断法领域适用频繁,目前已形成适用原则、限制因素等一套完整的机制。

②“长臂管辖权”的限制。事实上,“长臂管辖”的最低联系标准的适用并非没有限制,其行使依据并未突破传统普通法的效果原则及自愿服从原则的制约,同时也还受联邦宪法正当法律程序条款的限制。③ 效果原则也称效果理论,是美国法域外适用中遵循的重要原则之一。有学者认为,效果原则是指在充分审查以下三个要件后,美国法院才会同意实施域外管辖权:第一,国外行为及其在国内的后果,这是该规范所适用的行为的构成要件;第二,国内的后果是实质性的;第三,这种后果是国外行为直接且主要是有意识造成的。④ 自愿服从原则,是指当事人采取明示或默示的方式,表示同意或接受法院对本案的管辖,此后即使该法院本来对本案并不拥有一般管辖权,也能够基于案件当事人的“服从”得到管辖权。据此,我国企业在美国遭遇知识产权诉讼时,应当对美国法院是否具备管辖权进行

---

① 丁文严、韩萍:《中国企业专利涉外司法保护中的管辖困境与应对》,载《人民法院报》2018 年 5 月 30 日,第 7 版。

② 参见郭玉军、甘勇:《美国法院的“长臂管辖权”——兼论确立国际民事案件管辖权的合理性原则》,载《比较法研究》2000 年第 3 期,第 268 页。

③ 参见丁文严:《跨国知识产权诉讼中的长臂管辖及应对》,载《知识产权》2018 年第 11 期,第 30 页。

④ [日]小原喜雄:《经济法域外适用的法律原则》,雷法译,载《现代外国哲学社会科学(文摘)》1986 年第 6 期,第 47 页。

研究,根据对自身利益的影响作出是否自愿服从管辖的决定。企业一旦表明自愿服从管辖,将不再有反悔的余地。

③宪法上正当程序原则的制约。正当程序原则是美国宪法上的重要原则,是指未经正当法律程序,不得剥夺公民的生命、自由与财产。这一原则可以追溯到1215年英国的《自由大宪章》。美国"长臂管辖权"的运用,要受到正当程序原则的制约。"美国法院在民事领域行使'长臂管辖权'时,如果符合正当程序原则和不方便法院原则的限制,且考量了法院判例关于其适用范围的限制,就没有违反国际法。"①美国宪法中的正当程序原则对联邦法院行使管辖权进行了严格的限制,其要求至少满足以下三个条件:(1)向当事人送达传票;(2)给予当事人听审的机会;(3)有正当的管辖依据。正当程序条款使美国法院行使管辖权有了外在的框架。上述限制为美国法院司法管辖权的正当行使提供了宪法依据,也给出了适当的约束条件。有学者认为,"美国法院的'长臂管辖权'正是在宪法规定正当程序条款的限制下,对属人管辖权进行的发展,但是这一发展并未突破美国法上效果原则与自愿服从原则的范畴,尽管其中甚至有法律价值目标的变化"②。

(2)美国专利法域外适用的司法实践

20世纪,美国科技、国际贸易和生产制造实力一直居世界前列。与之相适应的是,美国专利法域外适用的立法规则和司法实践频繁,对于打击境外组装、制造过程中发生的专利侵权行为,保护美国专利权人和美国产业的利益均起到重要的作用。随着标准必要专利诉讼数量在全球范围内日益增加,国际专利平行诉讼数量剧增,美国法院灵活利用其域外适用规则,通过颁发禁诉令,作出了一些影响深远的司法判决。美国专利法的域外适用对我国及其他国家的司法管辖权的确造成了一定的冲击,但美国法院专利法域外适用的机制和经验对于我国而言有一定的参考价值。

①软件专利与境外组装中的专利法域外适用。专利权的保护因具有地域性而不及于国家主权管辖区域之外的侵权行为,这是各国专利法均遵从的重要准则。如前所述,美国法院一直奉行专利法反域外效力推定原则,在长期的国际专利诉讼司法中一直不认可专利法的域外效力。早在1915年的Dowagiac Manufacturing Co. v. Minnesota Moline Plow Co.案中,美国最高法院就作出裁定:"美国专利法所授予的权利仅限于美国境内

① 肖永平:《"长臂管辖权"的法理分析与对策研究》,载《中国法学》2019年第6期,第56页。

② 郭玉军、甘勇:《美国法院的"长臂管辖权"——兼论确立国际民事案件管辖权的合理性原则》,载《比较法研究》2000年第3期,第266页。

及其领土之上。”①这一立场直到1972年的深南案都没有改变。美国法院往往根据《美国专利法》第271(a)条的规定，严守专利权属地原则之规范，对类似于深南案中发生在域外的零部件组装侵权行为判决不构成侵权，导致竞争对手利用该规则规避美国专利法。为了弥补专利法对境外组装构成的专利侵权行为无法规制的缺陷，美国国会于1984年《美国专利法》的修改中增设了第271(f)条的规定，将专利法效力扩展到域外组装专利侵权行为上。

《美国专利法》第271(f)条的规定弥补了第271(a)条中“仅适用于在美国境内制造‘全部’机器才构成专利侵权行为”这一规定的不足，能够为其专利法域外适用提供更为明确的规范指引。然而，随着专利法保护客体的增加，方法专利等新形态的出现，《美国专利法》第271(f)条规定的适用和解释问题再次成为争议的焦点。有学者认为，争议表现为两方面，“首先，虽然第271(f)条的立法史回应了深南案的判决结果，但是其文字叙述与用语并未完全限缩在该案的事实中，也导致该条文的适用范围产生了不明确的疑义。该条文中所谓的发明专利是否仅适用于物之发明专利，或者亦可适用于方法发明专利，而该条文又该如何解释方能适用于方法发明专利(例如何谓方法发明之‘部件’，‘方法’该如何‘组合’等)，美国法院的实务见解有着不同的解读。其次，第271(f)条中供应部件与组合的概念是建立在深南案中具有实体性的物的发明上，然而在今日发明专利逐渐成为美国软件公司用来保护其研发成果的主要手段时，对于软件这种模糊过往信息与机械分野的发明，第271(f)条是否有适用之余地，在美国司法实务上亦引发相当争议”②。一时之间，美国法院应该对第271(f)条作限缩解释，仅用于实体物的发明专利上，还是应作扩张解释，将其适用于软件专利上，成为司法实务中不得不面对的难题。

在美国最高法院审理 Microsoft Corp. v. AT&T Corp. 一案之前，联邦巡回上诉法院对《美国专利法》第271(f)条的“组件”和“提供”的解释曾几度摇摆，有时在实践中将其严格解释，认为不应将该条适用于软件和方法专利，有时又将第271(f)条的“组件”和“提供”进行宽泛的解释，用来规制美国软件专利权人在海外遇到的侵权行为。在 Enpat, Inc. v. Microsoft Corp. 案③和 Synaptic Pharmaceuticals Corp. v. MDS Panlabs, Inc. 案④中，

---

① 235 U.S. 641, 650(1915).

② 李森堙:《谈美国专利法271条f项之问题》，载《科技法律透析》2008年第4期，第25页。

③ See 6 F. Supp. 2d 537(E.D. Va. 1998).

④ See 265 F. Supp. 2d 452(D.N.J. 2002).

法院认为,根据《美国专利法》第271(f)条的规定,无形技术并不能构成对方法专利权利的侵权。而在 Eolas Technologies Inc. v. Microsoft Corp 案、AT&T Corp. v. Microsoft Corp. 案和 Union Carbide v. Shell 案中,联邦巡回上诉法院则又超越了以前的严格解释方法,认为无形技术也可能构成对软件专利的侵权。这对美国多个行业,特别是对软件行业产生了巨大的影响。①

直到2007年美国最高法院审理 Microsoft Corp. v. AT&T Corp. 一案,才将《美国专利法》第271(f)条适用于软件及方法专利的具体规则彻底厘清。在该案中,法院处理了两个独立但又具有相关性的争议问题:(1)被复制的计算机软件是否可以构成专利法上的"组件";(2)根据《美国专利法》第271(f)条复制此类软件是否构成"提供",从而构成专利侵权。② 该案的基本案情:AT&T 公司拥有一项涉及用于数字编码和压缩记录语音的装置的专利。微软的视窗软件内含一组语音编码,当其被安装于电脑中,便会侵害原告 AT&T 公司的商户编码和语音处理装置的专利。为了规避专利侵权,微软通过电子邮件或发送物理母盘的方式将视窗操作系统软件发送到国外。微软的海外客户反过来将软件从母盘复制到其他光盘中,然后这些光盘被用来在计算机上安装软件。母盘从未被用来直接在计算机上安装软件。微软承认,如果软件被安装到位于美国境内的计算机上,将侵犯 AT&T 公司的专利。针对 AT&T 公司的诉讼请求,微软提出两点抗辩意见:(1)软件不具有实体性的信息,所以不应被认定为《美国专利法》第271(f)条所谓的"组件";(2)即使软件被认为是组件,但是视窗软件在美国境外的销售也不能适用《美国专利法》第271(f)条,因为安装在美国境外的电脑上的视窗软件是在美国境外制造而不是从美国境内提供。③

本案中的第一个问题在2005年联邦巡回法院的 Eolas Technologies, Inc. v. Microsoft Corp 案中早已被阐明。在该案中,联邦巡回法院认为,《美国专利法》拥有广泛的含义,并未将《美国专利法》第271(f)条仅限于应用在物理组件上。该法院认定,"每一种发明形式的每一个组成部分都应该受到第271(f)条的保护"④。因此,该法院指出,母盘上的代码应当被

---

① See Virginia Zaunbrecher, Eolas, AT&T, & Union Carbide: *The New Extraterritoriality of U. S. Patent Law*, Berkeley Technology Law Journal, Vol. 21:1, p. 42(2006).

② See Microsoft Corp. v. AT&T Corp., 127 S. Ct. 1746, 1750 – 1752(2007).

③ See AT&T Corp. v. Microsoft Corp., 414 F. 3d 1366, 1368(Fed. Cir. 2005).

④ 399 F. 3d 1325, 1399(Fed. Cir. 2005).

认定为《美国专利法》第271(f)条规定的组件。该法院还认为,第271(f)条的立法历史表明了一种宽泛的解释,因为该条款是为“所有形式的专利发明”提供保护。① 然而,美国最高法院并不认可联邦巡回上诉法院的推理并推翻了该判决。美国最高法院认为,《美国专利法》第271(f)条是其专利制度不具有域外效力的例外条款,因而不能进行扩张解释。美国最高法院将软件区分为两类,抽象软件和有形介质中的软件,如光盘,其认为《美国专利法》第271(f)条中所指的组件仅指可以用来组合成系争专利发明的组件,但抽象的软件代码不具有实体的概念,不具有可组合性,所以不能成为《美国专利法》第271(f)条所规定的组件。然而,一旦软件代码“被表示为计算机可读的副本”,如光盘,它就可以“组合”来制造侵权产品。所以,只有软件的副本,而不是抽象意义的代码,才符合《美国专利法》第271(f)条所规定的组件的定义。②

美国最高法院认为,抽象软件和有形介质的二分法对于回答 Microsoft Corp. v. AT&T Corp. 一案中的第二个问题至为重要,即复制软件是否构成“提供”组件:如果相关组件是实际安装在外国计算机上的 Windows 的副本,作为《美国专利法》第271(f)条要求的附加责任,AT&T 公司的辩称无法令人信服,尽管这些组件是在国外生成的,但它们是“被提供……且来自美国”。如果视窗软件抽象地被认为是《美国专利法》第271(f)条范围内的一个组件,那么,从美国发送的视窗软件的主拷贝本身并没有作为外国计算机的工作部件被安装在国外。③ 美国最高法院随后认为,根据《美国专利法》第271(f)条的规定,将软件从母盘复制到其他光盘不构成“提供”,因为实际安装在外国计算机上的拷贝来自母盘制作的拷贝,而不是直接来自母盘。④

美国最高法院的大部分推理都是基于美国专利法上的反域外效力推定原则。⑤ 该法院解释说,“该推定强烈反对将第271(f)条解释为不仅包括软件的物理副本,还包括软件的无形代码作为‘组件’,并提供‘补充性’……从美国出口的不仅是软件的拷贝,还有国外制造的复制品……目前在外国制造和销售专利发明的组成部分是由外国法律而不是美国法律来管理的。

---

① See 399 F. 3d 1340(Fed. Cir. 2005).

② See Microsoft Corp. v. AT&T Corp. ,127 S. Ct. 1746,1755 - 1756(2007).

③ See Microsoft Corp. v. AT&T Corp. ,127 S. Ct. 1746,1754(2007).

④ See Microsoft Corp. v. AT&T Corp. ,127 S. Ct. 1746,1757(2007)(majority opinion).

⑤ See Timothy R. Holbrook, *Extraterritoriality in U. S. Patent Law*, William & Mary Law Review, Vol. 49:6, p. 2135(2008).

如果AT&T公司希望阻止在外国被复制,它今天的补救办法是获得外国专利并在国外法院主张权利"①。美国最高法院也认识到其判决可能构成软件权利保护的一个制度漏洞,对此其指出:"国会而不是法院是纠正这种担忧的适当的机构……正如深南案一样,美国专利域外范围的任何进一步扩大都是由'国会'决定的。"②

美国最高法院对Microsoft Corp. v. AT&T Corp.案的判决虽然坚守了其一贯主张的美国专利法不具有域外效力的原则,纠正了联邦巡回上诉法院对《美国专利法》第271(f)条适用范围的不恰当扩张,但仍限于就事论事,停留在对《美国专利法》第271(f)条的字面解释和具体适用上,而未能在当时美国软件著作权产业蓬勃发展的宏大背景下探讨美国专利法的转向和影响问题。

②方法专利与境外制造中的专利法域外适用。依照《美国专利法》第271(a)条的规定,美国法院坚守专利法的地域性原则,认为其对境外制造导致的专利侵权行为不具有管辖权。只有当境外制造的产品进口到美国并导致专利侵权时,才可以适用《美国专利法》第271(a)条的规定。值得注意的是,《美国专利法》第271(a)条的规定仅适用于产品专利,并不能适用于方法专利。这一规定与我国专利法上的规定有一定区别。依照我国《专利法》第11条之规定,我国方法专利权人可以就境外制造并进口到我国国内的产品主张排他权。

那么,是否可以由此认定美国专利制度存在漏洞,对于发生在境外的制造行为不具有约束力呢?事实并非如此。美国早已注意到这一漏洞,其在1988年通过《方法专利修正案》并出台《美国专利法》第271(g)条,专门用于规制方法专利产品境外组装、制造导致的侵权行为。自此,一旦有人未经专利权人同意,在美国境外以受保护的方法专利权制造产品,并运回美国销售,将会被有关部门按照《美国专利法》第271(g)条施以惩罚。

在《美国专利法》第271(g)条出台之前,竞争对手可以通过在美国境外使用他人方法专利权生产产品,并运到美国销售以达到规避专利法的目的。这一规定对于保护生物技术、医药产业、网络行业的方法专利有着重要的影响。在Bayer AG v. Housey Pharmaceuticals案(以下简称拜耳案)中,案件的事实模式发生了变化,联邦巡回上诉法院需要根据《美国专利

① Microsoft Corp. v. AT&T Corp., 127 S. Ct. 1746, 1757(2007)(majority opinion).

② Microsoft Corp. v. AT&T Corp., 127 S. Ct. 1746, 1759 – 1760(2007)(majority opinion).

法》第271(g)条对在国外使用的方法专利研究工具进行解释。联邦巡回上诉法院裁定,"产品"一词指的是"实体物",而"制造"(made)是"制造"(manufactured)的同义词。更具体地说,联邦巡回上诉法院认为,"为了使一件产品'采用在美国获得专利的方法制造',该产品必须是被'制造'出的实体物"①。在拜耳案中,拜耳公司使用的信息是由方法专利产生的数据,该方法专利用于确定某一特定物质是否具有激活或者抑制细胞中蛋白质活性的特殊属性,由该种方法专利产生的数据可以用来确定治疗疾病的有效药物。专利权人指控拜耳公司在美国境外使用该方法专利,随后将由该方法专利产生的数据传输到美国,利用这些数据确定治疗疾病的有效药物,并在美国境内制造这些药物。② 联邦巡回上诉法院认定拜耳公司所使用的产品信息并不构成"产品",其在境外销售含有侵权软件的计算机的行为并不构成专利侵权。

毫无疑问,拜耳案的判决对于生物技术和医药产业有重大的影响,再次引发了学术界对《美国专利法》第271(g)条适用问题的热烈讨论。有学者认为,"应扩大第271(g)条的适用范围,将在国外使用专利研究工具发现的候选药物在美国的使用纳入侵权行为。具体而言,本文建议法院对'产品'一词的解释应涵盖实际药物所体现的药物发现。'制造'(made by)一词应该延伸到将一种药物推向市场所采取的所有步骤,而不是局限于物质上的'制造'(manufacturing)"③。实际上,在生物技术和医药行业,"不少生物技术和制药公司在海外进行药物发现,然后将结果进口到国内,以规避美国专利法的保护,这不是秘密"④。因此,离岸药物发现在拥有研究工具专利的公司和那些寻求使用研究工具进行药物发现的公司之间造成了紧张关系。⑤

司法实践中,《美国专利法》第271(g)条的适用也存在一定的例外规则。该条规定,进口产品将不被视为由专利方法制造,如果"(1)它被随后的方法实质性地改变;(2)它成为另一个产品的一个微不足道的、不重要

---

① 340 F.3d 1372,1377(Fed Cir. 2003).

② 参见李蓓:《美国专利法判例选析:专利权的域外效力问题及法律漏洞如何填补》(上),载《中国发明与专利》2010年第8期,第106页。

③ Matthew Barthalow, *Bayer AG v. Housey Pharmaceuticals: Protection for Biotechnological Research Tools under Section 271(g) Found Wanting*, Pierce Law Review, Vol. 4:1, p. 97 (2005).

④ Donald J. Featherstone & Jorge A. Goldstein, *Federal Circuit Holds That Importing Data Is Not Patent Infringement*, Intellectual Prop. Strategist 1, Vol. 10:2, p. 1(2003).

⑤ See Nicholas Groombridge & Sheryl Calabro, *Integra Lifesciences v. Merck—Good for Research or Just Good for Research Tool Patent Owners*, Biotechnology Law Report, Vol. 22, p. 462(2003).

的组成部分”。据此,一旦进口的使用方法专利制造的产品发生了实质性改变,将不再被认定为侵权。

③方法专利与网络空间的专利法域外适用。《美国专利法》第271(f)条、第271(g)条的规定主要是国会因应技术和产业发展,避免出现竞争对手在国外使用专利权人的方法专利制造产品,然后进口到国内的情形。那么,假设一美国方法专利为可用在网络空间的专利,一中国用户使用了该专利,美国是否可以适用《美国专利法》第271(f)条、第271(g)条的规定予以规制呢?

在2005年联邦巡回上诉法院审理的NTP, Inc. v. Research in Motion, Ltd.案中,境外使用方法专利是否构成“提供”“组合”,以及是否构成“使用”等问题均得到解释。原告NTP, Inc.(NTP)拥有五项专利,这些专利涉及允许将电子邮件系统与无线电频率(RF)、无线通信网络集成的技术。该技术使移动用户能够通过无线网络接收电子邮件。被告Research in Motion, Ltd.(RIM)销售黑莓系统,允许用户使用无线黑莓设备接收和发送电子邮件通信。该案在上诉法院的审理中涉及四项请求,其中之一是RIM使用诉争方法专利的行为是否构成《美国专利法》第271(a)条、第271(f)条或第271(g)条规定的专利侵权。

对于在境外网络中使用美国的方法专利技术是否构成“提供”或“组合”,联邦巡回上诉法院裁定,根据《美国专利法》第271(f)条的规定,RIM没有侵犯NTP的方法专利权利要求。联邦巡回上诉法院基于之前的判例法进行推理,认为RIM在美国销售执行所述流程的设备没有违反《美国专利法》第271(f)条使用该设备的流程在国外实施的流程要求。RIM只是向美国客户提供黑莓和Redirector产品,并没有在美国“提供或导致被提供任何在美国以外的专利方法发明的步骤”①。

对于在境外网络中运营侵犯方法专利的产品是否构成“使用”,联邦巡回上诉法院也作了分析。联邦巡回上诉法院认为,如果要构成《美国专利法》第271(g)条规定的专利侵权,受专利保护的方法必须需要制造物理产品,联邦巡回上诉法院将本案同拜耳案进行对比,认为通过黑莓设备传输信息与拜耳案中产生信息情形类似,因而均不构成侵权。

网络空间的专利侵权情形较为复杂,一个专利侵权案件有可能涉及多个国家的司法管辖权。因此,无论是从司法管辖权还是法律适用的角度来

① Kristy Shimosaka, *NTP, Inc. v. Research in Motion, Ltd.* 418 *F. 3d* 1282 (*Fed. Cir.* 2005), Intellectual Property Law Bulletin, Vol. 10, p. 169 (2006).

看,网络空间的跨国专利诉讼都是值得深入探索的问题。

④标准必要专利诉讼中的专利法域外适用。出于技术标准化和产业全球化发展的需要,越来越多的企业认识到参与全球标准制定,尤其是将技术纳入标准中的重要意义。参与标准必要专利制定对于无线通信产业的发展具有重要的商业价值和战略意义。经过数十年的辛勤耕耘,我国无线通信企业在国际市场上已经崭露头角,并快速成长,更是积极参与欧洲电信标准化协会、国际电信联盟、电气和电子工程师协会等国际标准化机构的标准制定工作。不少企业的标准必要专利实力不断增强,深度参与国际市场竞争,并取得了一定的竞争优势。然而,随着国际经济发展的不平衡,国际市场竞争日趋激烈,标准必要专利引发的专利诉讼也成为国际知识产权诉讼中的主流案件。

作为全球无线通信产业最为发达的地区之一,美国法院成为标准必要专利诉讼的多发地和主要“战场”。对于涉及标准必要专利的诉讼,美国法院同样坚守专利权的地域性,对于发生在境外的标准必要专利诉讼不享有域外管辖权。然而,需要注意的问题是,美国法院对于域外发生的标准必要专利诉讼并非绝对不行使司法管辖权。加利福尼亚州北区法院审理的“华为诉三星”案①、华盛顿联邦地方法院审理的“微软诉摩托罗拉案”②等都是美国法院行使域外管辖权发挥专利法域外效力的有力证明。美国法院行使域外司法管辖权是否有国内法的依据?前已述及,虽然美国最高法院长期以来在司法中坚持专利的地域性原则,但是也有两种例外情形,其中之一是对合理使用费的侵权救济,即对制造、使用或销售的侵权产品的专利权人进行补偿。③ 因此,对于发生在境外的专利侵权导致的专利权人损失,当美国法院发现专利的许可费不合理,不足以补偿专利权人时,美国法院有权管辖并给予救济,这是美国法院管辖国际标准必要专利诉讼案件的主要国内法依据。

近年来,美国联邦法院出于维护国内专利权人利益和产业发展的需要,屡屡对涉及标准必要专利的诉讼案件行使管辖权,在专利法域外适用

① See Huawei Techs. ,Co,Ltd v. Samsung Elecs. Co,Ltd. ,No 3:16 – cv – 02787 – WHO(N. D. Cal. ,Apr. 13,2018).

② See Microsoft Corp. v. Motorola,Inc. ,871 F. Supp. 2d 1089,1097(W. D. Wash. 2012); Microsoft Corp. v. Motorola,Inc. ,696 F.3d 872(9th Cir. 2012).

③ See 35 U. S. C. § 284 Damages. Upon finding for the claimant the court shall award the claimant damages adequate to compensate for the infringement but in no event less than a reasonable royalty for the use made of the invention by the infringer,together with interest and costs as fixed by the court.

方面审理了一系列有影响力的案件，如“微软诉摩托罗拉案”①、Ericsson, Inc. v. D-Link Sys.案②和Optis v. 华为案③等。

在Optis v. 华为案中，原告PanOptis（无线星球公司的关联公司）在美国得克萨斯州东区地方法院起诉华为公司侵犯其从爱立信和松下获得的6项美国专利。华为公司否认侵权，并声称PanOptis违反了其对欧洲电信标准化协会的FRAND承诺（该承诺是华为公司从爱立信和松下继承的），涉及其中5项专利。其后不久，华为公司在深圳市中级人民法院起诉PanOptis，指控其违反合同和反垄断法规定。在诉讼中，华为公司请求深圳市中级人民法院为PanOptis的中国专利设定FRAND专利权使用费，并请求PanOptis停止所有针对华为公司的民事侵权诉讼。作为回应，PanOptis在美国得克萨斯州东区提交了一份动议，寻求禁诉令以阻止华为公司继续其在中国的行动。该法院拒绝给予禁诉令，并指出：“中国的诉讼仅涉及中国专利。因此，尽管PanOptis的全球要约可能存在类似的事实争议，以及该要约是否遵守了其FRAND义务，但本法院或中国法院裁决的任何救济范围仅限于管辖权允许的范围。允许诉讼同时进行没有任何明显的无理取闹或压迫，任何一方法院裁决的救济与另一方裁决的救济也不会重叠。”④

从美国得克萨斯州东区地方法院拒绝给予禁诉令的裁决可以看出，目前，美国法院在涉及标准必要专利诉讼案件中虽然积极行使管辖权，但也遵守国际司法礼让等基本原则，对标准必要专利许可费的裁定仅限于其本国专利，而不会像英国法院审理无线星球公司诉华为公司专利纠纷案那样不顾国际法的基本规则，对全球专利包许可费一并行使管辖权。

总体而言，虽然美国法院在司法实践中长期坚持专利权的地域性原则，否认专利法的域外效力，但由于美国国会制定了专利法的例外规则以及美国法院对专利侵权赔偿规则的灵活运用，美国法院对发生在域外的专利侵权行为仍有很大的管辖权。随着美国软件产业、生物科学与医药产业、网络行业、无线通信产业的发展，为保持其产业在全球市场的竞争优势，美国法院会一直行使其域外管辖权，发挥专利法的域外效力。

---

① See Microsoft v. Motorola, 2013 U. S. Dist. LEXIS 60233 (W. D. Wash., 2013), aff'd 795 F. 3d 1024 (9th Cir. 2015).

② See Ericsson, Inc. v. D-Link Sys., Inc., 773 F. 3d 1201, 1225 – 29 (Fed. Cir. 2014).

③ See Optis v. Huawei, No. 2:17 – cv – 123 – JRG-RSP, 2018 WL 476054 (E. D. Tex. Jan. 18, 2018).

④ Optis v. Huawei, No. 2:17 – cv – 123 – JRG-RSP, 2018 WL 476054 (E. D. Tex. Jan. 18, 2018).

2. 美国版权法的域外适用与域外管辖

互联网产业的发展和国际文化贸易的日趋频繁催生了各国通过互联网传播在线内容的广阔市场。当前,通过数字网络模式向国外传输在线文化内容已经成为国际文化贸易的主流模式之一。美国版权法同专利法一样,认同版权法的地域性,奉行反域外效力推定原则。在此情势下,通过网络媒介向美国境内传输在线内容的他国网络内容服务商的境外侵权行为是否会由美国法院管辖呢?

随着数字网络空间在线内容的增加,网络空间的跨境侵权案件也随之增多,美国法院在涉及互联网版权侵权案件的管辖权在不同时期有所不同。有学者认为:"目前,我国企业在处理美国法院的网络版权纠纷案件时,通常存在三个问题,即美国法院是否有权对一个完全在境外实施内容服务的企业拥有管辖权?美国法能不能对完全发生在境外的版权侵权行为产生域外适用效力?以及对发生在美国境内的版权侵权行为应当如何判定?"①

我们需要重申的是,美国版权法从未对其域外效力作出明确的规定,根据现有的美国版权法规范,我们无法明确知道其有无适用于域外的可能性。然而,美国联邦最高法院的判例法却一再明确表示,如果美国国会并未明确表明一项立法在制定时就拥有域外适用的意图,那么应当推定这一法律不具有域外效力。美国联邦最高法院大法官鲁·巴德·金斯伯格在审理 Kirstaeng v. John Wiley & Sons, Inc. 一案中撰写反对意见表示,"人们一次又一次意识到,版权法并不适用于域外"。② 美国版权法不具有域外效力,是否意味着美国法院对发生在域外的版权侵权案件不具有管辖权呢?笔者认为,不能将美国版权法的域外效力与美国法院的域外事务管辖权等同。美国学者指出,"版权法规的专有权条款和一般侵权条款未能明确域外适用问题,这一事实并不一定排除美国联邦法院认定美国版权法在某些方面具有域外效力,至少在诉讼当事人提出适当的补充证据对反域外效力推定原则进行反驳的情况下是如此"③。事实上,美国联邦法院已经通过审理涉外网

① 刘单单:《美国涉外互联网版权侵权案件的管辖确定、法律适用与应诉策略》,载《电子知识产权》2018 年第 6 期,第 46 页。

② "The Copyright Act, it has been observed time and again, does not apply extraterritorially." Kirstaeng v. John Wiley & Sons, Inc., 133 S. Ct. 1351, 1376 (2013) (Ginsburg. J. dissenting).

③ Nathan R. Wollman, *Maneuvering through the Landmines of Multiterritorial Copyright Litigation: How to Avoid the Presumption against Extraterritoriality When Attempting to Recover for the Foreign Exploriation of U. S. Copyrighted Works*, West Virginia Law Review, Vol. 104, p. 351 (2002).

络版权侵权案件，以“最低联系原则”为基础形成了一系列对涉外主体境外侵权行为行使管辖权的具体规则。

(1)美国版权法域外适用的司法管辖权

多年以来，美国联邦法院在司法实践中一直通过对涉外网络版权纠纷行使“长臂管辖权”，并确立了一些具体的适用标准。在网络版权纠纷案件中，联邦法院主要通过行使对人管辖权，尤其是“长臂管辖权”取得对境外主体或发生在境外的版权侵权行为的管辖权。美国最高法院在Helicopteros Nacionales de Colombia S. A. v. Hall案①中，将对人管辖权分为两种：一般管辖权和特殊管辖权。所谓一般管辖权是指当一方当事人并非某一州的居民，或其法人所在地、经营地不在该州时，只有该当事人与该州存在实质的、持续的联系时，法院才能拥有一般管辖权。② 一般管辖权涉及的范围较广，允许美国法院对当事人提出的任何诉讼请求行使管辖权，即使未决诉讼的原因不是由被告的选择法院引起的也可以。相反地，“特殊管辖权是指当非法院所在地居民或者企业与法院之间存在某种限度的联系时，法院对于被告所主张的管辖权”③。当前，因一般管辖权的适用条件较为严格，美国法院主要行使特殊管辖权来取得对网络版权案件的管辖权。在1945年美国最高法院审理的International Shoe Co. v. Washington案④中，首席大法官哈伦·菲斯克·斯通代表法院所写的裁判意见称，“正当程序原则仅要求为了使被告接受对人管辖权，如果他不在法院管辖区内，他应与法院所在州有一定的最低限度的联系，以便维持诉讼不冒犯公平竞争和实质正义的传统观念”⑤。有学者指出，“美国联邦法院在考察是否准许原告诉讼请求，即是否对非本州(本国)居民或法人行使特别管辖权时，一般采取下面三个测试标准：(1)被告的侵权行为必须与法院产生足够的‘最低接触’⑥；(2)被告的诉讼请求与该‘最低接触’存在因果关系；(3)行使管辖权必须合理”⑦。在上述三个测试标准中，最核心的一项是如何判定网络活动中构成最低接触的标准和条件。美国联邦法院在长期的司法实

---

① See Helicopteros Nacionales de Colombia S. A. v. Hall, 466 U. S. 408, 410(1984).

② See William Burnham, *Introduction to the Law And Legal System of the United States*, West Group Publishing, 2006, p. 261.

③ Gary L. Gassman, *Internet Defamation: Jurisdiction in Cyberspace and the Public Figure Doctrine*, J. MARSHALL J. COMPUTER & INFO. L., Vol. 14, p. 563, 571(1996).

④ See 326 U. S. 310(1945).

⑤ 326 U. S. 316(1945).

⑥ 此处的“最低接触”即最低联系原则，本书中可能出现不同译法。

⑦ 王永强：《从美国判例看网络纠纷管辖的演变》，载《河北法学》2001年第3期，第87页。

践中为判定最低联系原则形成了以下主要标准：

①有目的利用标准。在最低联系原则确立13年以后，美国最高法院在Hanson v. Denckla案中首次提出了有目的利用标准。该案的焦点问题是，佛罗里达法院对非本地居民的被告行使对人管辖权是否属于管辖错误。沃伦首席大法官领导的美国最高法院明确表示，“声称与非居民被告有某种关系的人的单方面活动不能满足与法院地州存在联系的要求。关键是……被告有故意利用特权在法院所在的州内开展活动的某种行为，从而获得其法律的利益和保护”①。其后，美国最高法院在World-Wide Volkswagen Corp. v. Woodson案②、Keeton v. HustlerMagazine案③等系列案件中进一步阐释和扩张了有目的利用标准。

需要指出的是，有目的利用标准直到20世纪80年代仍未成为网络环境下美国法院版权纠纷案件管辖的判定标准。但是，随着互联网和电子商务在美国的迅速发展，20世纪90年代起有目的利用标准开始被美国联邦法院应用在网络版权纠纷的管辖权判定中，并在此基础上形成了滑动比例标准等判断最低联系原则的方法。

②滑动比例标准。美国宾夕法尼亚西区联邦地方法院在1997年的Zippo案④中，对仅基于互联网的联系是否足以建立对被告的个人管辖权作出裁定。在Zippo案中，该法院创造了一种新的测试方法——Zippo滑动比例，以评估被告的联系基于互联网活动时是否存在“有意利用”的问题。⑤

联邦法院在采用滑动比例标准判断自己是否具有管辖权时，将网站分为三类，即积极主动型网页（Active Sites）、消极被动型网页（Passive Sites）和交互式网页（Interactive Sites）。在Compuserve v. Patterso案⑥中，美国第六巡回法院认定，虽然被告从未到过法院所在州，但其通过与原告签约，用网络传输软件及发布被告的软件等获得一定的费用，已经达到有意利用原告总部所在地法院的目的，建立了与原告所在地的最低联系。在本案中，美国第六巡回法院认为原告的传输软件等行为都属于积极主动行为。

---

① 357 U. S. 253(1958).

② See 444 U. S. 286(1980).

③ See 465 U. S. 770(1984).

④ See Zippo Mfg. Co. v. Zippo Dot Corn, Inc. ,952 F. Supp. 1119(W. D. Pa. 1997).

⑤ See Catherine Ross Dunham, *Zippo-ing the Wrong Way: How the Internet Has Misdirected the Federal Courts in Their Personal Jurisdiction Analysis*, University of San Francisco Law Review, Vol. 43:3, p. 559(2009).

⑥ See 89 F. 3d 1257(6th Cir. 1996).

而在 Bensusan Restaurant Corp. v. King 一案[①]中，美国第二巡回法院则认为，因被告缺乏有目的的利用而未达到最低联系标准。该法院裁定，“被告创建了一个网页，包含其在密苏里州和哥伦比亚特区的爵士乐俱乐部的信息，该俱乐部的名称（‘蓝色音符’）与纽约的一个爵士俱乐部的名称相同。原告在纽约起诉商标侵权，法院裁定仅仅张贴信息的被动网页不能成为有目的利用的基础”[②]。在此情况下，显然仅仅建立网页并不能让法院认为已经达到“有目的利用”的标准，因而无法同法院建立最低联系，法院无法获得管辖权。

积极主动型网页和消极被动型网页是法院在审理网络版权侵权案件时的两种极端情况，法院在遇到这两种情况时往往可以轻易判定是否有管辖权。然而，在网络版权纠纷中并非只有积极主动型和消极被动型两种网页，更多的是处于两者之间的情形。对于中间情况应如何判断是否存在最低联系更加考验法官的裁判智慧，也使滑动比例标准有了用武之地。在上述两种网页基础上，美国第九巡回法院研究出一种交互式方法（The Interactivity Approach），用以处理介于两者之间的情况。在 Cybersell，Inc. v. Cybersel，Inc. 案[③]中，原告声称被告以原告的名字“Cybersell”建立了一个网页，侵犯了其商标权。美国第九巡回法庭区分了被动消极型网页和交互式网页后认为，“一个被动式网页除了允许任何人访问和查看信息外，什么也没有做。这可以比作将一种产品放入商业流中，这种商业流可能无处不在，但不是一种有目的地指向法院地的行为。另外，交互式网页允许用户交换信息，鼓励交流。交流和沟通信息的机会表明内容服务提供者实质性地将他的活动引向该法院”[④]。采用交互式方法的案件中，联邦法院通常需要根据信息交互和商业性的程度高低来决定是否可以接受案件的管辖。该标准以积极主动型网页和消极被动型网页为两端，根据信息交互性和商业性程度高低来判断是否与法院存在最低联系，就如同存在一个可以左右滑动的标尺，因而被称为“滑动比例标准”。滑动比例标准在 1997 年确立后受到多个联邦法院的欢迎，被称为美国联邦法院判定网络版权纠纷管辖权的经典标准。

③效果标准。在 Calder v. Jones 案中，美国最高法院进一步扩张了其

---

① See Bensusan Restaurant Corp. v. King，937 F. Supp. 295（S. D. N. Y. 1996），*aTd* 126 F. 3d 25（2d Cir. 1997）.

② Bensusan Restaurant Corp. v. King，937 F. Supp. 301（S. D. N. Y. 1996）.

③ See Cybersell，Inc. v. Cybersel，Inc. 130 F. 3d 414（9th Cir. 1997）.

④ Cybersell，Inc. v. Cybersel，Inc. 130 F. 3d 418（9th Cir. 1997）.

对非居民被告的管辖权并确立了"效果标准"。原告在加利福尼亚州联邦地方法院起诉一名佛罗里达州居民。美国最高法院审查了被告与加利福尼亚州联邦地方法院之间的最低联系问题。在首席大法官伦奎斯特所写的一份意见书中,美国最高法院认为,"加利福尼亚州(是)本案和所遭受的伤害的焦点。因此,根据……的'效果',加利福尼亚州的法院对佛罗里达州居民在加利福尼亚州的行为行使管辖权(是)恰当的"①。依据效果标准,联邦法院不再像采用滑动比例标准那样关注网页是主动型、被动型还是交互式,而是将审查的重点放在被告行为与法院地之间的影响方面。在Calder案中,法院扩大了正当程序的适用范围,并在其范围内归纳出以下两点内容:(1)非法院地行为在法院地的影响;(2)非法院地故意、侵权并明确针对法院的活动的影响。② 换言之,根据效果标准判断被告与法院地之间是否存在最低联系,通常需要考察侵权行为对法院地造成的影响和效果。

需要指出的是,无论是有目的利用标准、滑动比例标准还是效果标准,都是美国法院判断是否对非本地居民行使管辖权的检验标准,这些标准既适用于传统版权纠纷,也适用于网络版权的纠纷。此外,无论是滑动比例标准还是效果标准,联邦法院均需要判断当事人是否构成"有目的利用"并与法院地建立了最低联系。有学者指出,从Hanson案到Keeton案和Calder案,美国最高法院批准了"有目的利用""有目的的效果""有目的的指向"作为法院地满足正当程序行使司法管辖权的检验标准。③

(2)美国版权法域外适用的司法实践

美国法院通过"长臂管辖权"的最低联系原则能够获得州际乃至国际版权纠纷的管辖权。尽管美国版权权利人非常希望能够就发生在国外的行为在美国法院得到救济,但美国法院想要真正审理国际版权纠纷案件,还要受到对人管辖权、国家行为原则、不方便法院、事项管辖权等的约束。④

---

① 465 U. S. 789(1984).

② See 465 U. S. 873(1984).

③ See Daniel E. Wanat, *Copyright Infringement Litigation and the Exercise of Personal Jurisdiction within Due Process Limits: Judicial Application of Purposeful Availment, Purposeful Direction, or Purposeful Effects Requirements to Finding That a Plaintiff Has Established a Defendant's Minimum Contacts within the Forum State*, Mercer Law Review, Vol. 59, p. 563(2008).

④ See Nathan R. Wollman, *Maneuvering through the Landmines of Multiterritorial Copyright Litigation: How to Avoid the Presumption against Extraterritoriality When Attempting to Recover for the Foreign Exploration of U. S. Copyrighted Works*, West Virginia Law Review, Vol. 104, p. 380 - 391(2002).

依据美国版权法的规定和美国联邦法院的司法判例,美国版权法并不具有域外效力。“一般而言,美国版权法没有域外效力,(因此)完全在美国境外发生的侵权行为是不可起诉的。”①美国法院真的会放弃对域外版权纠纷的管辖吗?实则不然,随着全球化时代文化创意产业和文化贸易的发展,文化产品的海外贸易为美国赚取了极为可观的利润。出于维护美国海外利益的需要,美国法院也不可能放弃对跨国版权诉讼的管辖权。

在跨国版权纠纷中,当被告仅仅被授权在境外实施一项行为,而该行为如果发生在境内也会构成版权侵权时,就会导致一种非常困难和复杂的情况。美国法院对于此类案件管辖权的态度有所差别。有学者指出,“法院一直在努力解决这个问题,最初的结论是,国内对海外侵权的授权已经足够授予事项管辖权,随后推翻这一立场”②。

在 Peter Starr Prod. Co. v. Twin Continental Films, Inc. 案中,被告 Twin 在南加利福尼亚州签署合同,授权阿尔法公司在境外发行原告的版权电影。阿尔法公司随后在欧洲发行了原告的电影。法院面临的焦点问题是,Twin 授权阿尔法公司从事某些行为,如果该行为在美国发生,是否侵犯了《美国版权法》第 106 条规定的版权所有者的专有权,并赋予美国联邦法院以事项管辖权。地区法院认为,“由于所有侵权行为都发生在美国境外,该案因缺乏事项管辖权而必须驳回”③。该判决随后被第九巡回法院推翻。美国第九巡回法院指出,《美国版权法》第 106 条授予版权所有者对受版权保护的作品“进行和授权任何复制、制作衍生作品、分发、公开表演和公开展示的专有权利”。因此,根据《美国版权法》第 501 条的规定,侵犯这些专有权——包括授权海外侵权——构成侵权。Starr 案的观点被其后的一些法院判决认可。在 ITSI TV. Productions, Inc. v. California Authority of Racing Fair 案中,原告起诉一家墨西哥公司侵犯版权,原因是被告接收和播放受版权保护的赛马广播信号。被告接收了比赛的现场加密卫星传输,将信号解码成可用的视频图像,并在不同的网站上显示,以方便墨西哥的场外投注。在该案中,法院似乎受到 Starr 案观点的影响,认为《美国版权法》明确规定版权人拥有依据该法第 106 条所列举的任何“做和授权”的专属权利,从而据此扩大了法院的事项管辖权。“法院认为,考虑到立法的新语言和法令的立法史,在本法院看来,国会在制定修正法案

① Peter Starr Prod. Co. v. Twin Continental Films, Inc., 783 F. 2d 1440, 1442 (9th Cir. 1986).

② D. Peter Harvey, *Applying United States Intellectual Property Laws Abroad: Trademarks, Copyrights and Extraterritoriality*, Entertainment and Sports Lawyer, Vol. 15:3, p. 5 (1997).

③ Peter Starr Prod. Co. v. Twin Continental Films, Inc., 783 F. 2d 1440, 1442 (9th Cir. 1986).

时创造了一种新的‘直接’侵权形式，增加了‘授权’一词，个人可能对这种直接侵权行为负有责任。”①

Starr 案之后还有两起案件 Lewis Galoob Toys, Inc. v. Nintendo of America, Inc. 案②和 Columbia Pictures Industries, Inc. v. Professional Real Estate Investors, Inc. 案③，在上述案件中，美国第九巡回法院认为，被告对仅仅发生在域外的版权行为不承担侵权责任。直到 1994 年的 Subafilms 案④，美国第九巡回法院才对《美国版权法》中的“授权”是否涵盖域外行为的问题重新审查，并再次肯定了著名的反域外效力推定原则。

在 Subafilms 案中，原告是披头士动画电影《黄色潜水艇》的制片人，指控被告在境外和国内发行该电影的录像带的行为违反了双方先前的发行协议，构成侵犯版权。原告的诉讼请求得到地方法院和美国第九巡回法院陪审团的认可，被告被判构成侵权。美国第九巡回法院随后批准了被告的重新审理申请。本案争议的核心问题之一是，被告授权在境外发行这部电影的行为发生在国内，是否构成美国版权法上的侵权？为了确定这种授权是否构成侵权，美国第九巡回法院重点分析了 1976 年《美国版权法》修正案增加“授权”一词的立法意图。该法院认为，“在版权法中增加‘授权’一词并不意味着为‘授权’创造一种完全脱离授权行为的法律后果的新形式的责任，而是旨在援引先前存在的共同侵权原则……因此，国会增加‘授权’一词并不是为了让一方仅仅对‘授权’行为负责，如果授权方选择自己参与，就不会导致该法规定的责任”⑤。根据《美国版权法》的规定，“完全域外”的侵权行为并不赋予美国法院根据该法的事项管辖权。而在 Lewis Galoob Toys, Inc. v. Nintendo of America, Inc. 案中，法院的观点也表明，“一方当事人不能因授权本身不违反该法的行为而承担责任——例如发生在美国境外的侵犯版权行为”⑥。因此，美国第九巡回法院最终认定，“仅仅授权域外侵权行为并不构成根据版权法提出的权利主张”⑦。

在 Subafilms 案中，法院不仅对《美国版权法》中“授权”是否涵盖域外侵权行为的问题作出审慎、保守的解释，还重新明确了《美国版权法》不具有域外效力的问题。原告曾提出，当这种完全域外的行为对美国商业产生

① 785 F. Supp. 860(E. D. Cal. 1992), *Rev'd on Othergrounds*, 3 F. 3d 1289(9th Cir. 1993).
② See 964 F. 2d 965(9th Cir. 1992), *Cert. Denied*, 113 S. Ct. 1582(1993).
③ See 866 F. 2d 278, 279 – 81(9th Cir. 1989), *Rev'd on Othergrounds*, 113 S. Ct. 1920(1993).
④ See 24 F. 3d 1088(9th Cir. 1994).
⑤ 24 F. 3d 1092, 1094(9th Cir. 1994).
⑥ 964 F. 2d 965(9th Cir. 1992).
⑦ 24 F. 3d 1095(9th Cir. 1994).

明显的不利影响时,《美国版权法》应该像《谢尔曼反托拉斯法》《兰哈姆法》《美国证券法》一样,适用完全域外的行为。① 不在域外适用版权法将对美国电影业产生“灾难性”影响,而其他补救办法,如在外国法院寻求救济或试图在美国法院适用外国版权法,都不是现实的替代办法。美国第九巡回法院驳回了原告的论点,并且表示:“没有国会的进一步指导,我们不愿意推翻 80 多年来关于版权法域外效力的一贯判例。”②

从美国法院对版权法域外效力的态度来看,不同时期的不同法院对跨国版权诉讼的管辖产生过不同的观点。总体而言,美国联邦法院一直认可霍姆斯大法官在 1908 年 United Dictionary Co. v. G.& C. Merriam Co. 案意见中的“无可争议的公理”,即美国版权法不适用于域外侵权行为。然而,这不等于美国法院完全放弃对跨国版权纠纷的管辖权,根据前述“长臂管辖权”的标准,美国法院在满足最低联系原则的情况下仍然享有管辖权。我国内容服务提供商在遭遇美国权利人在美国法院提起的版权诉讼时,不必担心美国版权法的域外效力,首先应明确美国联邦法院对该案是否拥有对人管辖权和事项管辖权。有学者提出,“只有行为主体同时满足两个相互独立的条件:(1)符合一定情形而可由美国法院管辖,及(2)侵权行为发生在美国境内,美国联邦法院才可以适用美国版权法对涉嫌侵权行为行使管辖权”③。准确判断与分析美国法院在对人和事项管辖权方面的适用标准,将有助于我国企业制定正确的应对策略。

3. 美国商标法的域外适用

美国法院对于商标法的域外效力,与专利法和版权法有着截然不同的态度。虽然美国法院同样认同商标法存在地域性,但在一定条件下认可商标法的域外效力,经常将商标法适用于境外侵权行为,甚至在一些案件中,适用于并未在美国发生侵权的境外行为。当然,美国法院在审理跨国商标诉讼案件时,仍然要遵守民事诉讼法的基本规则,首先确定本院对案件是否有对人管辖权和事项管辖权。

美国最高法院早在 1952 年的 Steele 案就确立了判定商标法域外效力三要素原则:(1)被告的国籍或公民身份;(2)对美国商业的影响;(3)与外国

---

① See 24 F. 3d 1095 – 1096(9th Cir. 1994).

② 24 F. 3d 1088(9th Cir. 1994).

③ 刘单单:《美国涉外互联网版权侵权案件的管辖确定、法律适用与应诉策略》,载《电子知识产权》2018 年第 6 期,第 50 页。

法的冲突或潜在冲突。① 该原则成为美国法院判定事项管辖权的主要原则，虽然后来在不同的巡回法院适用了不少其他标准要素，但至今仍以三要素原则为基础。

在 Aerogroup Int'l Inc. v. Marlboro Footworks，Ltd. 案中，美国运动鞋制造商 Aerogroup 起诉美国采购代理 Marlboro 和加拿大大型零售鞋店 Bata，指控其侵犯了"AEROSOLE"文字商标和某些相关设计标记，并侵犯了其"华夫饼干鞋底"专利。Bata 一直是加拿大最大的原告产品的零售商，每年销售约 300 万美元。直到 1995 年，Bata 认为原告的产品价格太高，可以以更低的价格出售"仿制"的"AEROSOLE"鞋，仿制鞋由 Marlboro 生产，商标为"AIR SUPPLY"。此后，Bata 订购了 50,000 多双空标"AIR SUPPLY"的运动鞋。在本案中，法院认为，美国商标法适用于 Marlboro 在国外的商标侵权行为，但不适用于 Bata 公司。②

该案中，法院首先适用侵权法的一般规则来分析案件，认为发生在加拿大的商标侵权行为应当由加拿大法院行使管辖权。法院指出，"国际礼让和侵权法一般原则的要求——在假冒行为发生地认定侵权和不公平竞争案件的管辖权——确认商标权一般应具有地域适用性"③。随后，根据 Steele 案规定的三要素原则，纽约东区法院很快确定了其对本案的事项管辖权。Marlboro 是美国企业，其行为对美国产生了影响并且未造成与加拿大商标法的冲突。毫无疑问，这完全落入美国法院的事项管辖权范围。而加拿大零售商 Bata 在美国没有办公场所，商业活动也很少。更重要的是，Bata 已经申请在加拿大注册"AIR SUPPLY"商标，并对原告在加拿大注册的"AEROSOLES"商标的可执行性质疑。鉴于以上原因，纽约东区法院最终决定商标法不能适用于 Bata 在加拿大的商标侵权行为。

美国法院确定对境外商标侵权行为的事项管辖权时，一个重要的标准是判断境外侵权活动对美国商业的影响。但各法院对境外侵权行为对美国商业影响程度的判断标准又不尽一致。美国第二巡回法院在 Vanity Fair Mills，Inc. v. T. Eaton Co. 案④中曾要求境外侵权行为对美国商业具有"实质性影响"。在 Totalplan Corp. of America v. Colbome 案⑤中，美国

---

① See J. Thomas McCarthy, McCarthy on Trademarks and Unfair Competition 5th, Thomson Reuters, Vol. 5, § 29:57(2020).

② See 955 F. Supp. 220(S. D. N. Y. 1997).

③ D. Peter Harvey, *Applying United States Intellectual Property Laws Abroad-Trademarks, Copyrights and Extraterritoriality*, Entertainment and Sports Lawyer, Vol. 15:3, p. 3(1997).

④ See 234 F. 2d 633(2d Cir. 1956), cert. denied, 352 U. S. 871(1956).

⑤ See 14F. 3d 824(2d Cir. 1994).

第二巡回法院采用了三要素原则认定发生在日本的相机制造商的商标侵权行为并没有对美国商业造成实质性影响。

需要指出的是,实质性影响标准主要是美国第二巡回法院适用的,并未被其他美国法院认可和采纳。美国第九巡回法院将反垄断法域外适用判断中的效果原则适用于相关案件中。在反垄断法领域著名的Timberlane Lumber Co. v. Bank of America案①和商标侵权的Wells Fargo & Co. v. Wells Fargo Express Co.案②中,美国第九巡回法院阐明了确定事项管辖权的三要素:"(1)对美国商业是否有某种影响;(2)根据联邦法规,这种影响是否足以证明可认知的损害;(3)与其他国家相比,美国对外的商业利益和联系是否足够强大,足以证明域外管辖权的适用是合理的。"③

在上述三要素中,最具决定意义的是第三个要素,即与其他国家相比,美国对外的商业利益和联系是否足够强大,足以证明域外管辖权的适用是合理的。为了判定这一重要因素,美国第九巡回法院又采用了"七要素"予以衡量:"(1)与外国法律或政策的冲突程度;(2)当事人的国籍和公司所在地或主要营业地点;(3)任何一个国家的执法可望达到合规的程度;(4)与其他司法管辖区相比,境外侵权活动对美国的影响的相对重要性;(5)损害或影响美国商业的明确目的的程度;(6)任何此类影响的可预见性;(7)与国外行为相比,美国国内被指控的侵权行为所具有的相对重要性。"④美国第九巡回法院提出的三要素标准在该法院的很多涉外商标诉讼案件中得到了适用。

除了美国第九巡回法院,还有部分美国法院采用了美国第二巡回法院在Vanity Fair Mills案中提出的三要素法,并将其变通之后用于商标法的域外适用。例如,Vanity Fair Mills案中美国第二巡回法院要求境外侵权活动对美国商业的影响是"实质性的",而美国第五巡回法院只要求境外侵权活动对美国商业产生"某些"影响。⑤ 而在美国第四巡回法庭的案件中,既不要求境外侵权活动对美国商业有"某些"影响,也不要求有"实质

---

① See 549 F. 2d 597(9th Cir. 1976).

② See 556 F. 2d 406(9th Cir. 1977).

③ 第九巡回法院还曾在下列案件适用三要素标准:Ocean Garden, Inc. v. Marktrade Co., 953 F. 2d 500(9th Cir. 1991); Winterland Concessions Co., v. Fenton, 835 F. Supp. 529(N. D. Cal. 1993); Zenger-Miller, Inc. v. Training Team GmbH, 757 F. Supp. 1062(N. D. Cal. 1991)。

④ 549 F. 2d 614(9th Cir. 1976).

⑤ See American Rice, Inc. v. Arkansas Rice Growers Coop. Ass'n, 701 F. 2d 408, 414(5th Cir. 1983).

性”影响,而是要求有“重大”影响。① 尽管各法院在对美国商业的影响程度方面的要求不尽相同,但总体而言,他们关于商标法域外适用判断的关键集中在三个核心问题上:第一,被告侵权人的行为是否对美国商业产生影响(无论是“一些”或“重大”或“实质性”);第二,被告是否为美国公民;第三,能否在不与外国法律产生冲突的情况下执行《兰哈姆法》。对这三个问题的回答将直接影响美国法院能否对境外侵权行为行使事项管辖权。值得注意的是,实践中,美国法院未必要求案件同时满足上述三要素才能获得案件管辖权。有学者指出,“对这三个问题的肯定回答实际上保证了《兰哈姆法》的域外适用。即使在三个问题中只有两个得到肯定回答的情况下,管辖权也可能存在。然而,在少于两个因素有利于原告的情况下,法院极不可能扩大管辖权”②。

当然,美国法院适用三要素原则获得涉外商标案件的事项管辖权并不意味着美国放弃了商标法的地域性原则、国际法的不方便法院原则等。著名国际知识产权法学者格雷姆·B. 丁伍迪认为,商标权具有地域性这一命题本身至少涉及两种不同的学说,“首先,美国商标只在美国境内授予权利,域外强制执行或救济是美国法院只在有限的情况下考虑的例外情况。其次,即使商标所有者在几个国家拥有权利,美国法院也只允许在涉及维护美国权利的情况下提起诉讼”③。这一论断与我国知识产权界的观点不谋而合,即商标法具有严格的地域性,至少可以从商标权获权和司法保护两个维度来理解。美国商标法的域外适用只是在满足特定事项管辖权的情况下的例外情况,大多数情况下,美国法院在实践中仍然要受到商标的地域性原则、不方便法院原则的制约,对于发生在境外的商标侵权行为,通常由授予该权利的国家的司法机关行使管辖权。

这一点在美国第二巡回法院审理的 Vanity Fair Mills 案中得到了印证。在该案中,原告拥有美国女性内衣产品“VANITY FAIR”的商标权,并拥有联邦注册商标。被告是一家加拿大公司,之前与该公司有分销业务往来。原告向纽约联邦法院提起诉讼,指控被告在美国和加拿大销售相同商标的货物侵犯原告的商标权。而被告则在加拿大注册了“VANITY FAIR”商标。该案争议的焦点问题是美国法院对被告在加拿大的销售行为是否

① See Nintendo of America, Inc. v. Aeropower Co., Ltd., 34 F. 3d 246, 250 (4th Cir. 1994).

② D. Peter Harvey, *Applying United States Intellectual Property Laws Abroad-Trademarks, Copyrights and Extraterritoriality*, Entertainment and Sports Lawyer, Vol. 15:3, p. 4 (1997).

③ Graeme B. Dinwoodie, *Trademarks and Territory: Detaching Trademark Law from the Nation-State*, Houston Law Review, Vol. 41, p. 904 - 905 (2004).

享有管辖权？首先，美国第二巡回法院拒绝根据《巴黎公约》取得对本案的管辖权，因为“该公约的前提不是每个成员国的商标和相关法律应具有域外适用性，而是基于相反的原则，即每个国家的法律仅具有属地适用性”①。其次，美国第二巡回法院也不认可美国商标法对发生在加拿大的销售行为具有域外适用性。该法院认为，国会并不打算将《兰哈姆法》应用于“适用于外国人在其原籍国推定注册了有效商标的行为”。② 最后，该法院适用不方便法院原则，并拒绝根据加拿大法律对任何诉讼请求行使异籍管辖权③。该法院表示，虽然法院不愿因为假冒商标行为发生在加拿大就强迫美国公民在外国法院寻求救济，但是该案件应受加拿大法律管辖，在加拿大法院提起诉讼。④

美国第二巡回法院审理的 Vanity Fair Mills 案是美国法院综合考量国内法、国际法原理判定管辖权的典型案例。该法院在该案中既遵循了 1952 年以来 Steele 案中确立的商标法具有域外效力的原则，适用三要素衡量了境外商品销售行为对美国商业的实质性影响，又根据商标的地域性原则、不方便法院原则等理论确定了法院对本案的管辖权基础。由此可以看出，美国联邦法院虽然奉行商标法具有域外效力的原则，但在具体案件的审判中已经形成了一整套判定存在事项管辖权与否的规则体系。当然，不同法院在不同时期对管辖权判定标准的把握尺度和理解不一，也会导致判决存在差异。无论如何，美国联邦法院在确定跨国商标诉讼事项管辖权的标准方面，已经积累了丰富的适用规则，值得我们深入研究和参考。

4. 美国商业秘密法的域外适用

随着新技术的发展，美国持续占据世界科技强国的前列，对商业秘密法的重视也与日俱增。美国商业秘密法的域外适用相比专利法、版权法和商标法存在一定差异。美国《经济间谍法》专门规定了侵犯商业秘密罪的域外适用制度，而在 2016 年通过的《保护商业秘密法》将该规定延伸到了商业秘密民事诉讼领域。

(1)《经济间谍法》的域外适用

美国法院依据《经济间谍法》审理的绝大多数商业秘密案件的被告是

---

① 234 F. 2d 640(2d Cir. 1956).

② See 234 F. 2d 642(2d Cir. 1956).

③ 异籍管辖权是指联邦法院对争议双方来自不同的(包括外国)且争议金额超过 75,000 美元的案件行使管辖权。参见[美]艾伦·法恩思沃斯：《美国法律体系(第 4 版)》，李明倩译，上海人民出版社 2018 年版，第 35 页。

④ See 234 F. 2d 645 –646(2d Cir. 1956).

美国公民或美国永久居民，或者涉及发生在美国领土内的行为。在《经济间谍法》施行后的5年中，所有相关案件均依据窃取商业秘密罪（《经济间谍法》第1832条）审理，而首次适用经济间谍罪（《经济间谍法》第1831条）审理的针对外国公民或者企业的案件出现在2001年。① 2001年以后，《经济间谍法》适用于外国主体的案件逐渐增加。

在美国诉华锐风电案中，被告为中国华锐风电科技（集团）股份有限公司（以下简称华锐风电公司）、两名中国公民和一名塞尔维亚公民。该案涉及的美国公司为总部位于马萨诸塞州的美国超导公司，该公司的业务主要为风力涡轮机和电网开发及生产设备和软件。美国超导公司将用于其系统的代码和设计规范作为商业机密予以保护，将其保存在位于威斯康星州米德尔顿的办公室的计算机内。在2011年3月之前，美国超导公司一直出售软件和设备给华锐风电公司。华锐风电公司在得克萨斯州休斯敦设有办事处，在全球范围内制造和出口风力涡轮机。2018年1月24日，经过11天的审判，威斯康星州联邦地方法院的陪审团裁定华锐风电公司共谋窃取商业秘密、窃取商业秘密和电信诈骗的罪名成立。②

根据起诉书，本案的基本案情如下：华锐风电公司的两名中国籍员工雇用了一名名叫德扬·卡拉巴斯维克的塞尔维亚籍员工窃取商业机密。卡拉巴斯维克原本在美国超导公司奥地利克拉根福的全资子公司工作。华锐风电公司给了卡拉巴斯维克一份中国风力涡轮机叶片制造商的虚假雇佣合同，以掩盖卡拉巴斯维克为华锐风电公司工作的事实。在此期间，卡拉巴斯维克下载了美国超导公司的专有信息，将它存储在华锐风电公司提供的笔记本电脑上，并将从该公司源代码编译的软件通过电子邮件发送给其中一名中国籍员工。此外，他还前往中国，将美国超导公司的产品用于华锐风电公司的涡轮机上。③ 本案中，被窃取的商业秘密存储在美国超

---

① See Madeleine Cane et al., *Intellectual Property Crimes*, American Criminal Law Review, Vol. 58, p. 1151, 1159 (2021). 根据《经济间谍法》第1831条规定的经济间谍罪，一般情况下，任何人，意图或知道该犯罪行为将有利于任何外国政府、外国机构或外国代理人，实施故意盗窃或意图盗窃商业秘密行为的，应被处以不超过500万美元的罚款或不超过15年的监禁，或两者并罚；根据《经济间谍法》第1832条规定的窃取商业秘密罪，任何人，为了非法挪用与在州际或国际贸易中使用或打算使用的产品或服务有关的商业秘密，使其所有者以外的任何人获得经济利益，并打算或知道该罪行将损害该商业秘密的任何所有者，实施故意盗窃或意图盗窃商业秘密行为的，应被罚款或被监禁不超过10年，或两者并罚。

② See *Chinese Company Sinovel Wind Group Convicted of Theft of Trade Secrets*, U. S. Department of Justice (January 24, 2018), https://www.justice.gov/opa/pr/chinese-company-sinovel-wind-group-convicted-theft-trade-secrets.

③ See United States v. Sinovel Wind Grp. Co., 794 F. 3d 787 (7th Cir. 2015).

导公司位于美国威斯康星州的办公室，但实施窃取行为的3名被告分别为中国公司、中国公民和塞尔维亚公民，均不属于美国公民或企业，也不拥有美国永久居留权。本案中，因华锐风电公司在美国设立了子公司而使美国获得司法管辖权。但是，假设一外国企业在美国没有子公司，或者外国公民在美国以外通过网络实施了盗窃商业秘密行为，美国法院应当如何获得对该案的刑事管辖权呢？由于美国法院尚未作出这方面的判决，目前还难以判断。但是，近年来，美国法院在商业秘密民事诉讼领域频繁适用美国商业秘密法的域外效力条款，已形成了域外适用的具体规则，值得我国企业和公民对此保持关注，以规避和防范美国商业秘密法的域外适用带来的法律风险。

(2)《保护商业秘密法》的域外适用

前已述及，美国在《经济间谍法》中规定了特定情况下商业秘密刑法的域外适用，并将《美国法典》第18编第1837条规定的域外效力条款扩展到《保护商业秘密法》。截至2021年，《保护商业秘密法》虽然实施只有5年多的时间，但美国联邦法院审理的商业秘密法域外适用案件已有30起。

美国法院的民事诉讼管辖权与刑事诉讼管辖权存在明显的区别。在民事诉讼中，法院首先考虑是否存在对人管辖权，然后考虑适用最低联系原则、不方便法院原则等确定对案件的司法管辖权。在美国诉华锐风电案中，华锐风电公司是最可能被行使对人管辖权的被告。在国际民事诉讼中，美国法院在确定对人管辖权时，首先考虑的是本案被告与该法院是否存在最低限度联系。[①] 华锐风电公司因为与美国超导公司存在合同关系，并在威斯康星州开展了一些活动，因而最有可能支持威斯康星州联邦法院行使属人管辖权。其他几名自然人被告同威斯康星州联邦法院的联系则要少得多。其中，被告苏某营与美国法院司法管辖区的联系最少，她从未到美国旅行，没有在美国任何司法管辖区买卖任何东西，法院也无法根据“有目的利用”标准确定美国的管辖。根据被指控的事实，她的作用仅限于招募卡拉巴斯维克并与其联系。因此，很难说苏某营与美国任何司法管辖区存在最低限度的联系。那么，被告卡拉巴斯维克的下载行为是否会导致美国法院取得对苏某营的管辖权？本案中，卡拉巴斯维克被指控在美国超导公司的奥地利子公司从美国超导公司窃取商业秘密，即将美国超导公司存储在美国威斯康星州办事处的一台计算机中的相关商业秘密下载到笔记本电脑，然后传输到华锐风电公司。这就需要进一步追

---

① See International Shoe Co. v. Washington, 326 U.S. 310, 316(1945).

问:在国外通过网络下载存储于美国的商业秘密是否足以导致美国法院获得管辖权?

在本案之前,在麦德美诉德伊特案(MacDermid, Inc. v. Deiter)中,加拿大籍被告原是麦德美加拿大子公司的雇员,在被解雇后,她在位于加拿大安大略省的麦德美加拿大子公司的计算机上下载了存储在美国康涅狄格州麦德美公司计算机上的专有信息。美国第二巡回法院认为,被告"意识到公司电子邮件系统的集中存放,以及机密、专有信息和商业机密存储在康涅狄格州沃特伯里",她的行为以美国康涅狄格州为目标,因而美国康涅狄格州联邦地方法院可以对其行使对人管辖权。① 在该案中,被告除了下载位于美国康涅狄格州的计算机上的商业秘密,还有其他证据证明她与该州法院存在一定的联系。但是,从美国近期的其他判例来看,在没有其他联系的情况下,从特定司法管辖区的公司下载计算机信息是否足以构成对公司所在地的明确联系,这一点并未形成明确的规则。② 举例而言,美国诉华锐风电案中,在被告卡拉巴斯维克仅有下载商业秘密的行为,没有其他事实证明他与威斯康星州法院之间存在一定联系的情况下,该州法院将很难获得对被告的对人管辖权。因为,在云计算时代,尤其是在一个公司有多个服务器的情况下,商业秘密的存储往往并不固定在某一服务器上。在这种情况下,子公司的员工往往不清楚商业秘密的存储位置,商业秘密的确切存储地址也难以判定。

目前看来,在审理涉及国外主体和商业秘密的侵权案件时,美国法院往往根据最低联系原则来确定对国外被告人的对人管辖权,其对"最低限度联系"的判定与专利法、版权法、商标法中的判定规则大致相同。我国企业一旦在美国遇到涉及商业秘密的案件,应当密切关注美国法院的诉讼管辖规则,首先明确美国法院是否有对人管辖权,再确定应诉策略。

二、英国标准必要专利诉讼中的专利法域外适用

英国与美国虽然同属英美法系国家,具有相同的法律文化,但是两国在知识产权法域外适用方面却有很大的差异。经济基础决定上层建筑。英国和美国在经济结构、经济发展水平等方面的不同决定了英国并

---

① See MacDermid, Inc. v. Deiter, 702 F. 3d 725 (2d Cir. 2012).

② See Walden v. Fiore, 134 S. Ct. 1115, 1124 (2014); Nolen-Hoeksema v. Maquet Cardiopulmonary AG, No. NNHCV146049888S, 2015 Conn. Super. LEXIS 2062 (Aug. 5, 2015).

没有像美国一样,在专利法、商标法、版权法和商业秘密法等诸多领域存在域外适用的情形。相较而言,英国知识产权法的域外适用仅体现在对标准必要专利国际平行诉讼中许可费率纠纷中。

(一)英国专利法的地域性与域外适用

地域性是各国专利制度的核心原则,无论是承认并大肆推行域外适用的美国还是其他国家,都不否认专利法的地域性原则。与美国不同,英国既未在立法中明确其专利法的域外效力,也未曾通过判例法确立英国专利法的域外效力。这一基本立场从英国专利诉讼的司法管辖中可见一斑。英国法院审理的专利侵权和专利无效案件非常多,而且大多数涉及欧洲专利。在涉及欧洲专利的专利侵权诉讼和专利无效案件中,英国法院通常将审理范围限制在欧洲专利涉及的英国部分,而不涉及欧洲专利在其他国家的效力和侵权问题。这在一定程度上说明,英国法院在专利法适用中坚守地域性的原则。

然而,2017 年 4 月,英格兰及威尔士高等法院作出的无线星球诉华为专利纠纷案①判决却突破了这一适用数百年之久的专利法地域性原则,开始将英国专利法适用于全球专利包许可费率案件。这一判决虽然并未涉及英国专利法的实体法,但是涉及多国标准必要专利许可费率,并且该法院因为标准必要专利实施者(华为公司、中兴公司)拒绝就其管辖地域之外的专利达成许可而签发了禁诉令,禁止两公司在其他国家寻求法律救济。这"会产生两方面的实质影响:一方面,这扩大了该法院的管辖范围,另一方面也侵犯了另一司法主权"②。换言之,英国法院的判决因突破了地域性原则,扩张了法院的管辖权,产生了域外适用效果。

(二)英国专利法域外适用的司法实践

英格兰及威尔士高等法院在 2017 年作出的无线星球诉华为专利纠纷案判决是该国法院审理的第一个涉及标准必要专利全球许可费争议的案件,对于欧盟乃至全球标准必要专利诉讼的裁判产生了重要的影响。③ 2020 年 8 月,英国最高法院合并审理了无线星球诉华为专利纠纷案和康

---

① See Unwired Planet International Ltd. v. Huawei Technologies Co. Ltd. and Ors [2017] EWHC 711(Pat).

② [美]杰伊·朱拉塔、艾米丽·卢肯、马修·G. 罗斯:《"进退两难":强迫被许可人接受全球性公平、合理和非歧视许可的有害影响——从无线星球诉华为案谈起》,载《中国知识产权》2017 年第 11 期,第 133 页。

③ See Sophie Lawrance & Francion Brooks, *Unwired Planet v. Huawei: The First UK FRAND Determination*, Journal of European Competition Law & Practice, Vol. 9, p. 170(2018).

文森诉华为和中兴案并作出最终判决①，开了英国法院裁决标准必要全球专利包许可费纠纷的先河。从上述案件的审理进程可以看出英国专利法域外适用的司法理路。

1. 无线星球诉华为专利纠纷案

无线星球及其从属公司是注册在爱尔兰和美国的 NPE。2013 年 1 月，无线星球从爱立信购买了近 2100 件专利。2014 年 3 月，无线星球在英格兰及威尔士高等法院起诉三星、谷歌和华为等公司侵犯其 6 项专利权，其中 5 项为标准必要专利。同时，无线星球还在德国提起平行专利诉讼。2015 年和 2016 年，谷歌和三星先后与无线星球达成和解退出诉讼，华为则因许可费率过高选择继续应诉。2017 年 4 月，英国高等法院伯斯法官（Mr Justice Birss）就该案非技术方面的程序性问题作出裁决。② 伯斯法官既没有同意无线星球公司提出的许可费率标准，也否定了华为公司的方案，而是致力于平衡双方当事人利益，为本案设定了一个标准必要专利包许可费率。这一裁决证明，“英国法院可以并且将在与标准必要专利相关的诉讼中设定 FRAND 许可费率和许可条款。英国法院的管辖权不仅限于评估当事人一方提出的要约是否为公平、合理、无歧视，法院还可以在 FRAND 许可费率的竞争提案之间作出决定，并得出与任何一方的立场不同的结论”③。

华为公司不服该判决，上诉至英格兰及威尔士上诉法院。2018 年 10 月，英格兰及威尔士上诉法院作出判决④，驳回了华为公司的上诉请求，并维持英格兰及威尔士高等法院伯斯法官于 2017 年 4 月作出的裁决，即坚持认为英国法院有权对标准必要全球专利包许可费率作出裁定。

2. 康文森诉华为和中兴案

康文森是一家注册于卢森堡的 NPE。2011 年，康文森从诺基亚购买了 2000 件专利（含专利申请）。2017 年 7 月，康文森在英国高等法院起诉华为和中兴专利侵权，并请求法院认定其提出的全球许可要约符合 FRAND 原则。华为和中兴认为英国高等法院对康文森域外专利的有效性不具备管辖权，也违背了国际私法上的不方便法院原则。2018 年 4

---

① See Unwired Planet International Ltd and another (Respondents) v. Huawei Technologies (UK) Co Ltd and another (Appellants), [2020] UKSC 37, 26 August 2020. Available at https://www.supremecourt.uk/cases/uksc-2018-0214.html.

② See Unwired Planet International Ltd. v. Huawei Technologies Co. Ltd. and Ors [2017] EWHC 711 (Pat).

③ Sophie Lawrance & Francion Brooks, *Unwired Planet v. Huawei: The First UK FRAND Determination*, Journal of European Competition Law & Practice, Vol. 9, p. 170 (2018).

④ See Unwired Planet v. Huawei [2018] EWCA Civ 2344.

月，英国高等法院驳回了华为公司和中兴公司关于司法管辖权的异议。① 华为公司和中兴公司对有关管辖权的裁决提起上诉，2019 年 1 月，英格兰及威尔士上诉法院驳回该上诉。

3. 英国最高法院的判决

在上诉法院作出裁决后，华为公司和中兴公司不服判决，遂上诉到英国最高法院。无线星球诉华为专利纠纷案和康文森诉华为和中兴案均涉及标准必要全球专利包许可费率裁决，属于挑战英国法院司法管辖权的案件。于是，英国法院将两案合并审理，并于 2020 年 8 月作出终审判决。在本案中，英国最高法院提出了涉及全球标准必要专利许可费的五个根本性问题：(1)英国法院是否有权力或管辖权，以及在未经当事人同意的情况下要求当事人根据标准必要专利包签订全球许可协议？(2)英国是否为裁决相关事项的合适受诉地？(3)FRAND 承诺的非歧视部分的含义和作用是什么？(4)基于标准必要专利持有者未能遵守欧盟法院在华为诉中兴案(Huawei v. ZTE)中确立的规则，违反了欧盟竞争法，法院是否应该拒绝向其颁发禁令？(5)英国法院在何种情况下颁发禁令或者判决损害赔偿是合适的？② 以上五个问题是关乎标准必要专利全球许可费诉讼的核心问题，其中，前两个问题涉及司法管辖权争议，第三个问题涉及 FRAND 原则，第四个问题涉及对欧盟法院在 2015 年华为诉中兴(Huawei v. ZTE)案中确立的欧盟竞争法规则的解释问题，最后一个问题则涉及禁诉令救济问题。下文将对该案涉及的司法管辖权、不方便法院原则和禁诉令救济等问题展开进一步探讨。

(三)标准必要专利国际平行诉讼中英国法院的司法管辖权

标准必要专利国际平行诉讼中，一国法院对涉及全球性的专利许可协议是否具有管辖权关乎司法审判的正当性，是个案审判中需要面对的首要问题。

1. 英国法院的司法管辖权争议及其最高法院的裁定

从英格兰及威尔士高等法院专利法庭的一审案件到英国最高法院的终审案件，华为公司和中兴公司都提出了一个颇具争议的抗辩理由：英国法院对涉及标准必要全球专利包许可费率的争议缺乏裁判权。换

---

① See Conversant Wireless Licensing SARL v. Huawei Technologies Co. Ltd. & Ors [2018] EWHC 808 (Pat) (Apr. 14, 2018), https://www.bailii.org/ew/cases/EWHC/Patents/2018/808.html.

② See Unwired Planet International Ltd. and another(Respondents) v. Huawei Technologies(UK) Co Ltd and another(Appellants), [2020] UKSC 37, 26 August 2020. Available at https://www.supremecourt.uk/cases/uksc-2018-0214.html.

言之,英国法院作为一国法院对涉及标准必要专利包全球许可费率的争议是否有司法管辖权？英国是否为最适合审判的法院？英国法院是否有权颁发禁诉令？

在英国最高法院的审理过程中,无线星球诉华为专利纠纷案和康文森诉华为、中兴案争议的核心问题都是英国法院是否对全球许可享有管辖权？作为标准必要专利权利人,无线星球公司和康文森公司均提议授予全球许可,但华为公司认为法院应当仅限于审理涉及英国的许可。华为公司认为,英国诉讼仅涉及英国许可,根据英国程序解决争议所支付的许可费应仅涵盖英国专利,不包括全球专利。英国最高法院维持了英格兰及威尔士高等法院和英格兰及威尔士上诉法院的判决,裁定FRAND许可证需要在大型跨国公司之间实现全球性。英国最高法院认为,在康文森诉华为和中兴案的特定情况下,英国法院是适合审判的法院。如果华为公司拒绝支付法院确定的FRAND全球许可费率,法院将发布禁令,限制华为公司在英国销售侵权产品。可见,在本案中,英国最高法院不仅扩张了其司法管辖权,还认定中国法院不是最适合的法院,并通过颁发禁诉令,事实上排除了中国法院的司法管辖权。

2. 专利地域性与电信产品全球化对标准必要全球专利包的裁判需求

无线星球诉华为专利纠纷案和康文森诉华为、中兴案争议的管辖权问题以及英国最高法院的裁定直指全球化时代专利地域性与标准必要专利全球性实施的冲突问题。电信行业面临专利地域性与电信产品和设备全球化的冲突,不同国家制造的产品应该能够在不同的司法管辖区进行通信和交互操作并保持运行。这种情形下一方面,要求专利持有人逐个国家去捍卫其专利是不现实的;另一方面,如果标准必要专利持有人要求不合理的许可费用并禁止实施人在某个国家管辖范围内使用其发明,也不利于电信行业的发展。专利地域性裁判与标准必要专利持有人全球维权之间的冲突由此产生。为了调和冲突,欧洲电信标准化协会要求标准必要专利持有人以公平、合理和非歧视(FRAND)条款不可撤销地许可实施人使用其标准必要专利包。该要求调和了标准必要专利持有者和实施者之间的利益冲突,但并没有直接解决地域性和全球化之间的冲突。①

① See Sophia Tang, Unwired Planet v. Huawei [2020] UKSC 37: The UK Supreme Court Declared Competence to Determine Global FRAND Licensing Rate, Conflict of Laws. net(Sep. 22,2023),https://conflictoflaws. net/2020/unwired-planet-v-huawei - 2020 - uksc - 37 - the-uk-supreme-court-declared-competence-to-determine-global-frand-licensing-rate/.

专利的地域性问题根源于主权国家的司法主权,至今仍是各国专利法坚守的基本原则之一。19 世纪以来,虽然专利法国际保护的体系从萌芽到逐步完善,但只解决了专利申请的国际化问题,以及为申请人解决了多国专利申请中的诸多不便问题,而跨国专利诉讼、跨国专利许可等问题仍然难以逾越地域性原则。英国最高法院确认了属地原则,承认英国法院仅对涉及英国专利的有效性和侵权行为有管辖权,但又认为基于对英国专利的管辖权,其有权决定全球许可费率。①

3. 英国法院对标准必要专利全球许可费率纠纷的"长臂管辖权"及其影响

英国法院利用其禁诉令获得了对无线星球诉华为专利纠纷案的司法管辖权,这是英国法院利用其"长臂管辖权"规则扩张司法管辖权的体现,引发了全球各国对标准必要专利诉讼司法管辖权的争夺,加剧了各国的竞争和冲突,不利于形成良好的国际司法秩序。有学者指出,"英国法院在标准必要专利国际平行诉讼的情况下率先在禁令救济纠纷中裁定全球许可费率,并配合禁诉令制度排除或限制他国法院的司法管辖,从而使国际范围内无线通信企业之间的对抗博弈进一步加剧"②。可见,英国法院的上述判决不利于全球标准必要专利诉讼良好司法秩序的建立。

第三节　大陆法系国家知识产权法(专利法)的域外适用

大陆法系,有时也称民法法系、罗马—日耳曼法系,是以罗马法为基础,以 1804 年《法国民法典》和 1900 年《德国民法典》为代表的一个世界性法律体系。③ 法国和德国是大陆法系国家的两个主要代表。随着经济和市场全球化的发展,不仅美、英等英美法系国家频繁利用其管辖权规则扩张专利法的适用范围,大陆法系的德国和法国也不甘示弱,通过适用反禁诉令和对跨境专利实施等纠纷的审理扩张本国专利法的域外适用范围。因篇幅所限,本节仅仅以法国和德国为例探讨大陆法系国家专利法的域外适用情况。

---

① See Unwired Planet International Ltd. and another (Respondents) v. Huawei Technologies (UK) Co Ltd and another (Appellants), [2020] UKSC 37, The Supreme Court (Aug. 26, 2023), https://www.supremecourt.uk/cases/uksc-2018-0214.html.

② 祝建军:《标准必要专利禁诉令与反禁诉令颁发的冲突及应对》,载《知识产权》2021 年第 6 期,第 18 页。

③ 参见何勤华主编:《法律文明史:大陆法系》(上卷),商务印书馆 2015 年版,第 7~8 页。

一、德国专利法的域外适用

地域性原则一直为德国专利法和德国法院所遵守。然而，随着经济全球化以及电信产业的发展，标准必要专利和专利跨境实施引发的专利诉讼往往会涉及专利法的域外适用。

（一）德国专利法的地域性与域外适用

作为各国专利法共同遵守的原则，专利法的地域性同样为德国法所认可。与我国专利法的规定相同，德国专利法并未对地域性原则作出总括性规定。但是，德国联邦最高法院及其他法院的判例均暗含了其对专利地域性原则的认可。比如，在适用禁诉令的 IP Bridge 诉华为等案中，德国法院均将专利许可费纠纷的范围限定于德国专利上，而非像英、美等国对标准必要专利涉及的全球专利包许可费进行概括性审理。这一司法态度即表明德国法院虽然插手标准必要专利全球许可费纠纷的管辖，但并不愿意一味扩张本国司法管辖权，对全球许可费纠纷均予以管辖。

（二）德国标准必要专利诉讼中反禁诉令适用的司法实践

近年来，标准必要专利权利人在美国、英国、德国、法国和中国等国家频频提起国际平行专利诉讼，体现了其在全球范围内挑选法院的强烈意愿和实践。比如，在无线星球诉华为专利纠纷案①中，无线星球公司相继在英国、德国法院提起国际平行诉讼；在康文森诉华为和中兴案中，康文森公司不仅在英国法院起诉，也同样在德国法院提起国际平行诉讼。此类由标准必要专利许可引发的国际平行诉讼不胜枚举，已成为全球学术界和实务界共同关注的焦点问题。

由此观之，标准必要专利国际平行诉讼中，禁诉令已成为各国法院争夺司法管辖权的有力武器。禁诉令是一个司法管辖区的法院发布的临时性对人救济措施，以禁止诉讼当事人在另一个司法管辖区发起或继续平行诉讼。② 禁诉令是英、美等国使用较为普遍的一种处理诉讼管辖权冲突问题的机制。禁诉令发源于英国，大陆法系和英美法系国家的法律对待禁诉令的态度截然相反。③ 禁诉令主要适用于英国、美国、加拿大等英美法系

---

① See Unwired Planet International Ltd. and another(Respondents) v. Huawei Technologies(UK) Co. Ltd. and another(Appellants),[2020] UKSC 37,The Supreme Court(Aug. 26,2023).

② See Jorge L. Conteras, *Anti-suit Injunctions and Jurisdictional Competition in Global FRAND Litigation—The Case for Judicial Restraint*, NYU Journal of Intellectual Property & Entertainment Law, Vol. 11, p. 174(2019).

③ See James J. Fawcett, *Declining Jurisdiction in Private International Law*, Clarendon Press, 1995, p. 186.

国家,而大陆法系国家的法律则相对保守,对此一般持排斥和抵制的立场。怀疑论的哲学思想一直主导着欧洲法学,很大程度上阻碍了大陆法系禁诉令制度的发展和司法适用。1935 年德国联邦最高法院就对在拉脱维亚进行的德国籍夫妻离婚案发布禁诉令,裁定该案中的丈夫一方不得在拉脱维亚继续诉讼。① 但是,此后长达 80 多年的时间内德国法院再没有发布一个禁诉令。然而,随着经济全球化的发展,标准必要专利引发的国际专利平行诉讼案件在全球多个国家的法院出现。德国法院虽然并不认可禁诉令,但是却认为适用反禁诉令能够保护当事人的基本诉权。近年来,在日趋激烈的国际平行专利诉讼战中,德国法院在诺基亚诉大陆公司案②等案件中屡屡颁发反禁诉令,坚决维护本国法院司法管辖权,保护权利人平等参与诉讼的权利,抵制他国法院对本国司法主权的干预。在 HEVC 诉小米案③中,德国法院对使用先发制人型反禁诉令的态度发生了转变,认为在一定情况下应拒绝颁发反禁诉令。这意味着德国法院对颁发反禁诉令的立场有所改变,不再是过去满足条件就一律同意颁发反禁诉令的僵硬态度,而是综合考量标准必要专利诉讼的权利人和实施人的双方利益和公共利益等各种因素作出裁决。

德国是欧洲乃至全球最重要的诉讼地之一,德国法反禁诉令的适用机制引起了世界各国专利权利人、被许可人、学者、法官和律师的高度关注。有鉴于此,下文将通过阐述德国法院在标准必要专利诉讼中授予或拒绝颁发反禁诉令的条件、反禁诉令适用的成立要件、比例原则的适用与利益平衡等问题,探索德国反禁诉令适用中的有益经验,以期增加大家对德国反禁诉令机制的了解,为我国禁诉令制度的构建和完善提供必要的知识参考。

1. 明确拒绝:英国禁诉令执行案的裁判立场

德国法院首次面对禁诉令的执行问题是在 1996 年的英国禁诉令执行案④(Re the Enforcement of An English Anti-suit Injunction)中。在本案中,

---

① See RGZ 157,136(136)(F. R. G.).

② See Nokia v. Continental, District Court of Munich, Order dated 30 July 2019, Case-No. 21 O 9512/19; Nokia v. Continental, Higher District Court of Munich, decision dated 12 December 2019, Case-No. 6 U 5042/19.

③ See HEVC v. Xiaomi, Higher Regional Court Düsseldorf, judgment dated 7 February 2022, Case-No. I-2 U 27/21.

④ Vgl. Re the Enforcement of An English Anti-suit Injunction, Case 3VA 11/95, Oberlandesgericht (Regional Court of Appeal) Düsseldorf, 10 January 1996, [1997] ILPr 320. OLG Düsseldorf, Zeitschrift für den Zivilprozeß [ZZP], 109(1996), 221.

英国法院为了确保伦敦国际仲裁院的管辖权发布禁诉令，旨在阻止德国居民无视当事人提交的伦敦国际仲裁院仲裁协议，在德国法院开始或继续诉讼程序的行为。由此而来的问题是：英国法院发布的禁诉令在德国是否具有法律效力，德国法院是否应当承认并予以送达？根据《海牙送达公约》第 13 条的规定，德国法院最终决定拒绝送达禁诉令，认为其是对德国法院司法权和德国主权的侵犯。① 德国杜塞尔多夫高等地区法院强调，每个法院都有权依据相关的国内法和国际条约，为自己就管辖权和对其他法院（国内的或外国的）诉讼请求的尊重作出裁决。② 德国杜塞尔多夫高等地区法院在本案判决中的立场和分析印证了民法法系一贯的观点：禁诉令具有侵犯性，甚至违反国际法。③

德国法院与欧盟法院对待禁诉令的立场如出一辙，在实践中抱有完全相同的司法哲学。在 Thurner v. Grovit 案中，欧盟法院认为，旨在限制在《布鲁塞尔条例Ⅰ》④范围内的另一个欧盟成员国的诉讼的禁令不符合欧洲法律。⑤ 在 Allianz v. West Tankers 案⑥中，欧盟法院同样认为，任何禁止当事人提起诉讼的禁令都是对他国法院司法权的干预。

2. 积极适用：从诺基亚诉大陆公司案到 HEVC 诉小米案的裁判立场

时过境迁，德国法院虽然仍然反对禁诉令的颁发，但是开始积极适用反禁诉令来维护专利权人提起诉讼的基本权利。自诺基亚诉大陆公司案开始，通过发布反禁诉令给提供救济标准必要专利权利人已成为德国法院处理国际专利诉讼司法管辖权竞合问题的一致选择。

德国法院在诺基亚诉大陆公司案中首次颁发反禁诉令，成为德国标准必要专利诉讼中的里程碑。2019 年 3 月，诺基亚根据其多项德国标准必

① See Geoffrey Fisher, *Anti-suit Injunctions to Restrain Foreign Proceedings in Breach of an Arbitration Agreement*, Bond Law Review, Vol. 22, p. 9(2010).

② 参见［美］阿瑟·冯迈伦：《国际私法中的司法管辖权之比较研究》，李晶译，法律出版社 2015 年版，第 225 页。

③ See John J. Barceló Ⅲ, *Anti-Foreign-Suit Injunctions to Enforce Arbitration Agreements*. Cornell Legal Studies Research Paper No. 07 – 024, 15 November 2007, Available at SSRN, https://ssrn.com/abstract = 1030403 or http://dx.doi.org/10.2139/ssrn.1030403.

④ 《布鲁塞尔条例Ⅰ》（《布鲁塞尔第一条例》）全称为《关于民商事案件管辖权及判决的承认与执行的第 44/2001 号（欧共体）条例》，由欧盟委员会于 2000 年 12 月 22 日在《布鲁塞尔公约》基础上通过，2002 年生效。

⑤ See Case C – 159/02 Thurner v. Grovit ECLI:EU:C:2004:228 = [2004] EuZW 468; Maximilian Haedicke, *Anti-suit Injunctions, FRAND Policies and the Conflict between Overlapping Jurisdictions*, GRUR International, Vol. 71, p. 107(2022).

⑥ See Case C – 185/07 Allianz SpA, vormals Riunione Adriatica. Di Sicurtà SpA u. a. v. West Tankers Inc. ECLI:EU:C:2009:69 = [2009] NJW 165 = [2009] EuZW 215.

要专利向德国慕尼黑、杜塞尔多夫和曼海姆地区法院对戴姆勒提起了10项专利侵权诉讼。同年5月，大陆集团的美国子公司在美国加利福尼亚州北区地方法院对诺基亚和其他公司提起诉讼，指责诺基亚违反反垄断法，并于6月提出禁诉令动议，要求美国法院禁止诺基亚在德国提起侵权诉讼。① 为应对大陆集团的美国子公司在美国提出的平行专利诉讼和禁诉令动议，诺基亚于7月9日向慕尼黑地区法院申请初步禁令，请求慕尼黑地区法院命令大陆集团的美国子公司撤回美国关于禁诉令的动议，并停止在未来申请禁诉令或采取类似措施。针对诺基亚的请求，慕尼黑地区法院一改德国法院反对禁诉令之立场，认为诺基亚有权向法院申请对德国大陆集团发出反禁诉令，以防止其财产权受到直接和非法威胁。同年7月，慕尼黑地区法院发布反禁诉令，责令德国大陆集团确保其关联公司撤回美国的禁诉令动议。② 这一判决也得到慕尼黑高等地区法院的认可和维持。慕尼黑地区法院的判决开了德国法院颁发反禁诉令之先河，也引发了学术界和实务界的关注。

在IDCC诉小米案中，慕尼黑第一地区法院的判决再次体现了德国法院积极适用反禁诉令的裁判立场。2020年6月，小米向我国武汉市中级人民法院提起针对IDCC的诉讼，要求武汉市中级人民法院确定IDCC全球3G/UMTS和4G/LTE标准必要专利组合许可费率或一系列费率。为防止IDCC向其他国家的法院提起国际平行诉讼，小米率先在武汉市中级人民法院提出禁诉令请求，并获得准许。③ 武汉市中级人民法院颁发的禁诉令成为引发全球禁诉令大战的导火线。出于反制小米公司在武汉市中级人民法院提出的禁诉令的战略考虑，IDCC分别向印度德里高等法院和德国慕尼黑第一地区法院提起国际平行专利诉讼，请求颁发反禁诉令。印度德里高等法院很快就发布反禁诉令，限制小米执行武汉市中级人民法院的禁诉令。④ 随后，德国慕尼黑第一地区法院亦发布反禁诉令，责令小米不可实施武汉市中级人民法院的禁诉令，也不能对IDCC采取进一步(诉

---

① 该案首先在美国加利福尼亚州北区地方法院起诉，后来转到得克萨斯州北区地方法院审理。Continental Automotive Systems, Inc. v. Avanci, LLC, 485 F. Supp. 3d 712(2020); 27 F. 4th 326(2022).

② See Nokia v. Continental, District Court of Munich, Order dated 30 July 2019, Case-No. 21 O 9512/19.

③ 参见武汉市中级人民法院民事裁定书，(2020)鄂01知民初169号之一。

④ See Delhi High Court, I. A. 8772/2020 in CS(COMM) 295/2020. Gregory Glass, *Delhi High Court Confirms India's First Anti-Anti-suit Injunction*, Asia IP(May 13, 2021), https://asiaiplaw.com/article/delhi-high-court-confirms-indias-first-anti-anti-suit-injunction.

讼或行政）措施直接或间接阻止 IDCC 根据其标准必要专利在德国提起侵权诉讼。为保障反禁诉令的实施效果，慕尼黑第一地区法院还规定了严厉的惩罚措施，每次违反反禁诉令都会被处以最高 250,000 欧元的罚款或最长 6 个月的拘留。①

值得注意的是，德国法院不仅针对外国法院已经发布的禁诉令颁发反禁诉令，还会针对可能存在的"首次侵权风险"颁发具有预防功能的"先发制人型"反禁诉令。在 IP Bridge 诉华为案中，在华为公司尚未在中国及其他国家申请禁诉令的情况下，慕尼黑第一地区法院通过单方程序，批准了针对华为公司的预防性反禁诉令。简言之，即使专利实施人在外国并没有申请禁诉令限制专利权人在德国提起诉讼，只要满足一定条件，德国法院依然会颁发反禁诉令。当然，对于需要满足何种条件方能授予具有预防功能的反禁诉令，德国法院在实践中还存在一定的分歧，并没有形成统一的司法裁判规则。比如，在 IP Bridge 诉华为案中，慕尼黑第一地区法院因为华为公司在中国法院曾申请针对康文森公司的禁诉令，华为公司曾威胁 IP Bridge 要在中国申请禁诉令，并且没有作出不寻求禁诉令救济的承诺，最终同意了 IP Bridge 的请求，发布了预防型反禁诉令。② 而在 HEVC 诉小米案中，杜塞尔多夫高等地区法院虽然认为出于宪法原因原则上在标准必要专利诉讼案件中可以发布反禁诉令，但仍然撤销了下级法院发布的反禁诉令。杜塞尔多夫高等地区法院裁定，即使关联公司过去曾申请禁诉令，但案件的事实存在重大差异，无须法律保护。③ 上述判决意见也分别得到慕尼黑高等地区法院和杜塞尔多夫高等地区法院的支持。由此观之，德国各地区法院关于预防型反禁诉令的颁发条件尚未形成统一的裁判标准，有待于进一步明确。

3. 立场转变：德国对禁诉令适用的理念变革

传统大陆法系国家对颁发禁诉令持排斥的态度，将禁诉令视为对他国司法主权的践踏和对国际法的冒犯。简言之，禁诉令不仅与一国法院确定其管辖权的权力相矛盾，而且还会违反《布鲁塞尔公约》④的精神和

① See InterDigital v. Xiaomi, District Court (Landgericht) Munich Ⅰ, judgment dated 25 February 2021, Case-No. 7 O 14276/20.

② See IP Bridge v. Huawei, District Court of Munich Ⅰ, judgment dated 24 June 2021, Case-No. 7 O 36/21.

③ See HEVC v. Xiaomi, Regional Court of Düsseldorf, judgment dated 7 February 2022, Case No. 1 - 2 U 27/21.

④ 《布鲁塞尔公约》全称为《关于民商事案件管辖权及判决承认与执行的公约》，于 1968 年由比利时、联邦德国、法国、意大利、卢森堡、荷兰 6 国在布鲁塞尔制定。

宗旨。① 然而，自2019年诺基亚诉大陆公司案以来，德国法院越来越倾向于通过颁发反禁诉令来满足标准必要专利权利人的需求。虽然，杜塞尔多夫高等地区法院的最新判决表明了法院对于预防型反禁诉令的抑制倾向，在一定程度上实现了理性回归，但是总体而言，德国法院还是越来越倾向于在标准必要专利诉讼中发布反禁诉令。

德国法院对禁诉令和反禁诉令的态度为何截然不同？对于德国法院适用禁诉令制度的司法立场转变，我们应如何评价和应对？笔者认为，德国法院从排斥禁诉令转变为积极适用反禁诉令的根本原因在于，面对专利地域性与标准必要专利国际许可的冲突，以及多国对标准必要专利许可费纠纷诉讼管辖权的激烈争夺，德国法院也无法无动于衷，积极转向以反禁诉令维护本国司法管辖权，保障专利权人的财产权和基本诉讼权的立场。

（三）德国跨境实施专利侵权认定中的域外适用

随着电信业、互联网业的全球化扩展，创新不再是在一台计算机上完成的，而是通过多台计算机协同实现的。同样，创新成果的应用不再局限于某一国家或某一企业，而是超越了国界，在全球范围内的多个企业实施。比如，一件产品的零部件生产和组装行为在不同国家完成，方法专利的不同步骤在若干个国家跨境实施。此类现象的产生，对专利权的地域性原则构成挑战。对于这一全球各国共同面临的难题，美国法已有丰富的应对经验，美国通过修改《美国专利法》第271条以及美国法院的司法实践，在软件专利与境外组装、方法专利与境外制造、方法专利与网络空间等不同场景中进行专利法域外适用。为应对专利跨境实施对专利权地域性原则的挑战，德国法院利用《德国专利法》第9条和第10条所规定的直接侵权和间接侵权制度，拓展德国专利法的效力范围，对在德国以外实施的专利侵权行为进行规制，探索出德国的专利法域外适用经验。

1. 电波钟系列案

2002年德国联邦最高法院审理的电波钟Ⅰ案②是德国专利法域外适用的典型案件。该案被告在德国生产电波钟的装置，在境外组装后销售给国外客户，随后产品又进口到德国销售。对于国外供应商的侵权责任问题，德国联邦最高法院首次认定，专利法规定的责任不仅限于在德国的使用行为，还包括全部或部分在国外发生的具有充分因果关系的行为，将货

---

① See Markus Lenenbach, *Antitrust Injunctions in England, Germany and the United States: Their Treatment under European Civil Procedure and the Hague Convention*, Loyola of Los Angeles International and Comparative Law Journal, Vol. 20, p. 317(1998).

② See BGH, Beschluss vom 26. Februar 2002, Az. XZR 36/01 – Funkuhr Ⅰ.

物从居住在国外的供应商交付给同样居住在国外的客户可以构成对德国专利的侵权，前提是客户随后将货物交付到德国。当然，在该案中，德国联邦最高法院仅仅是模糊地指出国外供应商承担专利侵权和赔偿责任的可能性，但是对于这种赔偿责任的必要条件以及国外供应商的必要过失标准均缺乏具体的指引。①

在2007年德国联邦最高法院审理的电波钟Ⅱ案②中，被告为中国香港生产电波钟的公司，该公司将涉嫌侵权的电波钟销售给客户，客户转而销售给德国公司。德国联邦最高法院认为，如果出口商明显或应当知道产品侵害了受保护对象，则相关发明所必需的组件供应商或出口商将在德国承担间接专利侵权责任。

德国联邦最高法院审理的电波钟系列案，为德国专利侵权的每一个可指责原因确立了广泛的责任。自此，只要满足“双重国内关联”原则③，发生在国外的专利侵权行为也有可能依据德国专利法承担专利侵权的责任。

2. 预付费电话卡案

杜塞尔多夫高等地区法院2009年对预付费电话卡案④的判决认为，侵权人对在德国境外发生的专利侵权行为应承担责任，这被认为是跨界专利实施侵权方面具有里程碑意义的案件。涉案专利涉及有关预付费电话呼叫的方法，该方法专利分为若干个步骤。被告认为，其服务器位于爱尔兰，方法专利的大部分步骤均发生在德国境外，只有电话卡销售行为发生在德国，因此根据专利的地域性原则不应在德国承担专利侵权责任。鉴于方法专利权利要求的几个受保护的步骤是在专利权所涵盖的领土之外进行的，德国法院的任务是确定侵权行为是否构成对德国专利的侵权。杜塞尔多夫高等地区法院采取了经济分析法审理本案。其认为，只要满足以下两个条件，即构成侵权：(1)在国外实施的方法步骤

---

① See Lars Eggersdorfer, Michael Rüberg, BGH präzisiert seine Rechtsprechung zur Auslandshaftung in Patentverletzungsfällen (Entscheidung "Abdichtsystem"), BOEHMERT & BOEHMERT (Sep. 22, 2023), https://www.boehmert.de/aktuelles-wissen/bb-bulletin/bgh-praezisiert-seine-rechtsprechung-zur-auslandshaftung-in-patentverletzungsfaellen-entscheidung-abdichtsystem/.

② See BGH, 2007 GRUR 313 – Funkuhr Ⅱ.

③ 根据《德国专利法》第10条追究间接侵权人责任的规定，必须满足双重国内关联这一前提。具体而言，其一方面要求许诺销售或者提供产品必须在德国境内；另一方面要求产品买受人的直接侵权行为也必须发生在德国境内。二者缺一不可，而且由专利权人对此承担举证责任。参见卜元石：《德国专利间接侵权制度与判决解析》，载《知识产权》2018年第10期，第91页。

④ Vgl. HRC Düsseldorf, judgment of 10 December 2009, case no. 2 U 51/08, InstGE 11, 203 – Prepaid telephone card (Prepaid Telefonkarte).

可归因于被主张的专利在其所覆盖的领土上有运营行为；(2)跨境使用的经济效果及于被主张专利所覆盖的领土。① 据此，该案的方法专利尽管只有部分步骤是在德国实施的，但是其是有目的地在德国国内市场产生效果，因此应构成专利侵权。在本案中，法院从整体上考虑专利的跨境使用，而不考虑领土边界，将《德国专利法》第 9 条规定的直接侵权责任扩大到跨境专利实施行为，成功扩展了专利法的效力范围。

3. 音频信号编码案

2015 年德国联邦最高法院审理的音频信号编码案②是德国专利法域外适用的又一经典案例。该案涉及第 568 532 号欧洲专利的德国部分，该专利保护的是数字化音频信号的“传输方法”。受保护的程序包括与音频信号的编码和解码有关的 a 至 h 等 8 个步骤。被告是一家中国企业，直接向德国和一家中国公司供应接收器，其制造的设备可以接收和处理符合数字视频广播(DVB)标准的电视信号。原告诉称，被告在德国境外制造和销售涉嫌侵权的设备构成专利间接侵权。德国联邦最高法院认为，如果可以证明境外制造和销售的涉嫌侵权的设备与德国有足够的经济联系，境外发生的侵权行为不仅对德国具有一定的影响，而且更是在促进在德国使用该设备，那么可以构成专利间接侵权。这要求因专利侵权而被起诉的外国供应商必须知道国外购买者打算向德国供应涉嫌侵犯专利的产品。

4. 产前诊断案

杜塞尔多夫高等地区法院在 2017 年审理的产前诊断案③也涉及方法专利在不同国家的实施以及专利法的域外效力问题。涉案专利涉及为检查提供的母体血液样本(第一步)以诊断遗传异常风险(最后一步)。血液样本在德国采集，随后的 DNA 分析和风险评估(基于胎儿核酸的诊断)由在美国的合作实验室进行。杜塞尔多夫高等地区法院首先援引了预付费电话卡案的判定标准，认为是否应用和使用国外进行的方法步骤以实现国内发明的效果，是根据被控侵权的专利权要求及其技术特征来评估的，而不是根据该方法的结果将如何进行商业利用来评估的。在本案中，产前诊断的专利过程被假定为一个工作过程，因为根据专利权的要求，其实施过

---

① Romandini, R., Klicznik, A. The Territoriality Principle and Transanational Vse of Patented Inventions—The Wider Reach of a Vnitary Patent and the Role of the CJEV. Intentional Review of Intellectual Property and Competition Law, Vol. 44:5, p. 532(2013).

② Vgl. BGH, Urteil vom 3. Februar 2015, Az. XZR 69/13 – Audiosignalcodierung.

③ Vgl. HRC Düsseldorf, judgment of 23 March 2017, case no. I – 2 U 5/17 – Prenatal diagnosis (Pränatale Diagnostik).

程是在美国完成的,并且在美国已经实现了本发明的技术效果,因此不能将之归因于国内行为人。

5. 密封系统案

2017 年德国联邦最高法院审理的密封系统案①是专利法域外适用的又一重要司法实践,在沿用前述法律逻辑和思路的基础上细化了过错认定的具体分析标准。原告是欧洲专利第 1 291 158 号(涉案专利)的权利人,该专利涉及充气物体的密封系统。原告认为,位于意大利的被告提供和投放市场的汽车轮胎维修套件侵犯了涉案专利。

德国联邦最高法院沿袭了前述系列案件的逻辑基础,认为国外出口商在知晓国外客户会把侵权商品销售到德国的情况下提供涉案装置,那么就会构成间接专利侵权。值得注意的是,在该案中,德国联邦最高法院还首次提出了认定国外部件供应商责任的具体标准(详见表 4-1)。

表 4-1　德国有关境外部件提供者过错的认定(推定)标准

<table>
<tr><th>序号</th><th>尚达不到具体明确的端倪</th><th>达到具体明确的端倪</th></tr>
<tr><td>1</td><td rowspan="2">提供者仅仅认为客户可能运往德国(Rz. 70 f.)</td><td>提供者获得明确信息,客户已实施运往德国或即将运往德国的行为(Rz. 64)</td></tr>
<tr><td>2</td><td>客户购买的装置数量巨大,根本不可能仅在没有专利保护的地区销售(Rz. 64)</td></tr>
<tr><td>3</td><td>提供者的客户与德国有业务联系,或者已经向德国运送过类似物品(Rz. 63)</td><td>客户的购买行为与德国境内的明显或潜在侵权行为有明显的关联(Rz. 64)</td></tr>
<tr><td>4</td><td>运送的装置配有德文的说明书(Rz. 69)</td><td>装置配有德文说明书且提供者自己并不送往德国(Rz. 69)</td></tr>
</table>

资料来源:张韬略:《跨境实施专利的侵权认定:以德国法为视角》,载《知识产权》2020 年第 12 期,第 86 页。

6. 音乐流媒体案

在 2018 年曼海姆地区法院审理的音乐流媒体案②中,该法院认定被告在国外采取的行为不构成侵权,并驳回了侵权损害赔偿请求。涉案专利涉及根据用户档案为媒体用户从各种信息源收集信息的方法专利。被告向德国媒体用户提供音乐流媒体服务,同时在德国国外的服务器上进行相关数据处理。

曼海姆地区法院在确定国外方法专利实施行为与国内侵权行为的关联时采取了与杜塞尔多夫高等地区法院不同的判断标准,其提出在任何情

① Vgl. BGH, judgment of 16 May 2017, case no. X ZR 120/15.

② Vgl. RC Mannheim, judgment of 9 October 2018, case no. 2 O 163/17 – Music Streaming (Musikstreaming).

况下,根据特定方法专利的要求和解决方案,在国内实施的行为必须等同于在国外实施的行为。据此,曼海姆地区法院要求就特定方法权利的要求和解决方案而言,当事人在德国所为的行为与在国外所为的行为是等效的。因此,仅仅通知专利方法的结果是不够的。在本案中,该法院最终认为,被告将国外服务器上的处理结果推荐传送给德国用户的行为不构成专利间接侵权。

7. 在线眼科检查案

2020 年杜塞尔多夫地区法院审理的在线眼科检查案①涉及欧洲专利 EP1 296 588 B1的德国部分,该专利用于在线眼科测试。该专利旨在省去眼科医生或配镜师进行常规眼科检查时通常使用的笨重且昂贵的设备,让患者在家用电脑上接受眼科检查即可。如果检查结果反映出患者存在任何视觉缺陷,这一专利会根据检查结果生成配置眼镜或隐形眼镜的处方。相关数据由被告在德国境外借助服务器进行处理,但专利流程的技术效果发生在患者在德国的家用电脑上实现第一步流程时。被告主张,由于在线视力检查的最后一步在国外进行,因此在德国不构成专利侵权。但是,杜塞尔多夫地区法院最终裁定,眼科测试程序确实落入德国方法专利的保护范围,因为在国外进行的程序步骤,即对处方数据的评估,对本发明的目标实现没有显著的贡献。杜塞尔多夫地区法院最终裁定,该专利实施所必需的步骤以及被告获得的优势都发生在德国,因而构成专利侵权。通过本案可以看出,即使被告实施的专利侵权行为的最后一步发生在国外,德国方法专利的权利人仍然可以主张侵权。

德国法院在审理跨境专利侵权纠纷的司法实践中,已经成功地对《德国专利法》第 9 条和第 10 条所规定的直接侵权和间接侵权规则进行了扩张适用,扩展了德国专利法的域外效力,用于解决全球化时代境外专利侵权的救济问题。德国法院的判例所提出的双重国内关联原则以及认定国外行为是否构成侵权的具体标准等,可以为我国法院应对域外专利侵权提供一定参考。

二、法国标准必要专利诉讼中的专利法域外适用

作为大陆法系的另一个代表国家,法国同样面临电信产业全球化与专利权地域性带来的挑战。与德国不同,法国当前专利法域外适用的司法实

① Vgl. RC Düsseldorf, judgement of 28 July 2020, case no. 4a O 53/19 – Online Eye Test(Online Sehtest).

践不多，主要是通过标准必要专利国际平行诉讼中的禁诉令适用来扩展本国专利法的域外效力。当然，同样作为欧盟成员国和传统的大陆法系国家，法国和德国在对待禁诉令适用的态度和适用规则上有着不少相似之处。

（一）法国专利法的地域性与域外适用

专利权地域性乃是国际专利法普遍遵守的基本原则之一，法国专利法亦不例外。与德国专利法的规定相同，《法国知识产权法典》的专利法部分亦未对地域性原则作出总括性规定。但是，法国法院的判例均暗含了其对专利地域性原则的认可。比如，在 IPCom 诉联想案中，法国法院将专利许可费纠纷的范围限定在法国专利上，并未对标准必要专利涉及的全球专利包许可费进行总括性审理。这一司法态度即表明法国法院虽然插手标准必要专利全球许可费纠纷的管辖，但并不愿意一味扩张本国司法管辖权，对全球许可费纠纷一概进行管辖。

（二）法国标准必要专利诉讼中专利法域外适用的司法实践

如前所述，法国法院审理标准必要专利诉讼案件主要通过颁发禁诉令来扩展其专利法的域外效力。截至 2021 年，法国法院在专利诉讼中颁发禁诉令的案例仅有 IPCom 诉联想案一个案例。

2007 年，IPCom 从博世收购了多项与 2G、3G 和 4G 移动通信技术相关的专利，包括涉案欧盟专利 EP 1 841 268 B2，该专利涉及一种“移动台、移动站根据其用户类别随机接入”技术。IPCom 就该项专利向欧洲电信标准化协会提交 FRAND 许可承诺书，作出了公平、合理和无歧视的保证。此后，IPCom 向联想公司提供了许可证，允许其使用该项专利，并要求联想公司于 2019 年 3 月之前就此项动议明确其意图。联想公司并未就此作出回应。然而，据 IPCom 称，联想公司的法国分公司实施了 IPCom 的一系列必要专利，其中包括专利号为EP 1 841 268 B2的这项专利。基于上述情况，IPCom 向法院提起诉讼，要求联想公司支付未经许可使用其专利的专利使用费。

2019 年 3 月，联想公司的美国子公司向美国加利福尼亚州北区地方法院提起诉讼，要求获得 FRAND 费率的全球许可证。2019 年 9 月，联想公司还请求美国加利福尼亚州北区地方法院发布针对 IPCom 的禁令，旨在禁止 IPCom 就 EP 1 841 268 B2 这项专利提起任何针对联想公司的诉讼，即禁诉令。2019 年 10 月，IPCom 向巴黎大审法院提交上述初步禁令请求，请求法国法院下令撤销联想公司向美国加利福尼亚州北区地方法院提出的禁诉令（反诉禁令）。

《法国民事诉讼法典》第100条规定,“如果同一争议在两个具有同等管辖权的同一级别法院待决,如果一方当事人提出要求,后立案的法院必须为当事人的利益放弃管辖权”。《法国民事诉讼法典》第101条规定,“如果提交两个不同法院的案件之间存在某种联系,以至于一起审理和审判这些案件符合适当的司法审判,则可要求其中一个法院放弃管辖权,并将案件移交另一法院审理”。巴黎大审法院指出,在本案中,法院的管辖权是不同的,美国加利福尼亚州北区地方法院未决的案件涉及的是一个实质性的判决,该案在法国涉及的是一项即决判决。此外,这两个案件的诉讼的目的是不同的,美国的诉讼是旨在就FRAND许可条件争议提起的禁诉令动议,而本案则是为了维护专利权人行使欧洲专利法国部分的权利自由,该部分属于巴黎大审法院的专属管辖权。另外,美国法院禁止在法国领土上提出撤销禁诉动议的请求不符合适当的司法审判的原则。

根据《法国民事诉讼法》第808条的规定,“在所有紧急情况下大审法院院长可下令采取一切不引起严重质疑或有争议的措施”。在本案中,美国法官很快确定了对该禁令裁决的听证会时间(听证会定于2019年11月14日在美国法院举行),并且IPCom与法国联想公司之间确实就后者在法国使用专利的条件存在争议,因此属于紧急情况。

在本案中,不应援引欧盟规范,因为本案涉及的是法国和美国。法国法也不承认该禁诉令的有效性,除非该项禁诉令来自非欧盟成员国国家,且其目的是执行合同管辖权条款或仲裁条款。在所有其他情况下,禁诉令构成对法院管辖权的干涉,并具有间接无视每个国家自由界定其法院国际管辖权专属权力的效果。本案中,联想公司并非寻求禁诉令以强制执行管辖权条款或仲裁条款,而是为了阻止专利权人行使其专有权。根据《法国民事诉讼法》第809条的规定,即决判决的法官可下令采取任何预防措施,以防止迫在眉睫的损害。巴黎大审法院认为,如果美国法院下令采取禁诉措施,将危及IPCom在法国提起或继续诉讼的权利,并严重侵犯法国国家的主权和管辖规则,也侵犯了专利持有人的基本权利,特别是其具有宪法和公约价值的财产权,以及公平审判权和尊重知识产权的权利,这些权利受法国法律和法国加入的国际公约保障。

基于上述理由,巴黎大审法院判决IPCom应获得反诉禁令,但仅限于涉及专利的法国部分。此外,巴黎大审法院还责令联想公司撤回其向美国加利福尼亚州北区地方法院提出的关于该专利法国部分的禁诉令动议,并责令其在未来避免提交类似的禁诉令,否则,将处以每次违规每天20万欧元的罚款。

第四节　知识产权法域外适用中的挑选法院与司法微调机制

"挑选法院"一词首先出现于美国,"是指案件当事人在诉讼中选择在对自己最有利的法院提起诉讼的行为"①。随着国际经济政治一体化的加深,国际民事诉讼争议数量增加,当两个以上国家的法院对同一知识产权案件均拥有管辖权时,就会产生挑选法院问题。国际民事诉讼领域的挑选法院由来已久,是国际私法学界一直关注的重要议题②之一。在美国软件行业、医药生命科技产业、通信产业等高科技领域迅速发展并持续占据世界领先地位的同时,美国产业越来越期待本国法院能够加强知识产权法域外适用,利用美国知识产权法保护发生在世界各国的侵权行为。在此背景下,美国知识产权法域外适用中的挑选法院问题也日渐严重。美国法院在日渐增多的国际知识产权诉讼中频频通过"长臂管辖权"来实施其知识产权法的域外效力,同时也形成了一套防止当事人挑选法院的微调机制,如不方便法院原则、禁诉令机制等。随着国际私法的发展,这些司法微调机制已经逐渐超越国界和两大法系的界限,为大陆法系国家所认可。资料所限,本书主要探讨美国、英国和德国的司法微调机制。与此同时,有些司法微调机制在我国已经开始实施,有些尚在探索中。研究应对挑选法院问题的司法微调机制,对于更好地发挥知识产权法域外适用效果,有重要的实践价值。

一、美国知识产权法域外适用中的挑选法院与司法微调机制

(一)知识产权法域外适用中的挑选法院

在美国国内知识产权诉讼管辖中,挑选法院的问题由来已久,有些州的法院如得克萨斯州东区联邦地方法院以在专利纠纷案件中审理速度快、常常作出有利于专利权人的判决且赔偿额高,受到众多NPE原告的欢迎。在国际知识产权诉讼中,这些美国法院同样受到专利权人的欢迎,成为原告挑选法院时的最佳选择。比如,在Vringo诉中兴公司的标准必要专利

---

① 李晶:《国际民事诉讼中的挑选法院》,北京大学出版社2008年版,第10页。

② 我国学者关于国际民事诉讼领域的挑选法院问题的研究可参见李晶:《国际民事诉讼中的挑选法院》,北京大学出版社2008年版;赵相林、邢钢:《论国际民事诉讼中的挑选法院》,载《比较法研究》2002年第2期;乔雄兵:《美国民事诉讼中的挑选法院问题研究》,载《比较法研究》2007年第2期。

许可费争议案件中，中兴公司在我国深圳市中级人民法院提起了反垄断诉讼，声称Vringo未能根据FRAND条款授予中兴公司专利许可构成了滥用市场地位。为了争取更有利的诉讼环境，Vringo向美国纽约南区地方法院提起了违反合同的诉讼，并请求法院颁发禁诉令，要求"中兴公司撤回其在深圳市中级人民法院的诉讼，并（禁止）中兴公司在该法院提起同样或类似的诉讼"①。

同样，在华为公司与三星公司的系列专利权诉讼案中，2016年5月，华为技术公司在深圳市中级人民法院提起针对三星公司的专利侵权诉讼。2018年，深圳市中级人民法院经审理认定三星公司侵犯了华为公司的两个中国专利（包括同行宣称的美国的动作），华为公司已经作出符合欧洲电信标准化协会中FRAND条款的承诺，而三星公司没有遵守自己的FRAND承诺，应当为延迟了6年的谈判负主要责任。因此，深圳市中级人民法院发布禁令，禁止三星公司在中国制造和销售具有4G LTE功能的智能手机。为了对抗中国的诉讼，寻求对自己更有利的法院管辖，三星公司后来在美国加利福尼亚州北区联邦法院提出动议，要求法院颁发禁诉令，禁止执行深圳市中级人民法院的判决。

诸如此类的挑选法院行为在美国国际知识产权诉讼中屡见不鲜。美国联邦法院通过"长臂管辖权"扩张了其管辖范围，行使其对国际知识产权纠纷的管辖权，发挥其知识产权法域外适用效果，已成为国际知识产权诉讼中的常态。当然，美国联邦法院在判定对国际知识产权纠纷是否有管辖权时，还要受到不方便法院原则、国际司法礼让原则、禁诉令机制等的制约。

（二）不方便法院原则

不方便法院原则是起源于英美法系并被英美法系国家广泛认可和适用的一项确定管辖权行使的理论。学术界对这一原则已有界定。有学者认为，"不方便法院原则是指司法机关在审理民商事案件时，虽然其对案件拥有司法管辖权，亦是恰当的审判地点，但是如果法院认为其是审理案件的不适当法院或在外国还有更适当的审理案件的法院时，该法院有权行使自由裁量权拒绝对本案进行管辖"②。按照不方便法院原则，美国联邦法院在审理国际知识产权诉讼时，不仅要考察自己对于该案的对人管辖权和

① Vringo, Inc. v. ZTE Corp., No. 14 - cv - 4988 (LAK) 2015 WL 3498634, (S. D. N. Y. June 3, 2015).

② James J. Fawcett, *Declining Jurisdiction in Private International Law*, Clarendon Press, 1995, p. 10.

事项管辖权，还要考虑是否有比自己更合适的法院。美国法院在审理国际知识产权诉讼中，曾多次采用不方便法院原则拒绝对案件的管辖。因而，该原则被学者称为美国法院获得对人管辖权的绊脚石。① 有学者指出，"无论侵权案件何时在联邦法院开始审理，如果存在更便于诉讼的外国法院，即使美国法院的属人管辖权和属事管辖权都存在，被告都有可能根据不方便法院原则提出驳回起诉"②。因此，对于外国被告而言，不方便法院原则是请求法院驳回起诉的重要方式。

美国法院适用不方便法院原则的经典案例之一是美国第九巡回法院的 Creative Technology, Ltd. v. Aztech Systems PTE, Ltd. 案。在该案中，新加坡被告在新加坡复制了新加坡原告的计算机程序，侵犯了原告在该国的复制权，然后在美国发行副本，侵害了美国版权法规定的发行权。根据《伯尔尼公约》的规定，该计算机程序是在美国第一次发行，因而可以获得美国法律的保护。美国是《伯尔尼公约》的缔约国，依据美国版权法的规定，在国外创作原创作品的缔约国国民自动成为美国版权所有者。③ 因此，美国法院对于本案拥有管辖权。美国第九巡回法院认为，虽然原告可以这样做，但他并没有试图根据新加坡法律对未经授权的复制和发行提出诉讼请求。美国第九巡回法院强调，对发生在外国诉讼当事人之间的案件，美国的公共利益微不足道，因此，支持以不方便法院原则驳回起诉。④ 在本案中，美国第九巡回法院首先考虑了不方便法院原则适用的条件，审查新加坡法院是否属于适当的替代法院，进而考量公共利益因素对本案的影响，认为该诉讼与美国关系不大，并不会对美国的利益产生强烈的影响，因此作出拒绝管辖的裁定。本案宣判以后，有不少学者质疑美国第九巡回法院在该案中适用不方便法院原则的合理性。有学者指出，美国当前的版权诉讼中适用不方便法院原则体现出下面几个方面的问题：(1)结果决定性；(2)适用外国法；(3)对国外原告挑选法院给予的尊重不够；(4)版权诉讼中的证据在性质上具有一定的特殊性；(5)忽视涉外版权诉讼中的美国利益。⑤ 美国著名版权法学者金斯伯格也认为美国第九巡回法院的判决

---

① Robin J. Effron, *Trade Secrets, Extraterritoriality, and Jurisdiction*, Wake Forest Law Review, Vol. 51:6, p. 780(2016).

② Michael J. O'Sullivan, *International Copyright: Protection for Copyright Holders in the Internet Age*, New York International Law Review, Vol, 13:1, p. 38 – 39(2000).

③ See 17 U. S. C. § 104.

④ See Creative Tech., Ltd. v. Aztech Sys. PTE, Ltd., 61 F. 3d 696, 704(9th Cir. 1995).

⑤ 参见徐伟功：《美国跨国版权诉讼中的不方便法院原则》，载《新疆大学学报(哲学社会科学版)》2003 年第 2 期，第 58 ~ 60 页。

有问题,“因为:(1)它与它自己的和其他联邦巡回法院处理的案件不一致,这些案件利用原告的国籍作为驳回的关键,(2)它可能需要对‘来源国’版权法的实质性公正性进行冗长的调查,以避免鼓励版权避风港的发展”①。

在美国第二巡回法院审理的 Vanity Fair Mills 案中,该法院适用不方便法院原则,并拒绝根据加拿大法律对任何诉讼请求行使异籍管辖权。在该案中,被告是一家加拿大公司,在加拿大注册了“VANITY FAIR”商标。于是美国第二巡回法院认为,该案应当受加拿大法律管辖,在加拿大法院提起诉讼。该法院认为,核心问题在于加拿大商标注册机关才有权决定被告商标注册行为的有效性,因而认定不确定行为的有效性是在外国主权境内完成的……美国法院不能确定商标注册行为的有效性,这样做会导致美国法院与加拿大的行政和司法机关发生冲突。②

同样,在跨国商业秘密侵权诉讼中,即使拥有对人管辖权和事项管辖权,美国法院也有可能适用不方便法院原则驳回原告的起诉。比如,在前述美国诉华锐风电案中,假设美国超导公司在威斯康星州西区联邦法院对华锐风电公司、苏某营和卡拉巴斯维克等人提起诉讼,所有被告都以缺乏个人管辖权为由申请驳回此案,威斯康星州联邦地方法院批准了该动议。于是美国超导公司又在马萨诸塞州对被告华锐风电公司提起诉讼,因为华锐风电公司曾销售产品到该州。华锐风电公司再次挑战马萨诸塞州联邦法院的个人管辖权,但败诉。他们又根据不方便法院原则提出了驳回该案件的动议,在此情况下,马萨诸塞州联邦法院在决定是否适用不方便法院原则时会考虑如下因素:(1)尊重原告选择的法院和存在适当的替代法院;(2)私人利益因素;(3)公共利益因素。③

总而言之,美国联邦法院在审理国际知识产权诉讼案件时,虽然可以利用“长臂管辖权”扩张自己的管辖范围,但也要受到不方便法院原则等的制约。一旦被告在诉讼中以不方便法院原则为由提出抗辩,美国联邦法院必须分析是否存在适当的替代法院,并需要在审理中综合平衡私人利益因素和公共利益因素。毫无疑问,不方便法院原则的适用,有利于形成良好的国际司法秩序。有学者认为,“当满足一定条件,‘不方便法院’原则允许法院引导

① Jane C. Ginsburg, *Extraterritoriality and Multiterritoriality in Copyright Infringement*, Virginia Journal of International Law, Vol. 37, p. 594 – 595(1997).

② See 234 F. 2d 640(2d Cir. 1956).

③ See Robin J. Effron, *Trade Secrets, Extraterritoriality, and Jurisdiction*, Wake Forest Law Review, Vol. 51:6, p. 781 – 789(2016).

原告在其他地方起诉。通过引用'不方便法院'原则——如果存在有管辖权的替代性法院——法院将承诺放弃行使自己的司法管辖权，为了确保在它看来，一个在国际上更为合作、经济与和谐的司法行政体系"①。值得注意的是，美国法院在不方便法院原则判断方面的实践本身并非完全一致和连续。具体而言，涉外知识产权诉讼中案情的多样性以及各法院标准尺度的不统一，常常导致判决结果不统一。因此，有学者认为，源于英美法系的不方便法院原则在实践中效果难以保障。日本学者指出，"不言自明的是，允许广泛的利益衡量的管辖判断方法会招致法的不安定性。加之鉴于涉外案件的多样性，不考虑案件各自的特殊性，仅依据管辖原因的有无作出正确和适当的管辖权决定非常困难"②。

（三）禁诉令机制的运用

1.禁诉令制度的界定

禁诉令制度起源于英国。最初设立禁诉令的目的是解决一国国内发生的管辖权冲突的问题。后来该制度在跨国民商事诉讼中得到广泛的运用。和不方便法院原则一样，禁诉令也能让诉讼归入一个更适当的法院。当然，两者也存在很大的区别，不方便法院原则是法院为了让诉讼归入更适当的法院而选择放弃自己的司法管辖权，而"禁诉令则是一国法院与外国法院在对本案拥有共同管辖权时发布命令禁止当事人一方在外国法院起诉或者执行外国法院的命令"③。有学者指出，"无论禁诉令的意图多么好，就算其不是直接针对外国法院，都会被视为一种侵犯行为"④。因此，禁诉令的颁发意味着对他国司法主权的干涉和冲击，往往会引发禁诉令之争，扰乱国际司法秩序。

2.美国国际专利诉讼中禁诉令制度的运用

长期以来，在国际知识产权诉讼中，各国法院都坚持知识产权的地域性，将司法管辖权限定于本国的地域范围之内，对发生在境外的侵权行为拒绝行使管辖权。然而，近年来随着标准必要专利许可费诉讼在全球出现，各国法院开始利用禁诉令来对抗他国法院的管辖权。以美国法院发布的禁诉令最多，其已形成了禁诉令判定的具体规则。

---

① ［美］阿瑟·冯迈伦：《国际私法中的司法管辖权之比较研究》，李晶译，法律出版社2015年版，第223页。

② ［日］本间靖规、中野俊一郎、酒井一：《国际民事诉讼法（第2版）》，柴裕红译，商务印书馆2020年版，第36页。

③ Teresa D. Baer, *Injunctions Against the Prosecution of Litigation Abroad: Towards a Transnational Approach*, Stanford Law Review, Vol. 37, p. 156 – 157 (1984).

④ A. Dicey, J. Morris, *The Conflict of Laws*, 13*ed.*, Sweet & Maxwell, 2000, p. 414.

在微软与摩托罗拉(微软Ⅰ)案[1]中,微软指控摩托罗拉违反其向微软提供FRAND条款专利许可的承诺,违反了国际电信联盟和电气和电子工程师协会这两个标准必要专利组织的政策。当微软提出的FRAND许可的谈判破裂后,微软在华盛顿西区美国联邦地方法院对摩托罗拉提起了违反合同的诉讼。6个月后,摩托罗拉在德国起诉微软侵犯专利。德国法院裁定微软侵权,禁止微软在德国销售侵权的Xbox和笔记本电脑产品。作为回应,微软向华盛顿联邦法院申请禁诉令,以阻止摩托罗拉执行德国的禁诉令。

在上诉到美国第九巡回法院以后,摩托罗拉认为,美国诉讼的解决方案不会影响德国的诉讼,也不会引发无理取闹的诉讼和偏见。[2] 然而,美国第九巡回法院并未认可摩托罗拉的观点,而是确认了华盛顿地区法院发布的禁诉令。美国第九巡回法院援引摩托罗拉对国际电信联盟的承诺条款,指出"合同清楚地表明,它不仅包括美国专利,还包括摩托罗拉在全球范围内的所有标准必要专利"。因此,不管FRAND特许权使用费最终是如何计算的,摩托罗拉的合同承诺与寻求禁止微软在德国销售的禁令是不相容的。[3] 因此,美国法院认为,应当批准微软申请的禁诉令。

在华为诉三星案、TCL诉爱立信案中,联邦地方法院经审查后均颁发了禁诉令;而在Optis诉华为案、苹果诉高通案、Vringo诉中兴公司等案件中,联邦法院拒绝了当事人提出的发布禁诉令的动议,认为相关专利诉讼属于独立的司法案件,颁发禁诉令会影响他国的司法管辖权。

3.美国法院禁诉令适用的条件和程序

禁诉令是由法官在审理案件过程中发挥其自由裁量权签发的禁令,并无明确的立法依据。因此,禁诉令签发的条件和程序主要遵循判例法的规范,而非成文法的规定。长期以来,美国各法院在签发禁诉令的条件和程序上并无统一的标准,大致可以分为自由主义模式、保守主义模式和折中主义模式三种。这三种模式虽然判断标准各有不同,但是都要遵从两个基本标准:"(1)当事人是否相同;(2)美国诉讼的判决是否决定外国诉讼。"[4]该基本标准得到了广泛的解释,成为美国法院采用三种模式分析是否签发禁诉令

---

① See Microsoft Corp. v. Motorola, Inc. (Microsoft Ⅰ), 871 F. Supp. 2d 1093 – 1096 (W. D. Wash. 2012).

② See Microsoft Corp. v. Motorola, Inc. (Microsoft Ⅱ), 696 F. 3d 872, 885 – 886 (9th Cir. 2012).

③ See Microsoft Corp. v. Motorola, Inc. (Microsoft Ⅱ), 696 F. 3d 872, 884 – 885 (9th Cir. 2012).

④ Ali, Arif, Katherine Nesbitt & Jane Wessel, *Anti-suit Injunctions in Support of International Arbitration in the United States and the United Kingdom*, International Arbitration Law Review, p. 15 (2008).

的基础。

(1)自由主义模式

一旦达到上述基本条件,三种不同模式的适用就会出现分歧。美国第五巡回法院、第七巡回法院和第九巡回法院采用自由主义模式。采取自由主义做法的法院往往采用宽泛而灵活的标准,认为下列任何一个因素得到充分满足即可签发禁诉令:“(1)外国诉讼是否违反了美国的政策;(2)外国诉讼是否‘无理取闹’;(3)外国诉讼是否威胁到美国法院的对物或准对物管辖权;(4)另一法院的诉讼是否损害了其他公平;(5)在不同的诉讼中对同一问题的裁决是否会导致延误、不便、损失、不一致或争相判决。”①自由主义模式对禁诉令签发的标准把握较为灵活,这一点从微软Ⅱ案中可以看出。

在微软Ⅱ案中,美国第九巡回法院使用三方测试来评估是否应当发布禁诉令:第一,法院必须裁定其对当事人是否有管辖权,以及在美国和外国的案件中当事人和争议的问题是否相同;第二,一旦美国法院决定其对案件有管辖权,法院必须确定其是否有权力命令当事人;第三,法院必须决定是否应当禁止当事人。② 考虑到禁诉令的发布会产生很大的国际影响力,美国第九巡回法院还考虑了以下三个因素:(1)是否在本国和外国诉讼中当事人和争议的问题都相同,以及第一个诉讼的解决是否决定了其他诉讼也被解决;③(2)Unterweser 案④中的四因素;(3)“禁诉令对礼让的影响是否可以容忍”。⑤ 值得注意的是,虽然三因素分析框架仅对美国第九巡回法院具有约束力,但其他法院可能会认为该决定具有说服力。⑥ 因此,三要素分析框架对于美国联邦法院衡量是否发布禁诉令有着重要的参考价值。需要指出的是,自由主义模式对国际礼让等国际法原则并不十分重视,更多的是对本国利益的保障和内国法院的管辖权实现。有学者指出,

---

① Ved P. Nanda, David K. Pansius, Litigation of International Disputes in U. S. Courts. Thomson Reuters, 2017, § 16:15.

② See Tyler J. Dutton, *Jurisdictional Battles in Both European Union Cross-border Injunctions and United States Anti-suit Injunctions*, Emory International Law Review, Vol. 27, p. 1186(2013).

③ See Microsoft Corp. v. Motorola, Inc. (Microsoft Ⅱ), 696 F. 3d 872, 882 – 883(9th Cir. 2012).

④ Unterweser 案的因素是:“外国诉讼是否……将(1)阻碍发布禁令的法院的政策;(2)无理取闹或压迫;(3)威胁发布禁诉令的法院的对物或准对物管辖权;(4)存在程序损害其他衡平法的考量因素。”See Microsoft Corp. v. Motorola, Inc. (Microsoft Ⅱ), 696 F. 3d 872, 882(9th Cir. 2012).

⑤ Microsoft Corp. v. Motorola, Inc. (Microsoft Ⅱ), 696 F. 3d 872, 881 – 882(9th Cir. 2012).

⑥ See Tyler J. Dutton, *Jurisdictional Battles in Both European Union Cross-border Injunctions and United States Anti-suit Injunctions*, Emory International Law Review, Vol. 27, p. 1186(2013).

“自由主义法院关心的焦点问题是本国的法律政策能否顺利实现,对外国主权的尊重则比较冷漠,它毫不介意干预外国法院决定本国管辖权的权利。自由主义模式似乎更加倾向于对其审理的大多数跨国平行诉讼签发禁诉令”①。

(2)保守主义模式

与自由主义派法院的方法相反,保守主义派法院强调,“遵循礼让规定,应谨慎发布外国禁诉令,且仅在极少数情况下发布”②。因此,采取保守主义模式的法院在决定是否签发禁诉令时通常完全依赖于“外国行动是否挫败美国的政策”和“外国行动是否是对美国法院对物管辖权或准对物管辖权的威胁”这两个因素,因为这些因素足够关键,足以证明对根深蒂固的国际礼让原则的妥协是合理的。③ 目前,美国哥伦比亚特区巡回上诉法院、美国第二巡回法院、第三巡回法院、第六巡回法院采用了保守主义模式。④ 此外,美国第八巡回法院在 Goss Int'l Corp. 案中也采用了保守主义模式。采取保守主义模式的法院对禁诉令的签发较为谨慎,严格限制禁诉令的适用。这些法院通常比较遵守国际礼让原则,认为一国法院应当尊重他国的司法主权,不应当干预他国正在进行的平行诉讼,只在极少数例外情况下才颁发禁诉令。与自由主义派法院相比,保守主义派法院对国际礼让原则更为尊重,一般不愿意轻易干涉他国的平行诉讼,极少对他国的司法主权造成冲击。

(3)折中主义模式

采取折中主义模式的法院主要是美国第一巡回法院。该法院在 Quaak v. Klynveld Peat Marwick Goerdeler Bedrijfsrevisoren 案⑤中,比较分析了自由主义模式和保守主义模式的优劣,并借鉴两种模式的长处,达到平衡国际礼让原则和公平原则的目的。出于国际礼让问题的考量,折中主义模式遵从保守主义立场承认了“反对发布禁诉令的可反驳推定”,但是,又通过分析自由主义模式阐述的五个判定因素,并将它们与相互竞争中的礼让问题进行权衡,以便克服这一推定的僵化之处。

---

① 张利民:《国际民诉中禁诉令的运用及我国禁诉令制度的构建》,载《法学》2007 年第 3 期,第 125 页。

② Goss Int'l Corp. v. Man Roland Druckmaschinen Aktiengesellschaft 359(8th Cir. 2007).

③ Ved P. Nanda, David K. Pansius, Litigation of International Disputes in U. S. Courts. Thomson Reuters, 2017, § 16:15.

④ See Tan, Daniel S., *Anti-suit Injunctions and the Vexing Problem of Comity*, Virginia Journal of International Law, Vol. 45, p. 289(2005).

⑤ See Quaak v. Klynveld Peat Marwick Goerdeler Bedrijfsrevisoren, 361 F. 3d 17(1st Cir. 2004).

值得注意的是，以上三种模式是美国联邦法院在跨国民事诉讼实践中用来决定是否发布禁诉令的常用标准。无论哪种模式，只要满足了“当事人相同”和“对外国诉讼有影响”两个基本条件，并且相关因素也有利于发布禁诉令时，法院通常会认为发布禁诉令对国际礼让原则的影响“是可以容忍的”。

4. 禁诉令的法律保障措施

禁诉令是由法院签发的禁令，违反禁诉令可能会被罚款，还有可能构成藐视法庭罪，承担对申请人的赔偿责任，申请人可以向法院申请冻结或强制执行被申请人在禁诉令签发国境内的财产。① 对于美国法院对当事人的违反禁诉令行为所能采取的处罚措施，《美国联邦民事诉讼规则》第37条②作出了明确规定。此外，“还可能将损害赔偿金作为禁诉令的替代性补救。法院判决支持原告足额的损害赔偿金，使被申请人在国外的判决或仲裁裁决在事实上失去效力”③。

英美法系国家基于藐视法庭的责任，对违反禁诉令的后果作出了详细规定，既有财产上的处罚，又有刑事责任。相对而言，我国法院在康文森案和小米诉IDCC案中仅适用了罚金作为违反裁定的法律保障措施，在这方面还有进一步探索的空间。

二、英国专利法域外适用中的挑选法院与司法微调机制

近年来，英国法院审理的无线星球诉华为专利纠纷案、康文森诉华为和中兴案、IPCom诉联想案等均体现了标准必要专利持有人在全球范围内挑选法院的强烈意愿和实践。在无线星球公司诉华为公司专利纠纷案中，无线星球公司不仅在英国法院起诉，还在德国法院提起了国际平行诉讼。在康文森诉华为和中兴案中，康文森公司不仅在英国法院起诉，也同样在德国法院提起国际平行诉讼。在IPCom诉联想案中，当联想公司在美国法院要求颁发禁诉令时，IPCom立刻在英国、法国和德国提起诉讼，请求颁发反禁诉令，并获得法院的支持。标准必要专利持有人在全球范围内提起专利诉讼并寻求禁诉令或反禁诉令救济，既反映了其挑选

---

① 参见祝建军：《我国应建立处理标准必要专利争议的禁诉令制度》，载《知识产权》2020年第6期，第29页。

② 参见《美国联邦民事诉讼规则》第37条规定，美国法院可以对不服从禁诉令的当事人认定为藐视法庭，并据此处以罚金等处罚。

③ 宾岳成：《禁诉令性质的行为保全裁定之考量因素及保障措施——我国知识产权诉讼首例禁诉令裁定解读》，载《法律适用》2021年第4期，第99页。

法院的动机和愿望,也表明各国法院对标准必要全球专利包许可费裁判的司法管辖权之争日趋激烈。

值得注意的是,英国法院在康文森诉华为和中兴案中对华为公司和中兴公司提出的不方便法院原则进行了考量,在上述三个案件中对禁诉令的影响因素予以考量。当然,作为不方便法院原则和禁诉令制度发源地的英国,已经忽视了这两个制度作为司法微调手段的本源,最终将司法的天平偏向了标准必要专利持有人,并将其作为竞逐标准必要专利纠纷全球司法管辖权的有力武器。

在国际平行诉讼中各国法院司法管辖权竞合时,一方当事人会以不方便法院原则为由请求法院驳回诉讼。在英格兰及威尔士高等法院及英格兰及威尔士上诉法院审理的康文森诉华为和中兴案中,华为公司和中兴公司都对英国法院对外国专利有效性的管辖权表示质疑,并以不方便法院为由,对英国法院对康文森的主张作出裁决的适当性表示质疑。但是,上诉被驳回了。英格兰及威尔士上诉法院认为,对双方报价是否符合 FRAND 原则的评估本质上包含在标准必要专利持有人是否有权根据其英国专利获得侵权救济的决定中。① 此外,上诉法院还拒绝在中国法院对中国专利侵权问题作出判决之前中止审理,认为中国法院的侵权诉讼不会对英国法院的专利侵权程序产生影响。

康文森诉华为和中兴案上诉到英国最高法院后,该院从两个方面审理了不方便法院问题。首先是确定一个可供替代的法院,即提供另一个对专利许可纠纷具有管辖权的替代法院。华为公司和中兴公司再次提出应当中止英国的案件审理,因为中国法院才是审理本案的最恰当法院。英国最高法院则认为,中国法院是上诉人提出的替代法院的唯一候选国,但是,根据专家证据,中国法院不能成为适当的替代法院,因为中国法院尚未发现其有权在未经双方同意的情况下裁决全球 FRAND 许可的条款。② 其次,华为公司和中兴公司还要求暂停禁令救济,以便相关问题能够在中国法院得到裁决。英国最高法院同样驳回了这一请求,并且还对全球 FRAND 许可的条款是否可以由中国法院在任何情况下裁决表示怀疑,认为这"只不

---

① See Unwired Planet International Ltd. and another (Respondents) v. Huawei Technologies (UK) Co. Ltd. and another (Appellants), [2020] UKSC 37, The Supreme Court (Aug. 26, 2023), https://www.supremecourt.uk/cases/uksc-2018-0214.html.

② See Pat Treacy, Francion Brooks, *Global FRAND Licensing: The UK Supreme Court Judgment in Unwired Planet v. Huawei and Conversant v. Huawei and ZTE*, Journal of Intellectual Property Law & Practice, Vol. 16:9, p. 996 (2021).

过是推测性的"。①

在此情况下,英国最高法院并未继续考虑上诉人提出的其他问题,如奥乌苏原则(Owusu principle)和《布鲁塞尔条例Ⅰ》第24条的适用问题。鉴于标准必要专利全球平行诉讼的多发,这些问题将来在英国法院很有可能再次成为审理的焦点问题。

三、德国专利法域外适用中的挑选法院与司法微调机制

德国法院在处理涉及标准必要专利国际平行诉讼时,同样会遇到管辖权竞合与挑选法院的问题,其法律制度中也存在相应的司法微调机制。在德国,其司法微调机制主要体现在反禁诉令的适用上。英美法系国家的法院拥有衡平法上的权力,可以发布禁诉令禁止当事人在外国法院起诉。相比之下,德国法院没有衡平法权力,即使司法需要,也没有任何权力来创制新的救济途径。② 德国法院的司法管辖权是强制性的,其颁发禁诉令的权力来源于实体法的规定。一直以来德国法院并无太多意愿签发可能干预他国诉讼的禁诉令,但随着标准必要专利诉讼在全球的兴起,为了调和专利地域性与标准必要专利许可全球化之间的冲突,德国法院转而积极介入,通过颁发反禁诉令维护本国法院的司法管辖权。

(一)规范基础:临时禁令请求权成立的依据

根据《德国民事诉讼法》的规定,临时禁令③申请人必须证实在相关标准必要专利诉讼案件中存在临时禁令请求权。同时,对于《德国民法典》第823条第1款规定的损害行为④,可以通过申请临时禁令的方式予以救济。据此,申请人只需证明在标准必要专利许可费纠纷诉讼中申请临时禁令存在合法性和正当性,申请临时禁令的请求就有可能获得法院的准许。德国法院通过临时禁令中的反禁诉令给予专利权人应有的救济,有充分的

① See Andrew Moir, David Webb, *Unwired Planet: The UK's Approach to FRAND*, Journal of Intellectual Property Law & Practice, Vol. 16:9, p. 992(2021).

② See Roman Herzog, 2 KOMMENTAR ZUM GRUNDGESETZ, Art. 20, Ch. Ⅵ, 32, 36(18th ed. 1980). Markus Lenenbach, *Antitrust Injunctions in England, Germany and the United States: Their Treatment under European Civil Procedure and the Hague Convention*, Loyola of Los Angeles International and Comparative Law Journal, Vol. 20, p. 272(1998).

③ 德国法中的临时禁令即假处分制度。《德国民事诉讼法》第940条规定:"因避免重大损害或防止急迫的强暴行为,或因其他理由,对于有争执的法律关系,特别是继续性的法律关系,有必要规定其暂时状态时,可以实施假处分。"参见《德意志联邦共和国民事诉讼法》,谢怀栻译,中国法制出版社2001年版,第259页。

④ 参见《德国民法典》第823条第1款规定,"因故意或过失,不法侵害他人之生命、身体、健康、自由、所有权或其他权利者,对于该他人,负赔偿因此所生损害之义务"。

立法依据，既有宪法上保护权利人平等参与诉讼的权利，也有民法和专利法中的具体规范基础。

1. 宪法上保护权利人可以提起诉讼的基本权利

通过诉讼维护本人的财产权是德国宪法保护的公民的基本权利，而禁诉令的适用则排除了专利权人寻求法律救济的权利。在 IDCC 诉小米案中，慕尼黑第一地区法院的判决指出，禁诉令还直接且立即地排除了诉诸法院的权利（诉权），而此项权利不仅为《欧盟基本权利宪章》第 47 条第 1 款所保障，还可从《德国基本法》第 2 条第 1 款、第 101 条第 1 款第 2 项、第 103 条第 1 款以及《人权公约》第 6 条结合《德国基本法》第 20 条第 3 款下的法制一般原则推导而来。① 因此，德国宪法虽然并未明文规定公民的诉讼权利，但是包含了保障公民参与诉讼的基本权利的意思。

2. 民法上的正当防卫权

反禁诉令作为一种临时性反制措施，其正当性符合《德国民法典》规定的正当防卫以及当事人保护财产权的需要。《德国民法典》第 227 条规定：（1）正当防卫的行为不违法。（2）正当防卫是指为避免自己或者他人遭受现实的不法侵害时进行的必要防卫。要构成该条第 2 款所指的必要防卫，必须满足两个要件：（1）存在不法侵害。其中，应受保护之对象为所有法益，如身体、生命、健康、所有权、占有、自由等，亦包括人格权与肖像权。另外，侵害行为须仍在继续状态。（2）必要之防卫。首先，防卫者须有防卫之意思，而非基于其他意图，始足当之。其次，依据客观情势判断，所采取之防卫措施须具有必要性，而非取决于防卫者之主观认知。② 这一规定为标准必要专利诉讼中提出临时禁令请求权提供了民法上的合法依据。根据该条第 1 款的规定，标准必要专利权利人申请临时禁令具有正当性。

在 IDCC 诉小米案中，慕尼黑第一地区法院认为 IDCC 对该案中存在临时禁令请求权的书证能够成立，其理由如下：

> （1）向美国法院申请禁诉令以阻止权利人在德国基于专利侵权主张停止侵害请求权的行为，构成侵害《德国民法典》第 823 条第 1 款和第 1004 条第 1 款第 1 句中的类财产权（OLG Munich

---

① See InterDigital v. Xiaomi, District Court (Landgericht) Munich Ⅰ, judgment dated 25 February 2021, Case-No. 7 O 14276/20.

② 参见台湾大学法律学院、台大法学基金会编译：《德国民法典》，北京大学出版社 2017 年版，第 196 页。

GRUR 2020,379；LG Munich Ⅰ BeckRS 2019,25536 marginal no. 52；*Werner* in：Busse/Keukenschrijver,PatG,9th edition 2020,Vor § 139 margin nos. 4,85)。同理,在中国法院申请、持有以及执行禁诉令(ASI)或反禁诉令(AASI)也构成对类财产权的侵害。在此情况下,权利人根据《德国民法典》第227条第1款享有正当防卫权(OLG München GRUR 2020,379 marginal no. 75；*Werner* in：Busse/Keukenschrijver,PatG,9th edition 2020,Vor § 139 margin nos. 4,85)。

(2)中国禁诉令的效力及于德国的3G和4G标准必要专利,也涵盖IDCC的子公司。本案中部分临时禁令申请人系IDCC的子公司,其应当享有正当防卫权。①

基于以上理由,法院认为,IDCC申请临时禁令(反禁诉令)的请求权可以成立。

3. 专利法之停止侵害请求权

《德国专利法》第139条②采"停止侵害当然论",认为有侵权行为发生,就应给予权利人禁令救济。③ 从法解释学上看,当某人实施一项专利侵权行为时,即产生不作为请求权以及停止侵害请求权。值得注意的是,本条的内容并不要求侵权行为已经发生才能产生不作为请求权。相反,它的产生取决于是否有足够的可能性面临侵权行为的威胁。④ 因此,当专利权人证明存在"首次侵权风险"或有产生"首次侵权风险"的可能性时,即可依据《德国专利法》第139条请求给予禁令救济。禁令救济是专利权人实现停止侵害请求权的重要手段。一直以来,德国法院坚持停止侵害当然论,赢得专利权人的青睐。反禁诉令作为救济措施的一种,成为专利权人制止侵权行为的常用手段。

(二)德国反禁诉令的成立要件

德国法院拥有签发禁诉令的广泛的国际管辖权,但不愿签发可能干预

---

① InterDigital v. Xiaomi,District Court(Landgericht) Munich Ⅰ,judgment dated 25 February 2021,Case-No. 7 O 14276/20.

② 参见《德国专利法》第139条第1款规定,对任何违反第9条至第13条规定实施专利的人,被侵权人可以请求制止其连续性侵权行为,也可请求制止其首次侵权行为。

③ 参见魏立舟:《标准必要专利情形下禁令救济的反垄断法规制——从"橘皮书标准"到"华为诉中兴"》,载《环球法律评论》2015年第6期,第87页。

④ 参见[德]鲁道夫·克拉瑟:《专利法:德国专利和实用新型法、欧洲和国际专利法》,单晓光、张韬略等译,知识产权出版社2016年版,第1034页。

外国诉讼的禁诉令。① 尽管近年来德国法院适用禁诉令的次数有所增多,但其适用的规范基础均来源于实体法的规定。实践中,德国诉讼法首先审查的是专利权人申请反禁诉令是否存在法律保护的必要性以及在外国法院有无相关未决诉讼。除此之外,禁诉令的申请还需存在时间上的紧迫性,并符合"善意的潜在被许可人"等要件。

1. 先决条件:首次侵权风险

只有当专利权人能够证明存在首次侵权风险或有产生首次侵权风险的可能性时,才可依据《德国专利法》第139条请求给予禁令救济。德国法院颁发反禁诉令的司法实践业已印证了这一法解释学的精神。德国法院认为,授予旨在保护财产权的(临时)措施的先决条件是存在首次侵权风险。② 至于何谓"首次侵权风险",德国法院至今尚没有形成统一的司法裁量标准。慕尼黑第一地区法院认为,如果发生以下情况之一,其通常会假设存在可能导致反禁诉令的"首次侵权风险":(1)实施者威胁要请求颁发禁诉令;(2)实施者已请求颁发禁诉令;(3)实施者已就授予许可或在一个管辖范围内确定合理的全球许可费率(原则上可以授予禁诉令)提起(常规)诉讼;(4)实施者已经威胁过要请求颁发禁诉令或针对其他专利权人提出了相应的请求,并且在德国提交反禁诉令的一方没有迹象表明实施者将来不会对它采取此类行动;(5)实施者未能在专利权人设定的较短期限内(如在第一次侵权通知中)以文本形式声明其不会提出颁发禁诉令的请求。③ 显而易见,慕尼黑第一地区法院的首次侵权风险标准涉及的范围较为广泛,给标准必要专利诉讼中潜在的被许可人设置了一系列限制性条件,让其处于非常不利的地位。

杜塞尔多夫高等地区法院对待首次侵权风险标准有自己的不同看法,认为慕尼黑第一地区法院的判例法明显过于宽泛,应当采取更为严格的标准。在HEVC诉小米案中,杜塞尔多夫高等地区法院提出在以下三种情况下有必要颁发反禁诉令:(1)专利实施者威胁要在通常提供禁诉令的司法管辖区就许可或确定该许可的合理全球专利使用费提起诉讼;(2)专利实施者未在专利权人设定的短期内以文本形式声明其不会提出颁发禁诉令的请求;(3)专利实施者威胁要向其他专利权人申请禁诉令,或者已经申

---

① 参见欧福永:《国际民事诉讼中的禁诉令》,北京大学出版社2007年版,第163页。

② See IP Bridge v. Huawei, District Court of Munich Ⅰ, judgment dated 24 June 2021, Case-No. 7 O 36/21.

③ See InterDigital v. Xiaomi, District Court (Landgericht) Munich Ⅰ, judgment dated 25 February 2021, Case-No. 7 O 14276/20, para. 142.

请了这样的禁诉令,因为专利权人可以识别的迹象没有表明专利实施者将来不会对它采取此类行动。① 与慕尼黑第一地区法院提出的5种情况相比,杜塞尔多夫高等地区法院的判断标准要严格得多,认为只有在实施者威胁要申请或已经申请颁发禁诉令的情况下才有必要发布反禁诉令。

总而言之,两地法院对于"首次侵权风险"作为发布反禁诉令的先决条件这一原则并不存在分歧,而在判断达到首次侵权风险的具体标准方面是存在一定差异的,这有待于以后的判例法作出厘清。

2. 程序要件:单方初步禁令程序

初步禁令的颁发程序有单方、双方之分。通常初步禁令的颁发程序需要双方当事人的参与。德国联邦宪法法院的裁决表明,如果初步禁令在未经听证或事先通知被告的情况下被授予,将会因违反宪法规定的被告发表意见和程序平等的权利被宣布违宪。② 此类判决对专利权人申请初步禁令程序产生了很大的影响,但是法律也并未完全禁止法院适用单方初步禁令程序。德国法院仍然有权在极端紧急的情况下不进行口头听证和听取被告意见。比如,在IDCC诉小米案中,慕尼黑第一地区法院在没有听证也没有听取小米公司的意见的情况下,根据IDCC的单方意见就决定颁发反禁诉令。

值得注意的是,尽管德国法院有权在紧急的情况下便宜行事,但无权将被告排除在诉讼之外,否则难免侵犯被告发表意见和平等参与诉讼的宪法权利。作为替代方案,可以考虑由申请人向被告发送警告信或者类似程序进行沟通,并给予被告合理的回应时间。

3. 辅助条件:自愿被许可人

对于颁发反禁诉令,实施者获得许可的意愿通常也会成为重要的考量因素。实施者如果具有强烈的获得许可的意愿,属于自愿被许可人,对于阻止专利权人获得反禁诉令也是非常有利的因素。自愿被许可人必须是愿意接受FRAND许可的一方,而该FRAND许可中的任何条款实际上都是公平、合理、无歧视的。③ 慕尼黑地区法院认为,威胁要提出禁诉令动议或提出此类动议的实施者,通常不能被视为华为诉中兴案中的"自愿被许

---

① See HEVC v. Xiaomi, Regional Court of Düsseldorf, judgment dated 7 February 2022, Case No. 1－2 U 27/21.

② See German Federal Constitutional Court, judgment dated 30 September 2018, Case No. 1 BvR 1783/17, 1 BvR 2421/17. See Henrik Holzapfel, *Ex Parte Proceedings without Defendant Involvement Violate German Constitutional Law*, (January 10, 2019), https://www.jdsupra.com/legalnews/ex-parte-proceedings-without-defendant－64718/.

③ See Unwired Planet v. Huawei, EWHC, judgment dated 5 April 2017, [2017] EWHC 711 (pat) para. 708.

可人”。① 非自愿被许可人很可能会构成“首次侵权风险”的几种情况之一,因而法院会更倾向于接受专利权人的动议并发布反禁诉令。

（三）德国专利诉讼中的禁诉令救济与比例原则的适用

在德国法院颁发反禁诉令的早期历史上,往往只要满足临时措施申请的上述条件即可发布反禁诉令,而不会过多考虑被申请人的利益。德国早期的反禁诉令主要是为了维护专利权人的诉讼权以及防止他国禁诉令对本国司法权的干预,因此只是一味僵硬地适用“自动停止侵权”,允许颁发反禁诉令。自《德国专利法》第 139 条引入比例原则以来,反禁诉令在适用中弹性更大,会注意到标准必要权利人和实施人的利益平衡。在特殊情况下法院会考虑专利实施人的利益或公共利益,适时拒绝颁发反禁诉令的请求。

1. 比例原则的起源与扩展适用

发端于德国警察法的比例原则早已成为宪法和行政法领域的基本原则,并享有公法上的“皇冠原则”之美誉。有学者指出,比例原则正在经历某种“突破性进程”,不仅突破大陆法系和普通法系这一传统的法系界别,成为英国、澳大利亚、新西兰甚至是美国等普通法系国家引鉴和热议的对象,而且开始摆脱公法之樊篱,影响民商法、刑法和诉讼法等其他部门法,具有发展成为整个法律帝国之基本原则的趋势。② 简言之,比例原则已经跨越部门法的界限,成为民商法、知识产权法中的重要原则。在知识产权领域,比例原则日渐成为知识产权法的一般原则,从最初仅适用于救济措施发展到专利、商标损害赔偿和惩罚性赔偿等诸多领域。在《知识产权正当性解释》中,罗伯特 · P. 莫杰思教授(Robert P. Merges)将比例原则视为知识产权法的基本概念之一,与效率、公共领域和尊严并列。③ 具体到专利法领域而言,比例原则在专利审查④、损害赔偿⑤和惩罚性赔偿⑥等不同领域得到广泛

---

① See Huawei v. ZTE, Court of Justice of the EU, judgment dated 16 July 2015, Case No. C－170/13; Sisvel v. Haier Ⅰ, Bundesgerichtshof, judgment dated 5 May 2020, Case No. KZR 36/17 and Sisvel v. Haier Ⅱ, Bundesgerichtshof, judgment dated 24 November 2020, Case No. KZR 35/17.

② 参见蒋红珍:《比例原则适用的范式转型》,载《中国社会科学》2021 年第 4 期,第 106～107 页。

③ See Robert P. Merges, *Justifying Intellectual Property*, Harvard University Press, 2011, p. 159.

④ 欧洲专利局上诉委员会案例中曾适用比例原则。See the Boards of Appeal of European Patent Office, Principle of proportionality, European Patent Office (Sep. 26, 2023), https://www.epo.org/law-practice/legal-texts/html/caselaw/2019/e/clr_iii_e_8.htm.

⑤ 参见张广良:《知识产权损害赔偿惩罚体系的构建》,载《法学》2020 年第 5 期,第 119～132 页。

⑥ 倪朱亮:《比例原则在知识产权惩罚性赔偿金量定中的运用》,载《知识产权》2021 年第 7 期,第 24～38 页。

适用。

2. 德国专利法中比例原则的引入与禁诉令救济

2021 年 8 月 17 日，德国公布的《第二部简化和现代化专利法》①引入了比例原则，试图在判例法的基础上澄清有关停止侵权请求权的限制适用问题。《德国专利法》第 139 条第 1 款增加了比例原则的规定："如果在个别案件的特殊情况中，要求停止侵权请求权将给侵权人或者第三人造成不成比例的、独占权不支持的困难，那么就应该排除该请求权。在这种情况下，被侵权人可以要求合适的金钱补偿(使用费)。第 2 款规定的损害赔偿请求权仍然不受此影响。"②实际上，比例原则已成为德国宪法的一项基本原则，在民法中有所体现，在专利法中也并非新创。尽管立法者一再强调，本条的修改旨在澄清对停止侵权请求权已有的限制，而非创设新的限制，但是，这一限制停止侵权请求权的修改仍然成了《第二部简化和现代化专利法》立法过程中引发的最大争议。③

《德国专利法》第 139 条规定的停止侵权请求权，可以按照现行法律进行比例性审查，这一理念已被德国学术界和实务界普遍认可。比如，2016 年德国联邦最高法院在热交换器案中裁定：在某些特殊情形中，如果立即遵守停止侵权的规定，其经济后果将严重超出被侵权人陈述的相关损害，并使侵权人处于不利的地位，那么，根据《德国民法典》第 242 条规定的诚实信用原则，可以赋予侵权人一定的使用期限以限制专利权的效力，这是合理的。④ 纵观德国专利诉讼的历史，德国专利诉讼制度最具吸引力的特色就在于其"停止侵害当然论"，专利权人借此可以轻易获得禁令救济，也包括禁诉令救济。德国法院所作的诺基亚诉大陆公司案、IDCC 诉小米案和 IP Bridge 诉华为案等判决均是典型案例。

占据优势地位的汽车和电信等产业界巨头们都在抱怨比例性审查原则的适用效果不佳，对他们造成诸多不利影响。毕竟，"如果法院在某些个别案件中适用现行的法律，就可能导致法院的停止侵权判决超出充分威慑

① 德国《第二部简化和现代化专利法》包含了对《德国专利法》最新修改，已于 2021 年 8 月 10 日由德国总统签署，其主体部分于同日生效，部分内容在 2022 年 5 月 1 日生效。该法实际上是对包括《德国专利法》在内的 10 部德国工业产权法律进行了不同程度的修改。

② Gesetzentwurf der Bundesregierung, Entwurf eines Zweiten Gesetzes zur Vereinfachung und Modernisierung des Patentrechts, S. 12. 13 January 2021, https://dip21.bundestag.de/dip21/btd/19/258/1925821.pdf.

③ 参见刘昶：《工业 4.0 时代的第一次工业产权法大修——〈德国专利法律之二次简化和现代化法〉评述》，载《电子知识产权》2021 年第 10 期，第 40 页。

④ Vgl. BGH, Urteil vom 10.05.2016, Az. X ZR 114/13, GRUR 2016, 1031, 1035.

作用所需的程度,从而产生经济上的负面作用。这样就会在某些个别情况下,造成发明价值与停止侵权对侵权制造商的损害不成比例,比如,停止单一零件专利的侵权可能造成网络停止运营或禁止销售复杂产品的情况,产生严重的损害后果"①。简言之,部分产业对专利法上比例原则适用效果的不满和修改立法的需求成为 2021 年《德国专利法》第 139 条修改的重要原因。

比例原则的引入在德国法学界和实务界引发了激烈的讨论。支持的一方认为,"对不拥有或不想自己具备生产能力的专利收购者和标准必要专利权人来说,在实践中也可能出现停止侵权请求权不成比例的情况"②。"大多数引起比例问题的纠纷发生在信息通信技术、消费电子、互联网和计算机相关市场。"③在此情形下,如果法院一味判处停止侵权救济或颁发反禁诉令,阻止专利实施人在外国正在进行的平行诉讼,显然有失公允,不适合数字化背景下复杂产品的生产销售和相关产业的发展。还有学者指出,"从比例原则的角度来看,专利法对禁令救济权利要求的限制符合国际法和欧盟法的规定。此外,《知识产权执法指令》④也规定对此应禁止过量使用"⑤。当然,也有不少学者对比例原则的引入表示担忧,认为禁令救济中适用比例性审查会削弱德国专利制度的吸引力,"第一个以不成比例为由拒绝禁令的德国法院将吓跑所有原告"⑥。此外,一些高度依赖专利制度的产业(如医药、电信行业)也担心比例原则的适用会损害到其产业利益和发展。

不管如何,德国立法机关在综合考量了产业界、学术界和政界的意见之后,最终明确了引入比例原则。短期来看,这一规定对德国的禁令救济

---

① 单晓光、李文红:《数字时代德国专利法的修订新动态述评》,载《知识产权》2021 年第 6 期,第 86 页。

② Meldungen aus der Forschung, Max-Planck-Institut für Innovation und Wettbewerb (May 23, 2023), https://www.ip.mpg.de/de/nc/forschung/meldungen-aus-der-forschung.html.

③ Rafał Sikorski, *Towards a More Orderly Application of Proportionality to Patent Injunctions in the European Union*, The International Review of Intellectual Property and Competition Law, Vol. 53, p. 51 (2022).

④ See Directive 2004/48/EC of the European Parliament and of the Council of 29 April 2004 on the enforcement of intellectual property rights (Apr. 30, 2004), http://eur-lex.europa.eu/legal-content/EN/TXT/PDF/? uri = CELEX:32004L0048&qid = 1451199464432&from = EN.

⑤ Ansgar Ohly, *Acht Thesen zur Verhältnismäßigkeit im Patentrecht*, GRUR, p. 304 (2021).

⑥ Florian Mueller, *Patent Holders don't Have to Be Afraid of Proportionality Defense to Injunctive Relief in Dusseldorf, Much Less in SEP Cases: Judges Outline Their Thinking*, FOSS PATENTS (Jan. 26, 2022), http://www.fosspatents.com/2022/01/patent-holders-dont-have-to-be-afraid.html.

制度并不会产生太大影响。限制禁令救济仅适用于极罕见的例外情形,侵权人依据比例性审查来轻易对抗专利权人反禁诉令动议的想法通常难以实现。长期来看,德国的专利法改革毕竟为侵权人在标准必要专利诉讼中反制权利人滥用禁令救济打开了一扇大门,将法律的天平稍稍偏向了侵权人一方。

3. 禁诉令救济中比例原则适用因素的考量

尽管德国专利法明确引入了比例性审查原则,但法官在适用比例原则时如何确定关键认定因素,确保其更具可预测性、确定性和合法性,是实践中无法回避的核心问题。比例原则背后的基本思想是,权力(或权利)的行使应受到一些内部限制,防止掌握权力(利)的一方(权利人)过度行使权力(利)。① 因此,确保权利不超过权利人实际应得的限度是专利法中比例原则适用的基本理念。具体到标准必要专利诉讼中禁诉令适用的对抗程序,法院应如何平衡专利权人与专利实施人的利益,防止专利权人的过度行使权利,成为适用比例原则的重要指导原则。

在立法起草过程中,《司法部讨论草案》和《联邦政府法律草案》曾经列举了以下在个案评估中应予以考虑的因素:(1)被侵权人对于停止侵权处分的利益;(2)经济的影响;(3)复杂产品因素;(4)主观性因素;(5)第三方的利益;(6)法律后果。② 这些因素对法院的个案处理有一定的参考作用,也成为学术界和实务界人士关注和讨论的重要问题。

学者们纷纷提出禁令救济适用比例原则时应当考虑的各种因素。安斯加尔·奥利(Ansgar Ohly)教授提出,在适用禁令救济的比例性原则时,法院应考虑:(1)侵权人因立即终止使用专利发明而遭受的损失是否会严重超过专利权人从禁令中获得的利益;(2)专利权人是否实施其发明,是否从事研发活动,或者其商业模式是否只专注于收取特许权使用费;(3)被诉侵权技术是自主开发还是抄袭;(4)被侵权专利的强弱;(5)过错的程度。③ 西布拉斯(N. Siebrasse)教授等人认为,如果禁令的负面影响与侵权的性质以及如果不授予禁令救济则专利权人将遭受的不可补偿的损害不相称,则建议不应授予禁令。为此,他们建议考虑以下因素:(1)侵

---

① See Gino Scaccia, *Proportionality and the Balancing of Rights in the Case-law of European Courts*, federalismi. it (Sep. 27, 2023), https://sipotra. it/wp-content/uploads/2019/03/Proportionality-and-the-Balancing-of-Rights-in-the-Case-law-of-European-Courts. pdf.

② 参见单晓光、李文红:《数字时代德国专利法的修订新动态述评》,载《知识产权》2021 年第 6 期,第 87 ~ 90 页。

③ Vgl. Ansgar Ohly, *Acht Thesen zur Verhältnismäßigkeit im Patentrecht*, GRUR, p. 307 - 309 (2021).

权规模与整个产品的比例;(2)侵权人和专利权人行为的相对应责性;(3)当事人的相关行为;(4)禁令对复杂产品制造商的潜在重大影响;(5)对公共利益的损害。① 拉法尔·西科尔斯基(Rafał Sikorski)教授则在综合考量各种因素的基础上提出了自己的评估因素:(1)授予或拒绝救济可能对侵权人和专利权人产生的影响;(2)当事人的合法利益;(3)当事人的行为;(4)第三方的合法利益;(5)公共利益;(6)需要平衡各种相互竞争的基本权利和自由。② 尽管学者提出了评价比例性审查的各种因素,但其最终效果如何还有赖于结合个案具体判断。

值得注意的是,禁诉令是临时禁令的一种,比例原则的引入及其考量因素不仅适用于一般的禁令救济,同样适用于标准必要专利诉讼中的反禁诉令救济。因此,上述考量因素对法院在标准必要专利诉讼中审查反禁诉令的动议也很有参考价值。

我国专利法和民事诉讼法与德国法具有深厚的渊源,在禁诉令制度的适用上也有不少共通之处。从性质上看,我国和德国都将禁诉令(反禁诉令)视为专利诉讼中的行为保全措施。从法理依据上看,中德两国法院均没有英美法系的衡平法权力,因而禁诉令的适用需要从民事实体法或民事诉讼法中寻找规范基础。从理念上看,中德两国的禁诉令制度与英美法系的禁诉令适用目的有很大的区别,均是出于对他国禁诉令和法律域外适用进行反制的内在需求。尽管中德两国的禁诉令制度有诸多共同点,但是由于我国禁诉令制度的探索刚刚起步,还没有形成完善的适用规则,因此,在具体制度设计和安排上可以参考德国反禁诉令制度设计。

---

① See NV. Siebrasse et al. ,*Injunctive Relief*, in Biddle CB & Contreras JL et al. eds, Patent remedies for complex products. Cambridge University Press, 2019, p. 145 - 150.

② See Rafał Sikorski, *Towards a More Orderly Application of Proportionality to Patent Injunctions in the European Union*, The International Review of Intellectual Property and Competition Law, Vol. 53, p. 55 (2022).

第五章　国际法框架下我国知识产权法域外适用的制度设计

我国知识产权法域外适用的体系构建，必须遵循国际法的基本原则。国际私法中的属地原则、国际礼让原则和最密切联系原则是知识产权法域外适用中的重要指导原则，一直指引着各国知识产权保护的理论与实践发展。传统的严格地域性管辖原则会导致我国法院对被告为外国主体或侵权行为发生在国外的案件缺乏管辖权，存在种种弊端。为了因应英、美、德、法等国知识产权法域外管辖权扩张的现实，满足我国企业海外利益和产业利益保护的客观需求，适度扩张知识产权法域外适用中司法管辖权已经成为我国司法实践中迫切需要解决的问题。

对于知识产权法域外适用中的司法管辖权扩张问题虽然仍存在一定的争议，但我国法院已经通过适当联系原则、更便利法院原则创设了新型管辖连结点，探索司法管辖权的适当扩张规则，初步确立知识产权法域外适用的基本规则。但缺乏严谨和谦抑的域外适用管辖权规则，可能会引发域外当事人对我国管辖权扩张的担忧。准确把握司法管辖权适度扩张与过度扩张之间的界限极为重要。笔者认为，对于源于英美法系的不方便法院原则、禁诉令机制等制度必须结合我国法律传统予以改造，确立适宜我国实际情况的知识产权法域外适用机制。与英美法系的知识产权法域外适用机制不同，德国专利法的域外效力规定方式和立场、德国禁诉令的适用范围及其立场等均有很大的限制，一般持谨慎适用的立场，对于我国知识产权法域外适用机制的构建具有参考价值。

第一节　国际法上知识产权法域外适用应遵守的原则与界限

一、属地原则

属地原则无论在国际私法还是知识产权法领域都是极为重要的原则。从最早的知识产权国际保护条约《巴黎公约》开始，就规定了知识产权的独立性原则，即同一专利或者商标在不同国家中的权利取得和保护均具有相互独立性。① 换言之,知识产权的权属获得和保护在不同国家是相互独立的,受到严格的地域性限制。这一原则为《伯尔尼公约》、TRIPs等知识产权国际协定沿用至今,已经成为国际知识产权法中的基本原则之一。

属地原则与知识产权的地域性是否为同一概念?学术界对此存在一定的争议。有学者认为,知识产权的属地性和地域性是一回事,即知识产权地域性是指“如果知识产权权利人打算在一国境内对其拥有的知识产权进行保护,就必须按照该国法律申请权利。这就是知识产权的‘属地性’或‘地域性’”②。也有学者认为,“从国际私法的角度看,‘地域性’并不是一个好的表达,或许用‘属地性’更为恰当。其实,近代意义的知识产权制度起源于英国,英语是用‘territorial nature’来概括‘只能依一定国家的法律产生,又只能在其依法产生的地域内有效’这一特点的,而‘territorial’一词强调的正是‘领土’、‘本土’和‘属地’的含义”③。由此可见,属地原则更多的是一个国际法的术语,而“地域性”一词则广泛应用于知识产权法学界。

二、国际礼让原则

礼让原则发端于罗马法。一般认为,“礼让”一词的词根是拉丁语“comitas”。《民法大全》曾规定,“自由人不受任何其他人的权力限制,或者,同样,联合起来要么通过平等协议而加入联合,要么受自愿维护其他人的主权的协议约束”④。可以看出,礼让源于最基本的人性——自由人之间权利的相互克制。自17世纪以来,随着主权概念的兴起,荷兰国际法学者对一国法律域外适用于另一个主权者领土内感兴趣,并逐渐对主权国家之间的礼让展开研究。近代以来,在国际礼让原则的形成与嬗变过程中,荷兰法学家乌尔里希·胡伯(Ulrich Huber)、英国法学家、王座法院首席法官曼斯菲尔德勋爵(Lord Mansfield)以及美国法学家、最高法院首席大法官约瑟夫·斯托里(Joseph Story)发挥了重要的作用。⑤ 乌尔里希·胡伯在其专著《冲突法》中提出了协调绝对领土主权原则与国际贸易发展管辖

---

① 参见《巴黎公约》第4条之二、第6条。

② 杜涛主编:《国际私法原理》(第2版),复旦大学出版社2018年版,第311页。

③ 钟丽:《国际知识产权争议解决机制研究》,中国政法大学出版社2011年版,第31页。

④ 转引自[美]帕德罗·J.马丁内兹-弗拉加:《国际私法程序中礼让的新作用》,李庆明译,中国社会科学出版社2011年版,第5页。

⑤ See Joel R. Paul, *Comity in International Law*, Harvard International Law Journal, Vol. 32:1, p. 12 (1991).

的三原则，即“第一，一国的法律在其领土的界限内有效，并拘束全体居民，但在此界限外无效；第二，一国领土界限内的所有人，不论是定居还是暂时居住，都应视为受其法律约束；第三，每个国家在其领土内行使的权力，在不损害另一国家及其公民的权利或法律的情况下，根据礼让承认其在任何地方都具有效力”①。这三个原则说明了外国法律在另一个国家适用的方式和原则，其中第三个原则通常被认为是国际礼让原则的肇始。乌尔里希·胡伯提出的国际礼让原则顺应了当时资产阶级国家急于突破绝对主权理论限制，扩张法律域外适用范围的同时又协调了国家主权关系的需要。因此，虽然乌尔里希·胡伯的理论在欧洲大陆声名不显，但经过曼斯菲尔德勋爵和约瑟夫·斯托里大法官的引介，其对英、美等国的礼让原则发展也产生了很大的影响。②

从19世纪末开始，礼让原则在美国开始被重视，并迅速发展。礼让原则首次出现是在美国最高法院裁判的Hilton v. Guyot案中。在该案中，美国最高法院对“礼让”作出经典的界定，其认为：“‘礼让’，在法律意义上说，一方面，既不是绝对的义务问题；另一方面，也不是单纯的礼遇和好意。但是，它承认一国在其领土内允许另一国的立法、行政或司法行为，既适当考虑到国际义务和便利，也考虑到本国法律所保护的本国公民或其他人的权利。”③在1923年的Russian Socialist Federated Soviet Republic v. Cibrario案中，纽约州上诉法院也对“礼让”进行了界定：“礼让可以定义为国际大家庭中的一个成员对其他成员的相互礼貌。它以友谊为前提，假定公平和正义普遍存在。经验表明，承认其他权力的立法、行政和司法行为是权宜之计。我们伸张正义，以求正义得到回报。”④在1972年的Somportex Ltd. v. Philadelphia Chewing Gum Corp案中，美国最高法院判决：“礼让原则是一个主权国家在其领土范围内对另一国立法、司法或行政行为的承认。它不是一种法治，而是一种实践、便利和权宜之计。不仅仅是礼貌和迁就，因为礼遇并不能达到命令或义务的效力。相反，它是一个国家对国际义务和便利以及受本国法律保护的人的权利的理解表达。只有当礼让的接受会违反或损害国家利益时，才应拒绝礼让。”⑤美国著名法

① Hessel E. Yntema, *The Historic Bases of Private International Law*, American Journal of Comparative Law, Vol. 2:3, p. 306(1953).

② See Joel R. Paul, *Comity in International Law*, Harvard International Law Journal, Vol. 32:1, p. 18(1991).

③ Hilton v. Guyot, 159 U.S. 163-164(1895).

④ Russian Socialist Federated Soviet Republic v. Cibrario, 139 N.E. 259, 260(N.Y. 1923).

⑤ 453 F.2d 435(3d Cir. 1971), cert. denied, 405 U.S. 1017(1972).

学家约瑟夫·斯托里也提出,“根据国际礼让原则,一国法院可在不危及本国主权和利益的前提下适用外国法”①。

礼让原则内涵具有的不确定性为其广泛适用带来便利,也引起了学术界和法院对该原则适用标准不明确的争议。美国哥伦比亚特区巡回上诉法院是第一个考虑为国际礼让问题提供明确标准的法院,其认为,礼让原则内含允许竞争性诉讼得以继续的要求。在审理案件过程中,美国哥伦比亚特区巡回上诉法院根据礼让原则提出了严格标准,认为禁诉令仅仅在极其有限的情况下才可以签发。② 美国法的域外适用是美国法院援用礼让原则的四大场景之一。③ 同美国专利法、版权法中的反域外效力推定原则一样,礼让原则也是美国法院用以解释国会立法,协调国际平行诉讼中内国司法管辖权与他国司法管辖权冲突的重要工具。两者之间具有密不可分的关系。实际上,美国法院分析域外效力推定不成立的五个因素之一就是国际礼让原则。④ 因此,国际礼让原则在美国知识产权法域外的适用极为普遍且占据了重要的位置。

礼让原则常常被美国联邦法院适用于克制知识产权法域外适用的案件中。在美国第九巡回法院审理的 Subafilms 案中,该法院表示“担心美国版权法适用于外国行为的国内授权可能会引起不和谐的情况,并干扰政府部门努力获得多边知识产权的保护,特别是因为美国已经是两个要求承认版权法属地性规则的国际条约——《伯尔尼公约》和《世界版权公约》的成员国的情况下”⑤。同样,在商标法领域的里程碑式案件 Steele 案中,美国最高法院确立的判定商标法域外适用的三原则之一就是避免美国商标法与外国商标法冲突。

显而易见,国际礼让原则在美国法院克制知识产权法域外适用的实践中有其不足之处。一方面,各法院对礼让原则的考量因素采用的判定标准不统一,可能会相互冲突,造成礼让原则适用的不确定性和不可预测性。另一方面,法院对本国利益和国际利益的考量和认知程度不一致,对内国利益和他国利益的平衡尺度很难把握。礼让原则的弹性判断尺度带来的

---

① Joseph Story, *Commentaries on the Conflict of Laws*, Hilliard, Gray, and Company, 1834, p. 19.

② See Laker Airways Ltd. v. Sabena, Belgian World Airlines, 731 F. 2d 926 – 934 (D. C. Cir. 1984).

③ See Michael D. Ramsey, *Escaping "International Comity"*, Iowa Law Review, Vol. 83:5, p. 892 – 852 (1998).

④ See Curtis A. Bradley, *Territorial Intellectual Property Rights in an Age of Globalism*, Virginia Journal of International Law, Vol. 37, p. 513 – 518 (1997).

⑤ Subafilms, Ltd. v. MGM-Pathe Communications Co., 24 F. 3d 1088, 1097 (9th Cir. 1994).

问题将始终是各国司法实践中所要面对的中心问题。

我国法院在审理国际知识产权诉讼中也已经注意到国际礼让原则的适用问题。在最高人民法院审理的首例禁诉令案件——康文森案中，最高人民法院认为，对于是否准许当事人申请执行域外法院判决及禁止其在域外寻求司法救济的行为保全时，应当考虑国际礼让因素。在康文森案中，我国法院充分考虑了国际礼让原则，并提出了适用国际礼让原则的三个要素：案件受理时间先后、案件管辖适当与否、对域外法院和裁判的影响是否适度。[①] 最高人民法院对国际礼让原则的考量既符合国际惯例，又体现了我国司法的谦抑与谨慎态度。有学者认为，康文森案是我国法院在知识产权法域外适用中适用国际礼让原则的里程碑，可以被我国其他法院借鉴。当然，"对域外法院和裁判的影响是否适度"这一要素同样具有弹性，今后我国法院在适用国际礼让原则的过程中还可以继续细化并统一标准，形成更科学、严谨的规则。

三、最密切联系原则

最密切联系原则发端于合同法领域，在 20 世纪 50 年代美国法院的司法实践中首先得到运用，后来扩展到一般侵权法等诸多领域，并为许多国家的立法所认可。最密切联系原则是指，"合同法律关系中，当双方当事人均未选择法律或选择无效的情形下，由审理本案的法院依据该原则在与该合同法律关系均有联系的所有国家中，选择一个与该法律关系本质上有联系且利害关系最密切的国家的法律予以适用"[②]。最密切联系原则在适用中要求法院根据案件具体情况并依据立法的规定或者发挥自由裁量权方可实现。因此，在最密切联系原则的司法适用中，对相关因素的灵活分析和判断成为法官在个案裁判中需要注意的重要问题。

最密切联系原则产生并广泛应用于合同法领域，并很快扩展到侵权法和其他领域。最密切联系原则在跨国知识产权合同纠纷领域适用已经得到我国学者的认可。有学者认为，"涉外知识产权转让合同具有一定的特殊性，在确定涉外知识产权转让合同适用的法律时，应当首先适用当事人意思自治原则……在当事人未明确选择所适用法律时，一般依据最密切联

① 参见宾岳成：《禁诉令性质的行为保全裁定之考量因素及保障措施——我国知识产权诉讼首例禁诉令裁定解读》，载《法律适用》2021 年第 4 期，第 98 页。

② 丁伟主编：《国际私法学》，上海人民出版社 2004 年版，第 294 页。

系原则加以确定,特征履行说是适用较为规范的规则”①。

我国学者对于最密切联系原则在国际知识产权合同纠纷中的应用已经达成了一定的共识,但对于在知识产权侵权诉讼中是否可以适用该原则尚存在一定的分歧。有学者对欧盟知识产权冲突法规则展开研究,指出,“罗马Ⅱ条例第8条第3款的规定完全符合第14条第2、3款的精神,知识产权侵权之债的法律适用更应尊重保护国的立法管辖权,否则判决将难以得到执行。同理,作为非合同之债一般冲突法规则的最密切联系原则也不适用于知识产权侵权之债”②。对于网络环境下的知识产权纠纷中的法律适用,有学者提出可以适用最密切联系原则,即“我国要立足于现行《民事诉讼法》确定的管辖原则,同时借鉴国际私法诉讼中的最密切联系原则、协议管辖原则,灵活、高效地处理网络知识产权侵权纠纷的涉外管辖问题”③。随着标准必要专利跨国诉讼引发平行诉讼,有学者认为,应当适用最密切联系原则确定管辖权。仲春认为,“倘若基于效率的考量进行标准必要专利全球许可费率裁决,为避免管辖和全球定价争议,应在尊重当事人意思自治的基础上,兼以‘最密切联系原则’来确定适合管辖的地区和法院”④。

总体而言,我国学者虽然认为对网络环境下的跨国知识产权侵权纠纷、标准必要专利跨国诉讼案件等应当适用最密切联系原则,但对于是否应当将该原则扩展到所有跨国知识产权案件中适用仍未达成共识,有待于展开进一步研究。

第二节　明确知识产权法的域外效力条款

知识产权法域外效力规则的缺失,是中国知识产权法域外适用的重要瓶颈。因此,中国知识产权法域外适用体系需要在重点领域明确域外管辖权规则,以便执法机关能够有效进行监管、司法机关能够有效适用法律,保护中国公民、企业利益和国家利益。当前,我国知识产权法律体系主要包括《专利法》《商标法》《著作权法》《反不正当竞争法》等法律,以及《刑法》中有关知识产权犯罪的规定。我们可以借鉴美、德等国的立法经验,在上

① 徐红菊、徐畔璠:《论涉外知识产权转让合同的法律适用》,载《大连海事大学学报(社会科学版)》2015年第2期,第72页。

② 冯术杰:《欧盟知识产权冲突法规则及其启示》,载《知识产权》2014年第3期,第95页。

③ 张竞丹:《网络知识产权案件的管辖权规则完善》,载《中州学刊》2017年第12期,第67页。

④ 仲春:《标准必要专利全球费率裁判思辨》,载《知识产权》2020年第10期,第17页。

述法律中明确规定知识产权法的域外效力条款。

一、专利法的域外效力

（一）专利法域外效力的明确方式

专利法的域外效力应当采取何种方式予以明确？世界上主要有两种明确专利法域外效力的模式：一是美国模式，美国通过修改《美国专利法》第 271 条直接明确规定境外组装等特定情况下的专利法域外效力；二是德国模式，德国并未在专利法中整体明确规定专利法的域外效力，而是通过德国法院灵活适用《德国专利法》第 10 条的间接专利侵权制度来扩张专利法的域外效力。美、德两国的专利法域外效力规定方式和立场有着根本性的区别。“不同于《美国专利法》第 271 条（f）款扩张专利权以影响美国专利权人在海外市场的利益，德国等欧盟国家在跨境间接侵权问题上，依然比较谨慎地将立足点放在自己境内的市场上。”①不仅如此，美国对其专利法的域外效力的适用沿袭其一贯的“长臂管辖”作风，将专利法适用于境外组装、境外制造、网络空间以及标准必要专利许可等不同场景中，极大拓展了国内法的域外效力；而德国对其专利法的域外效力的适用则持比较谨慎的立场，其通过双重国内关联原则将域外效力限定于保护本国市场这一目标上。从知识产权政治学的视角考量，我们不应盲目扩张专利法的域外效力，因此，无须从整体上明确《专利法》是否具有域外效力，而是“应当允许《专利法》在例外情况下适用于某些特殊的境外行为”②。

（二）专利法域外效力的重点领域

综观美国和德国专利法域外效力的适用范围，可以着重从以下几方面来明确专利法的域外效力。

1. 域外专利直接侵权

我国《专利法》第 11 条③明确规定了直接专利侵权制度。但是，该条并未明确是否适用于域外专利侵权行为，为专利执法和司法留下了较大的自由发挥空间。实践中，我们可以扩展适用该规定，对域外销售行为、许诺

---

① 张韬略：《跨境实施专利的侵权认定：以德国法为视角》，载《知识产权》2020 年第 12 期，第 89 页。

② 韩书立：《我国专利法的域外适用问题研究》，载《法学评论》2021 年第 4 期，第 158 页。

③ 我国《专利法》第 11 条规定：“发明和实用新型专利权被授予后，除本法另有规定的以外，任何单位或者个人未经专利权人许可，都不得实施其专利，即不得为生产经营目的的制造、使用、许诺销售、销售、进口其专利产品，或者使用其专利方法以及使用、许诺销售、销售、进口依照该专利方法直接获得的产品。外观设计专利权被授予后，任何单位或者个人未经专利权人许可，都不得实施其专利，即不得为生产经营目的的制造、许诺销售、销售、进口其外观设计专利产品。”

销售行为、方法专利和软件专利侵权行为等不同场景下的直接侵权行为予以规制。

2. 域外专利间接侵权

我国《专利法》并没有借鉴德国经验明确规定间接专利侵权制度。但是,2020 年修正的最高人民法院《关于审理侵犯专利权纠纷案件应用法律若干问题的解释(二)》第 21 条①规定正式引入了专利间接侵权制度。全球化形势下,我国应当对境外组装、方法专利等引发的域外专利间接侵权持更为开放的态度。但是,仍然需要追问的是上述司法解释第 21 条第 1 款能否包含出口专利发明的专用部件到境外组装的跨国间接侵权行为,考虑组装的成品最后是否投放到国内市场;在通信和互联网环境中,我国司法机关在适用法律时,是否可以通过法律解释对"专门用于实施专利的材料、设备、零部件、中间物等"做"去物理化"的处理,涵盖诸如软件甚至数据客体②。对此,我国应在今后的专利法修订中予以明确。

当然,我国专利法域外适用不宜过度扩张,应当持谨慎的态度。据此,我国可以借鉴德国专利法中的双重国内关联原则,仅针对影响国内市场的域外间接专利侵权行为采取执法和司法措施。

3. 停止域外侵权行为的禁令救济

对停止域外侵权行为的救济措施,美国、德国均从禁令救济的角度进行了规定。我国《专利法》第 72 条③亦借鉴禁令制度规定了诉前行为保全措施,也被称为我国专利法上的诉前禁令救济制度。美国、德国均以国际送达等方式通过颁发禁令、禁诉令等禁止域外发生的专利侵权行为,值得我国专利法予以借鉴。

---

① 最高人民法院《关于审理侵犯专利权纠纷案件应用法律若干问题的解释(二)》(2020 年修正)第 21 条规定:"明知有关产品系专门用于实施专利的材料、设备、零部件、中间物等,未经专利权人许可,为生产经营目的将该产品提供给他人实施了侵犯专利权的行为,权利人主张该提供者的行为属于民法典第一千一百六十九条规定的帮助他人实施侵权行为的,人民法院应予支持。明知有关产品、方法被授予专利权,未经专利权人许可,为生产经营目的积极诱导他人实施了侵犯专利权的行为,权利人主张该诱导者的行为属于民法典第一千一百六十九条规定的教唆他人实施侵权行为的,人民法院应予支持。"

② 张韬略:《跨境实施专利的侵权认定:以德国法为视角》,载《知识产权》2020 年第 12 期,第 90 页。

③ 《专利法》第 72 条规定:"专利权人或者利害关系人有证据证明他人正在实施或者即将实施侵犯专利权、妨碍其实现权利的行为,如不及时制止将会使其合法权益受到难以弥补的损害的,可以在起诉前依法向人民法院申请采取财产保全、责令作出一定行为或者禁止作出一定行为的措施。"

4. 域外利润损失赔偿的范围和计算方式

专利诉讼的目的不仅在于停止专利侵权，有时也是为了获得一定的损害赔偿。对于域外专利侵权行为造成的专利权人的利润损失是否应当予以计算并救济，我国《专利法》并未作出明确的规定。

5. 域外标准必要专利许可费诉讼

标准必要全球专利包许可费纠纷的管辖权已经引起各国法院的普遍关注，成为当前引发国际民事诉讼法律冲突的重要原因之一。我国立法对于标准必要全球专利包许可费纠纷的管辖权没有作出明确的规定。但实践中，我国法院已经通过颁发禁诉令明确了我国对标准必要全球专利包许可费纠纷的管辖权。然而，缺乏明确的立法管辖权规定可能引发他国对我国法院管辖权的否定。比如，在英国最高法院审理的康文森诉华为和中兴案中，对于华为公司和中兴公司提出的不方便法院原则，英国上诉法院和最高法院均认为，中国法院不能成为适当的替代法院，因为尚未发现中国法院有权在未经双方同意的情况下裁决全球 FRAND 许可的条款。① 因此，明确规定我国对标准必要全球专利包许可费纠纷的管辖权，对于法院审理案件、给予我国企业海外专利侵权救济均有重要的实际意义。

二、著作权法的域外效力

一般而言，我国《著作权法》第 2 条第 1 款隐含了属人主义的保护，即我国公民、法人或者非法人组织的作品无论在哪个国家发表，无论是否发表，均可以受到《著作权法》的保护。由此推定，我国《著作权法》可以适用于发生在域外对我国公民、法人或非法人组织造成的侵权行为，具有一定的域外效力。但是，该条并未明确规定我国《著作权法》的域外效力。为了有效执法和司法，我国可以增加对《著作权法》域外效力的明确规定。

三、商标法的域外效力

我国学术界和实务界对商标法地域性与跨境电商全球化司法、域外驰名商标使用的效力、涉外定牌加工商品商标的域外使用效力等问题一直存在较大的争议。比如，对于贴牌加工引发的地域性冲突，有学者认为，“虽然涉案的商标在进口国往往是由国外的委托商享有商标权的，但由于涉嫌侵权的行为，无论是受托加工侵权产品的行为，还是出口该侵权产品的行

① See Pat Treacy & Francion Brooks, *Global FRAND Licensing: The UK Supreme Court Judgment in Unwired Planet v. Huawei and Conversant v. Huawei and ZTE*, Journal of Intellectual Property Law & Practice, Vol. 16:9, p. 996(2021).

为，都是发生在中国境内，对于这样的商标侵权纠纷，当然应该直接适用中国《商标法》来判定这些行为是否构成侵权，而不存在将中国《商标法》延伸到域外适用的问题”①。也有学者认为，“我国商标法也应坚持地域性为原则，域外原则为例外的一般准则。我国商标法应通常不干涉国外的商标侵权行为，但对于涉外定牌加工问题，如果定牌加工的商品在国外也仍然是侵犯原告商标权的行为，那么我国商标法完全有理由将该侵权行为扼杀于摇篮之中”②。

商标法域外效力问题已经成为很多国家关注的共同问题。我国对商标法域外效力规定的缺失会制约我们对域外商标侵权行为的有效监管。我国《商标法》在修改时应当针对特定情况明确商标法的域外效力。

四、反不正当竞争法的域外效力

在我国知识产权法域外适用体系建设中，除《专利法》《著作权法》《商标法》应当采取不同方式明确知识产权法的域外效力外，还应包括明确《反不正当竞争法》的域外效力问题。

我国《反不正当竞争法》第 2 条③并未明确将经营者限定为中国的自然人、法人和非法人组织。实践中，上海市市场监督管理局机场分局曾在缤客公司案④中对《反不正当竞争法》第 2 条作了灵活运用，将其适用于国外主体缤客公司的虚假宣传行为。然而，为了有效保护企业海外利益，强化对商业秘密、商品装潢、数据等知识产权的保护，我国在《反不正当竞争法》修改中应完善第 2 条，明确规定该条可适用于境外主体。

五、知识产权刑法的域外效力

（一）刑法域外效力的理论争议

我国刑法学界对刑法是否具有域外效力、能否在域外适用仍然存在一定的争议。肯定说主张，内国刑法能够适用于国外发生的行为。有学者认为，“在当今世界，一国刑法不仅能适用于本国领域内的行为，而且在一定

---

① 张伟君、张韬略：《从商标法域外适用和国际礼让看涉外定牌加工中的商标侵权问题》，载《同济大学学报（社会科学版）》2017 年第 3 期，第 110 页。

② 阮开欣：《涉外定牌加工商标侵权问题新探——以商标法域外适用为视角》，载《中华商标》2015 年第 12 期，第 75 页。

③ 参见我国《反不正当竞争法》第 2 条第 3 款规定：“本法所称的经营者，是指从事商品生产、经营或者提供服务（以下所称商品包括服务）的自然人、法人和非法人组织。”

④ 参见上海市工商行政管理局机场分局沪工商机案处字（2018）第 200201810030 号行政处罚决定书。

条件下能适用于本国领域外的行为"①。也有学者指出,"在一定条件下,一国刑法的效力可以及于其领域范围之外,包括他国领域、公海和公共空间,这就是刑法的域外效力"②。具言之,以《刑法》第8条、第9条规定的保护管辖权和普遍管辖权为基础,我国能够对外国人在境外实施的犯罪行为行使管辖权,并且在某些情况下还可以适用于并非针对中国或中国公民的犯罪行为,此即我国刑法的域外适用规则。这一观点得到很多学者的认可,③基本代表了刑法学界的主流观点。当然,也有学者并不赞同刑法具有域外效力的观点。否定说认为,"刑法,至少在现阶段,是没有域外效力的;刑法的空间效力中关于属人原则和保护原则的内容,与其称为'刑法的域外效力',毋宁称为'刑法的涉外效力',因为它们所解决的问题是刑法对涉外刑事案件的适用问题,而不是刑法在本法域外适用的问题"④。

刑法学界对于刑法是否具有域外效力之所以存在两种截然不同的观点,是因为有些学者对法的域外效力内涵的认识出现了偏差。如前所述,一种观点认为,域外效力就是指一国法律在其领土范围之外的效力。⑤而源于国际私法学界的另一种观点则认为,所谓法的域外效力,是指法律可以在其制定者的管辖范围以外被当地司法机关予以适用的状态。⑥换言之,法的域外效力是指内国法律被外国或者境外的机构主动遵守或者在司法或执法中适用。笔者赞同前一种观点。实际上,刑法的域外适用问题很早就已受到国际学术界的关注。在司法实践中,自20世纪80年代以来,尽管理论界对刑法的域外适用存在疑虑和质疑,但是英、美等国的法院就已将其本国法适用到发生在域外并对本国产生危害的跨国犯罪行为上。⑦综观英、美等国的理论和实践,学术界一般遵从前一种观点的立场使用"域外适用"这一术语。

(二)明确知识产权刑法域外效力规则

刑事管辖权是国家主权的彰显,也决定着主权的边界。一个国家要充

---

① 张明楷:《刑法原理(第2版)》,商务印书馆2017年版,第45页。

② 李富友:《刑法效力问题研究》,光明日报出版社2012年版,第196页。

③ 有学者认为:"刑事法律冲突是客观存在的,刑事法律的域外效力也不是虚拟,而是现实的。"参见陈正云:《刑事法律冲突一般理论初探》,载《法制与社会发展》1995年第2期,第53页。

④ 吕岩峰:《刑法的域外效力辨析——来自国际私法学的观照》,载《法制与社会发展》1998年第4期,第51页。

⑤ 参见蒋进:《知识产权法的域外效力辨》,载《求索》2009年第2期,第157页。

⑥ 参见吕岩峰:《刑法的域外效力辨析——来自国际私法学的观照》,载《法制与社会发展》1998年第4期,第49页。

⑦ See M. Sornarajah, *Extraterritorial Criminal Jurisdiction: British, American and Commonwealth Perspectives*, Singapore Journal of International & Comparative Law, Vol. 2:1, p. 8(1998).

分保护其国家和公民的利益,保持对国际事务的适度介入,确保对他国法律干涉的反制能力,就必须在本国刑法体系内构建积极进取型的管辖权体系。从发挥刑法在国际事务中的功能来看,我国应当从管辖权原则和分则具体规定两方面来构建刑法的域外适用体系。

针对知识产权刑法域外效力规则尚不明确的现状,构建知识产权刑法域外适用体系首先应当在刑法中确立域外管辖权规则,以便法院和执法部门获得明确的法律适用依据。"国际法并不禁止一国法律的域外适用,我国应当充分利用保护性管辖原则和普遍管辖原则,尽可能明确规定中国法域外效力。"①此外,"相比基于属人和属地管辖权的域外适用规则,以保护管辖权为基础的域外适用规则,强调域外行为对本国基本利益的损害,是国家实现上述目标的最佳法律工具"②。为了有效打击发生在国外的侵犯我国企业知识产权的犯罪行为,我们可以参考美国经验,通过立法或者司法解释在《刑法》第 8 条创设新的连结点。

《刑法》第 213 条至第 219 条规定了侵犯商标权、著作权和商业秘密等的犯罪行为。在司法和执法实践中,如何适度扩张域外管辖权,将针对知识产权犯罪行为的执法和司法活动适用于域外行为人,以保护我国企业的海外利益,这已成为实务部门面对的重要课题。对于公安行政执法部门而言,在目前尚无明文规定知识产权刑法域外效力的情况下,可以灵活解释《刑法》第 8 条的保护管辖权,适度扩展管辖权,对外国公民或企业在我国域外实施的侵害我国企业知识产权的犯罪行为进行规制。对于法院而言,其也可以通过灵活解释《刑法》第 8 条,并适用最低联系原则适度扩张域外司法管辖权。当然,从长远来看,我国还是应修改《刑法》第 8 条的规定,明确知识产权刑法的域外效力。

第三节 知识产权法域外适用司法管辖权的适度扩张

近年来,网络知识产权诉讼、跨境电子商务知识产权纠纷和标准必要专利跨国案件的数量增多。尽管各国法院需要遵守属地原则、国际礼让原则和最密切联系原则,但是,英、美等国法院不断通过"长臂管辖权"等规则扩张司法管辖权,已经成为国际平行诉讼中的常态。

---

① 肖永平、焦小丁:《从司法视角看中国法域外适用体系的构建》,载《中国应用法学》2020 年第 5 期,第 68 页。

② 廖诗评:《中国法域外适用法律体系:现状、问题与完善》,载《中国法学》2019 年第 6 期,第 34 页。

当前,我国法院在涉外知识产权诉讼中主要采用地域管辖原则。对于网络时代知识产权侵权纠纷、跨境电子商务中的知识产权纠纷、标准必要专利许可费引发的合同和侵权纠纷等案件,传统的严格地域性管辖原则可能会导致我国法院对被告为外国主体或侵权行为发生在国外的案件缺乏管辖权。这既不利于对我国知识产权权利人的保护,也不符合知识产权管辖权发展的国际潮流。这将导致我国知识产权法无法产生域外适用的效果,造成种种弊端。因此,知识产权法域外适用中司法管辖权的适度扩张已经成为实践中迫切需要解决的问题。

一、知识产权法域外适用中司法管辖权扩张的理论争议

我国法院在涉外知识产权诉讼中一贯奉行严格的地域管辖原则,当前,学术界和实务界对于司法管辖权的扩张仍存在一定的争议。

(一)不存在法律冲突说

传统的冲突法观点认为,知识产权具有严格的地域性。各国在政治、经济、科学技术、文化艺术和历史法律传统方面均存在较大的差异。同时,由于专利、商标等知识产权均是由国家授予或者审查公示的,虽然知识产权是私权,但其带有强烈的公法色彩。因此,有学者指出,“作为知识产权产生根据的一国的知识产权法通常只有域内效力,其域外效力难以得到他国的承认……具有强烈公法色彩的一国的知识产权法的域外效力通常不会得到各国的承认”①。在此基础上,该学者进一步指出,“在对待知识产权法的问题上,由于知识产权法及其知识产权的地域性特征,各国通常仅仅认可和保护按照本国法律授予的知识产权,不适用外国知识产权法,不会承认外国法的域外效力,也不认可按照外国法所产生的知识产权”。由此可以推断,持此类观点的学者并不认可知识产权法的域外效力。

(二)肯定司法管辖权适度扩张说

随着网络知识产权纠纷、跨国电子商务诉讼等新类型知识产权案件的数量增加,越来越多的学术界和实务界人士认识到涉外知识产权诉讼中司法管辖权扩张的重要性和迫切需要。有学者认为,为了建设创新型国家,人民法院要适度扩张对国际知识产权纠纷案件的管辖权。② 孔祥俊教授也认为,“要注意发挥案件管辖权法院具有选择性的积极意义,适当引导以

---

① 陈锦川:《涉外知识产权民事法律关系的调整及法律适用——上篇:理论规范篇》,载《电子知识产权》2005 年第 2 期,第 31 页。

② 参见刘义军:《完善我国知识产权侵权诉讼域外管辖权的若干思考》,载《科技与法律》2016 年第 4 期,第 669 ~ 670 页。

管辖法院的选择性进行适度的司法竞争,造就一些审理知识产权案件尤其是涉外国际贸易知识产权纠纷的‘品牌’法院,激励司法质量和效率的提高;对于一些特殊的跨国知识产权纠纷,积极探索行使长臂管辖权”①。

也有学者对美、德、日、韩等国民间行业协会和学术机构制定的知识产权冲突法规范展开研究,指出:“近年来,一些国际权威学术研究机构对知识产权的国际私法规则展开探讨并提出冲突法示范法,在一定程度上对‘侵外’管辖予以认可。德国马普所的《知识产权冲突法原则》第二部分,美国法学会的《知识产权:调整跨国纠纷中管辖权、法律适用和判决的原则》第二部分,韩国与日本国际私法协会提出的《知识产权国际私法原则的共同提案》第二部分和日本学者提出的《关于知识产权的管辖权、法律选择和外国裁判的承认与执行之透明度提案》第二部分均对涉外知识产权诉讼的管辖权予以详细的规定。”②上述民间机构和学术机构的知识产权国际私法规则业已拓展了知识产权法域外适用的管辖权规则,值得我们深入关注和研究。

二、我国知识产权法域外适用中司法管辖权扩张的原则

我国法院在涉外知识产权诉讼中已经通过禁诉令机制的适用等方式,探索司法管辖权扩张的规则,并初步形成了一定的适用原则。

(一)适当联系原则

最高人民法院在“康文森与中兴公司专利许可纠纷管辖权异议上诉案”中确立了审理跨国民事管辖权的“适当联系原则”。在该案中,最高人民法院认为,对于在我国境内没有住所和代表机构的外国被告提起的国际民事纠纷案件,人民法院是否拥有司法管辖权,主要取决于该诉讼是否与我国存在适当联系。判断标准必要专利许可纠纷与中国是否存在适当联系,应当从四个方面予以考量:“(1)标准必要专利许可纠纷的发生原因;(2)标准必要专利许可纠纷的核心;(3)标准必要专利许可纠纷所具有的特殊性;(4)标准必要专利纠纷的国际管辖。”③结合以上四个要素,最高人民法院指出,判断被告在中国没有住所和办事机构的标准必要专利许可纠纷是否与中国存在适当联系,可以考虑许可标的所在地、专利实施地、合同

---

① 孔祥俊:《知识产权保护的新思维:知识产权司法前沿问题》,中国法制出版社 2013 年版,第 292 页。

② 阮开欣:《论侵犯境外知识产权的管辖权》,载《云南师范大学学报(哲学社会科学版)》2020 年第 1 期,第 62 页。

③ 最高人民法院民事裁定书,(2019)最高法知民辖终 157 号。

签订地、合同履行地等是否在中国境内。只要上述地点之一在我国境内，人民法院应当认定该案与我国存在适当联系，我国法院对该案件即拥有管辖权。① 在本案中，因为作为许可标的的标准必要专利是中国专利，作为许可标的的标准必要专利实施地也在中国深圳，因而我国法院对该案享有管辖权。

（二）更便利法院原则

深圳市中级人民法院在OPPO与夏普公司专利纠纷案②中，提出了更便利法院原则。在该案中，按照更便利法院原则，深圳市中级人民法院从本案的可诉性、我国法院是否具有管辖权、深圳市中级人民法院是否拥有司法管辖权三个方面分析深圳市中级人民法院拥有管辖权的法理基础。然而，深圳市中级人民法院并未详细阐明更便利法院原则的内涵、适用条件、判断标准等问题。在中国法院是否具有管辖权这一问题的判定上，深圳市中级人民法院直接采用了最高人民法院在康文森案中的适当联系原则，"关于中国法院对本案是否有管辖权的问题，鉴于标准必要专利许可纠纷既非典型合同纠纷又非典型侵权纠纷这一特性，在确定管辖时也应考虑许可标的所在地、专利实施地、合同签订地、合同履行地等是否在中国境内，即标准必要专利许可纠纷是否与中国存在适当联系。只要前述地点之一在中国境内，则应认为该案件与中国存在适当联系，中国法院即对该案件具有管辖权"③。从而深圳市中级人民法院判定自己对案件拥有管辖权。

从上述两个案例可以看出，我国法院在司法实践中正在逐渐确立适当联系原则，并将该原则作为判定中国法院对涉外知识产权诉讼案件管辖权的原则。适当联系原则是最高人民法院在司法实践中根据涉外标准必要专利纠纷案件的特殊性确立的决定管辖权归属的重要规则。该规则涉及标准必要专利许可纠纷的特殊性问题，因而在今后的适用中还将面临以下几方面的问题：一是适当联系原则是否可以推而广之，应用到所有涉外民事案件的管辖权判断之中？二是适当联系原则同国际上通行的最密切联系原则之间属于何种关系？其法理依据何在？这都是今后司法实践中迫切需要回答的问题。此外，由于我国并非判例法国家，最高人民法院的重要案例虽然具有较高的参考价值，但并不具有法律效力，因此，适当联系原

---

① 《最高人民法院知识产权法庭裁判要旨（2020）摘要》之"43.涉外民事纠纷案件管辖的适当联系原则"，参见《人民法院报》2021年4月26日，第6版。

② 参见OPPO与夏普公司专利纠纷案，广东省深圳市中级人民法院（2020）粤03民初689号之一民事裁定书。

③ 广东省深圳市中级人民法院民事裁定书，（2020）粤03民初689号之一。

则应当如何进一步进入司法解释或民事诉讼法之中，是学术界和实务界应当继续关注和研究的重要议题。

三、通过创设新型管辖连结点实现司法管辖权的适度扩张

在司法实践中，我国除了通过确立适当联系原则，适当扩张法院对涉外知识产权纠纷的司法管辖权外，还可以通过创设新型管辖连结点实现司法管辖权的适度扩张。在“爱立信与TCL公司滥用市场支配地位纠纷管辖权异议上诉案”①中，我国法院依法确定新型连结点，积极实现对案件的管辖权，对于我国产业利益和企业海外利益的保护具有重要意义。

自2011年7月起，爱立信公司同TCL公司开始接触并对涉及3G、4G标准必要专利展开许可谈判。然而，直到本案诉讼开始之前双方还未就专利许可费率达成统一看法。在双方谈判过程中，爱立信公司在美国在内的7个国家的法院提起专利侵权诉讼，其策略就是通过国外的诉讼达到迫使TCL公司接受其高昂的许可费报价的目的，以削弱TCL公司参与国际市场竞争的能力。在该案中，TCL公司主张爱立信公司滥用市场支配地位，构成专利权滥用。爱立信公司则提出管辖权异议，认为专利权人为瑞典公司，原审法院不具有管辖权，即使我国法院拥有管辖权，深圳市中级人民法院也不是适当的审判法院。最高人民法院根据我国《反垄断法》(2007年)第2条、我国《民事诉讼法》(2017年修正)第28条规定和《关于审理因垄断行为引发的民事纠纷案件应用法律若干问题的规定》(已失效)第4条规定，认为，“当事人因境外垄断行为在中国境内受到损失而提起诉讼的，该被诉境外垄断行为对中国境内市场竞争产生排除、限制影响的结果地可以作为案件管辖连结点”②。

随着技术创新不断升级和国际贸易新业态的出现，网络环境下的知识产权纠纷、跨境电子商务中的知识产权纠纷、标准必要专利全球许可费纠纷等问题不断涌现。在此情势下，我国法院应积极面对知识产权诉讼司法管辖权亟须扩张的现实，突破传统上严格的地域管辖权规则的限制。有学者指出，我国法院可以“通过延伸相关‘管辖连结点’概念的范围，适度扩

① 参见最高人民法院民事裁定书，(2019)最高法知民辖终32号。本案虽然并非典型的涉外知识产权诉讼案件，但是属于国际知识产权环境下专利权人滥用知识产权通过诉讼迫使我国企业达成标准必要专利许可费合同的典型情况。我国法院在遵循国际法和国内法基本精神和规定的情形下积极行使管辖权，有利于维护我国司法主权和产业利益。

② 《最高人民法院知识产权法庭裁判要旨(2020)摘要》之“44.涉境外垄断行为的垄断民事纠纷案件管辖”，参见《人民法院报》2021年4月26日，第6版。

张涉外司法管辖权，增强我国司法管辖权的弹性应对能力"①。

第四节　知识产权法域外适用中不方便法院原则的制度设计

不方便法院原则又称非方便法院原则，是处理国际私法上平行诉讼的常用方法，对于协调不同国家之间的司法管辖权、提高司法效率和公正、避免管辖权冲突具有重要的意义。"虽然不方便法院原则主要发展和丰富于普通法系国家，但是包括日本、德国、加拿大魁北克省在内的一些成文法系国家和地区在立法或司法实践中也接受了该原则。"②这一趋势表明，不方便法院原则在协调各国管辖权方面的制度功能已经得到国际社会的认可。我国法院在审理跨国知识产权诉讼案件中，已经开始适用不方便法院原则处理管辖权冲突问题，虽然目前案例还较少，但值得我们分析具体适用中的问题，并提出相应的完善建议。

一、知识产权法域外适用中不方便法院原则适用的法律依据

在我国法律体系中，不方便法院原则并非源于民事诉讼法的规定，而是首先通过法院的司法实践得以检验，并在司法解释中最终确立。实践中，最高人民法院在 1992 年国际油污赔偿基金与三星重工、三星物产船舶污染损害追偿管辖权纠纷一案中首次适用了不方便法院原则。③ 在最高人民法院 2004 年发布的《涉外商事海事审判实务问题解答(一)》④中，不方便法院原则的相关规定首次出现。2005 年发布的《第二次全国涉外商事海事审判工作会议纪要》第 11 条更为详细地指明了不方便法院原则适用的 7 个条件⑤，

---

① 张春波：《罗东川代表建议　制定知识产权诉讼特别审理法》，载最高人民法院知识产权法庭网 2020 年 6 月 18 日，http://ipc. court. gov. cn/zh-cn/news/view - 351. html。

② 黄志慧：《人民法院适用不方便法院原则现状反思——从"六条件说"到"两阶段说"》，载《法商研究》2017 年第 6 期，第 156 页。

③ 参见宋建立：《不便管辖原则在我国法院的适用》，载《人民司法》2012 年第 21 期，第 42 页。

④ 2004 年我国发布的《涉外商事海事审判实务问题解答(一)》第 7 条提出可适用"不方便法院原则"放弃行使司法管辖权。

⑤ 不方便法院原则适用的 7 个条件为："(1)被告提出适用'不方便法院原则'的请求，或者提出管辖异议而受诉法院认为可以考虑适用'不方便法院原则'；(2)受理案件的我国法院对案件享有管辖权；(3)当事人之间不存在选择我国法院管辖的协议；(4)案件不属于我国法院专属管辖；(5)案件不涉及我国公民、法人或者其他组织的利益；(6)案件争议发生的主要事实不在我国境内且不适用我国法律，我国法院若受理案件在认定事实和适用法律方面存在重大困难；(7)外国法院对案件享有管辖权且审理该案件更加方便。"

成为之后10余年间人民法院处理国际民商事案件管辖权冲突的重要指导原则。

2015年,最高人民法院在前述规定基础上进一步细化不方便法院原则适用的具体规则,在《关于适用〈中华人民共和国民事诉讼法〉的解释》(2015年)(已失效)第532条①中规定了适用不方便法院原则需要同时满足的6个条件:“涉外民事案件同时符合下列情形的,人民法院可以裁定驳回原告的起诉,告知其向更方便的外国法院提起诉讼:(一)被告提出案件应由更方便外国法院管辖的请求,或者提出管辖异议;(二)当事人之间不存在选择中华人民共和国法院管辖的协议;(三)案件不属于中华人民共和国法院专属管辖;(四)案件不涉及中华人民共和国国家、公民、法人或者其他组织的利益;(五)案件争议的主要事实不是发生在中华人民共和国境内,且案件不适用中华人民共和国法律,人民法院审理案件在认定事实和适用法律方面存在重大困难;(六)外国法院对案件享有管辖权,且审理该案件更加方便。”

二、知识产权法域外适用中不方便法院原则的适用

目前,我国法院已经广泛将不方便法院原则用于涉外民商事案件管辖权冲突的处理之中,截至2021年6月30日,中国裁判文书网已有199个适用该原则的案例。然而,在涉外知识产权诉讼中,不方便法院原则的适用并不多见,目前只有少数案件适用该原则协调管辖权冲突问题,主要的司法实践如下:

案例一:李某之、班提公司与徐某木、建发公司、CASTELFRERES SAS侵犯商标专用权及不正当竞争纠纷案

在该案中,当事人CASTELFRERES SAS不服温州市中级人民法院的判决,向浙江省高级人民法院提起上诉,认为依据不方便法院原则,建发公司和自己均在上海设有中国代表处,而作为原审原告之一的班提公司也在上海,故而原审法院对本案的审理会有很多不便之处,而且原审原告选择徐某木的所在地温州提起诉讼,属于通过刻意制造管辖连结点,以实现规避管辖目的的行为。浙江省高级人民法院对本案进行审理,最终认为,“依据《最高人民法院关于审理商标民事纠纷案件适用法律若干问题的解释》第七条之规定,对涉及不同侵权行为实施地的多个被告提起的共同诉讼,

① 最高人民法院《关于适用〈中华人民共和国民事诉讼法〉的解释》(2022年修正)已将该条修改为第530条。

原告可以选择其中一个被告的侵权行为实施地人民法院管辖。因徐某木、建发公司、CASTELFRERES SAS 的侵权行为实施地并不相同,李某之、班提公司向徐某木的被控侵权的销售行为实施地中华人民共和国浙江省温州市中级人民法院提起诉讼,并无不当”①。

案例二:爱立信与 TCL 公司滥用市场支配地位纠纷管辖权异议上诉案②

在本案中,上诉人爱立信公司的诉讼请求之一是“由于本案诉争实质为追讨境外诉讼费,应向更方便的外国法院提起诉讼,故应驳回 TCL 方的起诉,告知其向更方便的外国法院提起诉讼”。最高人民法院知识产权法庭经审理认为,不方便法院原则的适用,需要同时满足《关于适用〈中华人民共和国民事诉讼法〉的解释》(2015 年)第 532 条规定的 6 个条件,且主张适用该原则的被告应对此承担证明责任。本案中,TCL 公司及其关联公司的注册地址和主要经营场所均在中国,本案涉及中国法人利益,同时,争议的主要事实之一 TCL 方受到的损害结果地发生在中国境内。而爱立信方在本案中提交的现有证据不能证明中国法院在认定事实和适用法律方面存在重大困难,其现有证据不能证明美国法院等外国法院审理本案更为便利。因此,爱立信方关于本案应当驳回起诉并告知原审原告向更方便的外国法院起诉的主张不能成立,不能得到法院的支持。

案例三:康文森无线许可有限公司(Conversant Wireless Licensing S. àr. l.)与中兴通讯股份有限公司专利合同纠纷上诉案

在本案中,上诉人康文森公司认为,考虑到中兴公司在中国法院的诉讼请求与康文森公司在英国诉讼中的诉讼请求存在重合之处;在先英国诉讼已取得显著进展且双方均为推动诉讼耗费大量成本,因此英国法院是管辖本案更适宜的法院。而被上诉人中兴公司则辩称,本案诉讼请求所涉及的专利全部为中国专利,并不涉及英国专利,中国法院依法对中国专利的实施许可条件拥有管辖权。中兴公司的生产、制造、销售等行为主要发生在中国,中兴公司的行为与中国具有实质联系,而与英国的联系较弱,中国法院更方便就本案行使管辖权。最高人民法院知识产权法庭经审理认为,“根据《民事诉讼法解释》第五百三十二条规定,不方便法院原则的适用,需要同时满足上述六个条件,且主张适用该原则的被告应对此承担证明责

---

① 温州市中级人民法院民事裁定书,(2009)浙温知初字第 277－3 号;浙江省高级人民法院民事裁定书,(2011)浙辖终字第 9 号。

② 参见爱立信与 TCL 公司滥用市场支配地位纠纷管辖权异议上诉案,最高人民法院(2019)最高法知民辖终 32 号民事裁定书。

任。本案涉及中国标准必要专利许可问题,在中兴公司对于许可标的是否为标准必要专利及其效力问题质疑的情况下,英国法院对此问题的审理不比中国法院更为便利。同时,中兴公司的经营收入60%来自中国,来自英国的经营收入占比不足0.1%,中兴公司所可能支付的许可费用必然主要基于其在中国境内实施康文森公司标准必要专利的行为,本案标准必要专利许可纠纷显然与中国具有更密切的联系,中国法院审理更为便利。因此,康文森公司关于英国法院为更方便法院的诉请不予支持"①。

在跨国知识产权纠纷的平行诉讼中,当事人往往根据自身利益选择多个具有管辖权的国家的法院提起诉讼,极易造成管辖权的冲突。我国法院在确定案件的管辖权时应视具体情况而定。

三、知识产权法域外适用中不方便法院原则的问题及完善

不方便法院原则在我国跨国知识产权诉讼和一般民商事案件中都已得到适用。从目前法院对该原则适用的现状来看,不方便法院原则在我国适用时主要存在以下问题:"1. 缺乏对不方便法院原则适用前提的论证;2.《民诉法解释》第532条过于严苛且缺乏合理性;3. '一刀切'驳回起诉过于武断。相对于英美国家法院在不方便法院原则适用中发展出的精细的考量标准和论证规则,以及驳回诉讼的多种方式,我国法院对于该原则的适用规则还有进一步细化和完善的空间。"②

有学者认为,我国《关于适用〈中华人民共和国民事诉讼法〉的解释》"从扩大对外交往、增进司法互信的角度,体现了我国法院在坚持司法主权的前提下,愿意适度国际礼让,并希望能够避免平行诉讼的司法立场"③。然而,我国法院在涉外知识产权诉讼中对不方便法院原则的适用已经反映出该条款偏离了该原则的初衷和要义,亟待加以完善。

跨国知识产权诉讼中适用不方便法院原则既要考虑到我国的司法传统,又要平衡当事人之间的利益因素。同时,该原则还需要我国法院在参考域外成熟经验的基础上结合自身的实际予以完善。有学者认为,"鉴于我国目前涉及不方便法院原则适用的司法实践数量有限,不存在过重司法负担之情形,且司法资源之运用除应考虑司法便利外,更应考虑到运用后

---

① 最高人民法院民事裁定书,(2019)最高法知民终732号、733号、734号之一。

② 陈南睿:《不方便法院原则在中国法院的适用及完善——以125例裁判文书为视角》,载《武大国际法评论》2021年第2期,第121~125页。

③ 沈红雨:《我国法的域外适用法律体系构建与涉外民商事诉讼管辖权制度的改革——兼论不方便法院原则和禁诉令机制的构建》,载《中国应用法学》2020年第5期,第121页。

对当事人权益、司法形象等方面的影响,因此我国关于不方便法院原则的完善路径应重点突出实现个案公平正义,解决管辖权问题,而不是使该原则沦为便利司法之手段”①。

从英、美等国适用不方便法院原则的具体标准以及我国法院的实践传统出发,我们认为,可以从以下几方面予以完善:

首先,明确可替代法院的具体判定规则。在跨国知识产权诉讼的不方便法院原则的适用中,除了确定自身对案件有管辖权外,首要的因素是确定国外是否有可替代的法院存在。在美国法院创制的“平衡公私利益的两步分析法”中,第一步是法院必须确定替代法院的存在,即以至少有两个法院可供诉讼为前提。② 由此可见,可替代法院的确定是适用不方便法院原则的前提条件。如果在国外不存在可替代法院,那就没有适用不方便原则的法理基础。英、美等国法院对于可替代法院的确定已有明确的考量因素和判断标准,因此,我国应当尽快明确《关于适用〈中华人民共和国民事诉讼法〉的解释》第 530 条适用中可替代法院的考量因素和判断标准。

其次,灵活适用不方便法院原则的 6 个要件。我国涉外知识产权诉讼中适用不方便法院原则时,法院均强调,根据最高人民法院《关于适用〈中华人民共和国民事诉讼法〉的解释》第 530 条的规定,“不方便法院原则的适用,需要同时满足上述六个条件”③。这一规定是否会导致不方便法院原则的适用门槛过高,当事人难以得到公正和高效审理案件的机会呢?有学者认为:“《民事诉讼法司法解释》第 530 条采取了适用标准较为严苛的‘六条件说’,其初衷是限制法官在判断是否适用不方便法院原则上的自由裁量权。然而,‘六条件说’的实施反而使法官能够以其中任一条件不符为由拒绝当事人基于不方便法院原则提出的管辖抗辩。”④因此,在不方便法院原则的适用中,一方面应避免法官在具体案件中的自由裁量权过大,另一方面也要细化其适用标准,避免法律依据过于单一僵化且适用门槛较高的情况出现。

最后,采取多样化的驳回诉讼方式。在涉外民商事案件的审理中,适

① 陈南睿:《不方便法院原则在中国法院的适用及完善——以 125 例裁判文书为视角》,载《武大国际法评论》2021 年第 2 期,第 129 页。

② 参见吴一鸣:《两大法系中的不方便法院原则及在中国的合理借鉴》,载《西南政法大学学报》2008 年第 2 期,第 32 页。

③ 爱立信与 TCL 公司滥用市场支配地位纠纷管辖权异议上诉案,最高人民法院(2019)最高法知民辖终 32 号民事裁定书。

④ 黄志慧:《人民法院适用不方便法院原则现状反思——从“六条件说”到“两阶段说”》,载《法商研究》2017 年第 6 期,第 162 页。

用不方便法院原则拒绝行使管辖权的结果通常只有一种，即完全驳回诉讼。各国法院适用不方便法院原则的结果并不一致。大陆法系的日本就规定“完全驳回诉讼，而不能中止诉讼”①。而英美法系国家适用不方便法院原则更为灵活，通常会有中止诉讼、附条件驳回诉讼和不附条件驳回诉讼等多种方式。毫无疑问，多样化的驳回诉讼方式会让法院在跨国民商事诉讼中掌握更多的主动权，在国外平行诉讼拖延或使本国企业的利益严重受损时，法院可以重新启动管辖权。因此，出于维护我国产业利益的考量，我国可以采用多样化的驳回诉讼方式。

第五节　知识产权法域外适用中反禁诉令机制适用的制度设计

我国在禁诉令制度的发展方面起步较晚，司法实践经验相对较少。过去中国法院在应对禁诉令问题上，主要采用不理会或者实质性地否定禁诉令制度效力的措施。但随着经济全球化的发展，最高人民法院知识产权法庭指出，禁诉令已成为当前我国知识产权司法无可回避的问题。有学者指出，“禁诉令制度的国际化趋势深刻反映出大国之间对于国际纠纷管辖权和规则制定主导权的竞争态势。禁诉令是防止和减少滥用平行诉讼，维护国家司法主权的重要工具，缺乏禁诉令制度，中国法院在国际司法竞争中将处于被动地位”②。上述学者的观点代表了当前学术界和实务界的主流态度。毋庸置疑，对于域外国家频频颁发禁诉令、扩张对国际知识产权诉讼案件管辖权的自由主义趋势，我们应当采取有效的应对和反制措施。然而，这并不等同于可以采用禁诉令机制任意扩张司法管辖权。禁诉令机制的根本功能有二：一是为当事人确定合适的管辖法院，提供高效诉讼，节约诉讼资源，并防止当事人滥诉及引起管辖法院之间的“逐底竞争”③；二是确保本国法院对国际平行诉讼的管辖权不受他国影响，应对管辖权竞争。因此，我国禁诉令制度的设计应当植根于反禁诉令根本功能的发挥，深入

---

① James J. Fawcett, *Declining Jurisdiction in Private International Law*, Clarendon Press, 1995, p. 207.

② 《中国知识产权审判发出的首例禁诉令——案件合议庭详解康文森公司与华为公司标准必要专利许可纠纷案》，载最高人民法院知识产权法庭网 2021 年 2 月 26 日，http://enipc.court.gov.cn/zh-cn/news/view-1056.html。

③ 司法管辖区之间的“逐底竞争”是一种有充分证据的现象，即司法管辖区有意调整其规则、程序和实质前景，以吸引诉讼当事人。See Jorge L. Contreras, *It's Anti-suit Injunctions All the Way Down—The Strange New Realities of International Litigation Over Standards-Essential Patents*, IP Litigator, Vol. 26:4, p. 2 (2020).

分析目前中国法院在签发禁诉令时的考量因素、保全程序、处罚制度等具体规则,以便增设单独的反禁诉令制度。这对于我国法院更好地适用反禁诉令制度,不断完善相应的配套措施具有十分重要的意义。

一、反禁诉令的立法定位与价值功能:德国反禁诉令制度的启示

禁诉令制度虽然发源于英国,并在美国得以广泛适用,但目前已经超过了两大法系的界限,在大陆法系的德国和法国也得到认可。值得注意的是,英美法系和大陆法系国家在禁诉令适用的立场上截然不同。英美法系将禁诉令视为扩张司法管辖权之利器,而大陆法系则将禁诉令视为对他国司法权的干涉,司法实践中多以反禁诉令作为应对他国禁诉令的有效措施。

我国法院在标准必要专利诉讼中颁发禁诉令的探索虽有不少可圈可点之处,但个别法院的裁定曾引来国外法院的敌视和反制,被视为对他国诉讼的干预,产生了一定的消极后果。德国和印度法院针对我国法院的禁诉令颁发了针对性的反禁诉令。欧盟、加拿大、美国和日本在世界知识产权组织提起磋商,认为我国的禁诉令限制了专利权人行使权利。① 这使我国刚刚起步的禁诉令制度举步维艰,陷入尴尬的境地。我国应当继续坚持禁诉令制度的适用,还是采用更为温和的反禁诉令制度反制他国法院的管辖权扩张呢? 笔者认为,无论是防御型禁诉令还是攻击型禁诉令的适用都很容易造成对他国法院管辖权的冲击,我国应当持审慎的态度。当前情势下,我国应当积极构建反禁诉令制度,以反制他国法院对我国司法权的干涉。他山之石,可以攻玉。德国反禁诉令的制度经验对于我国有着重要的启示价值。

德国法院舍弃进攻性较强的禁诉令,选择反禁诉令的根本原因在于反禁诉令制度肩负重要的价值功能。在司法实践中,禁诉令和反禁诉令的作用有着极大的差异。无论是在禁诉令的起源地英国,还是将该制度发扬光大的美国,法院颁发禁诉令的目的均在于宣示司法管辖权,禁止当事人就同一案件到国外法院提起平行诉讼或申请禁诉令。因此,禁诉令具有较强的攻击性,往往会造成国际管辖权冲突,冲击他国司法主权。这也是大陆

---

① 2022 年 2 月 18 日,欧盟就中国法院颁发禁诉令等相关问题向世界贸易组织提起磋商请求。欧盟认为中国的"禁诉令"措施对知识产权的保护和实施产生了不利影响,这些限制或试图限制专利所有人行使其专有权,以及通过禁止专利所有人向非中国法院提起诉讼,限制或试图限制专利所有人行使其签订许可合同的权利,违反 TRIPs 第 1.1 条和第 28.1 条。随后,加拿大、美国和日本提出加入磋商。

法系的德国、法国坚决否定禁诉令的根本原因。反观德国法院积极采纳的反禁诉令制度，并不具有攻击性，但却具有反制他国法院的禁诉令攻击，维护本国司法主权和管辖权的功能。

由此观之，我国禁诉令、反禁诉令制度构建的首要问题是厘清应该确立何种价值功能，是整体上移植英美法系的禁诉令、反禁诉令体系，还是构建以反制为目的的反禁诉令制度呢？对这一问题的回答决定了我国禁诉令制度的未来发展方向。根植于当前的司法实践，我国应当以具有反制功能的反禁诉令作为未来构建我国禁诉令制度的选择，原因在于：(1)反禁诉令可以维护我国法院在国际平行诉讼中的管辖权，避免引发与他国法院的冲突和国际社会的疑虑；(2)反禁诉令能够在国际管辖权竞争中形成有效的反制机制，构建我国在国际知识产权争议解决中的主场优势。

二、增设专门的反禁诉令制度

"禁诉令是送达给已经是外国诉讼原告或者威胁要成为外国诉讼原告的当事人，要求其不继续参与或不提起上述诉讼的命令。"①我国目前司法实践中颁发的禁诉令为禁诉令和禁执令，鲜少发布具有反制功能的反禁诉令。《民事诉讼法》尚未规定单独的禁诉令制度，我国法院发布禁诉令的主要法律依据是《民事诉讼法》第 103 条第 1 款。② 该条规定主要适用于民事案件的行为保全，比较原则化，虽然可以为我国法院的禁诉令适用提供法律依据，但是难以提供充分的法理支撑。

有学者提出，"从立法目的、制度功能和适用范围分析，我国现有的行为保全制度基本能涵盖禁执令的内涵。可以将禁执令作为一种行为保全的类型，通过完善行为保全制度构建起我国的禁执令制度"③。然而，禁执令并不等同于禁诉令，将禁执令从禁诉令体系中分离出来作为一种行为保全的类型对待不利于禁诉令机制在我国的发展。同时，禁诉令性质的行为保全与传统意义上的行为保全存在较大不同，最本质的区别在于前者涉及

① Adrian Briggs and Peter Rees, *Civil Jurisdiction and Judgments*, Lloyd's of London Press, 2002, p. 364.

② 我国《民事诉讼法》第 103 条第 1 款规定："人民法院对于可能因当事人一方的行为或者其他原因，使判决难以执行或者造成当事人其他损害的案件，根据对方当事人的申请，可以裁定对其财产进行保全、责令其作出一定行为或者禁止其作出一定行为；当事人没有提出申请的，人民法院在必要时也可以裁定采取保全措施。"

③ 万钧、曹瑞琦：《标准必要专利国际诉讼中我国禁执令制度的构建——以华为诉康文森案为例》，载《华北水利水电大学学报(社会科学版)》2021 年第 3 期，第 101 页。

国际平行诉讼。① 鉴于禁诉令性质的行为保全有其特殊性，我们有必要在民事实体法和诉讼法中对禁诉令适用的法律基础作出具体的规定。因此，出于反制他国禁诉令干涉的目的，我们应当将反禁诉令作为一种独立的制度予以设立。

以反禁诉令反制他国禁诉令对本国诉讼的干涉，可以将双方逼回谈判桌前，既能维护本国司法管辖权，又可以促使当事人达成标准必要专利许可。这正是德国反禁诉令制度适用的根本目标。出于保障专利权人的考量，德国宪法、民法和专利法的规定从不同角度为反禁诉令的颁发提供了法律依据。我国《专利法》和《民事诉讼法》虽有对禁令救济的规定，但并未明确规定反禁诉令适用的依据。出于对反禁诉令制度长远运行的考量，我国还应在诉讼法和实体法上为其提供体系化的支撑。

（一）民事诉讼法上的行为保全制度的优化

反禁诉令的适用是国际民事法律的空白领域，一般而言，只要不违背国际法的基本原则和理念，各国可以自行制定自己的适用规范。我国反禁诉令适用的法律依据主要是我国《民事诉讼法》第 103 条规定的行为保全制度②，并无实体法上的规范依据。该条规定主要适用于民事案件的行为保全措施，比较原则化，虽然可以为我国法院的反禁诉令适用提供法律依据，但是难以提供充分的法理支撑。有学者认为，“鉴于《民事诉讼法》的修订尚需时日，而禁诉令的本质也是责令当事人作出一定行为或者禁止其作出一定行为，在创设新的制度之前，可以参照行为保全制度来实现禁诉令和反禁诉令的功能”③。当然，这种参照行为保全制度的做法只能是当前缺乏直接法律依据的权宜之计。在我国民事诉讼法缺乏独立的反禁诉令制度的情况下，最高人民法院应当尽快参照德国反禁诉令机制适用的具体规则，完善我国行为保全制度的具体适用规则，制定专门的司法解释，用于指导反禁诉令适用的司法实践。

从长远来看，仅以行为保全制度为基础制定反禁诉令适用的规则并不妥当。因此，有学者指出，“作为权宜之计，禁诉令裁定暂以行为保全立法

---

① 参见宾岳成：《禁诉令性质的行为保全裁定之考量因素及保障措施——我国知识产权诉讼首例禁诉令裁定解读》，载《法律适用》2021 年第 4 期，第 96 页。

② 我国《民事诉讼法》第 103 条规定：“人民法院对于可能因当事人一方的行为或者其他原因，使判决难以执行或者造成当事人其他损害的案件，根据对方当事人的申请，可以裁定对其财产进行保全、责令其作出一定行为或者禁止其作出一定行为；当事人没有提出申请的，人民法院在必要时也可以裁定采取保全措施。”

③ 沈红雨：《我国法的域外适用法律体系构建与涉外民商事诉讼管辖权制度的改革——兼论不方便法院原则和禁诉令机制的构建》，载《中国应用法学》2020 年第 5 期，第 126 ~ 127 页。

为法律依据未为不可，但未来理应重视禁诉令制度在我国法律体系中的独立发展”①。鉴于行为保全与反禁诉令存在一定的区别，因此构建独立的反禁诉令制度，不能完全依赖《民事诉讼法》第103条的规定，还需要进一步明确其适用的法律依据。

（二）实体法上的法律依据完善

法律制度的构建与良好运行需要有深厚的法律根基。反禁诉令制度的构建和运行不仅需要完善民事诉讼法上的法律依据，还需要宪法、民法和专利法等部门法为其提供有效运行的机制基础。

首先，宪法上明确公民的诉讼权。诉讼权是实体权利实现的基础和保障，也是受宪法保护的基本人权。1948年《世界人权宣言》第8条就明确指出“人人于其宪法或法律所赋予之基本权利被侵害时，有权享受国家管辖法庭之有效救济”。其后，《欧洲人权公约》（1950年）、《美洲人权公约》（1969年）和《非洲人权和民族权利宪章》（1981年）等国际公约均对起诉权、上诉权、辩护权及受赔偿权等基本的诉讼权作出规定。我国《宪法》对于公民的诉讼权虽然并未明确规定，但“公民的基本权利和义务”“人民法院和人民检察院”等章节的内容中内含对诉讼权的保障。出于强化公民诉讼权利保障之目的，建设我国宪法可以进一步明确规定公民的诉讼权及其具体的权能。明确诉讼权的宪法地位可以为反禁诉令机制的确立和长远运行提供坚实的宪法基础。

其次，民法上正当防卫制度之优化。我国《民法典》第181条虽然并未对正当防卫的内涵作出界定，但最高人民法院《关于适用〈中华人民共和国民法典〉总则编若干问题的解释》对正当防卫②作出明确的阐释。司法实践中，民事正当防卫制度存在“僵尸化”现象，使民法体系中既存的民事正当防卫条款没有发挥应有的功能。③ 反观德国，在专利诉讼中，维护个人财产权利和正当防卫都可以成为提起专利诉讼、寻求反禁诉令救济措施的正当理由。显而易见，民事正当防卫制度在德国充分发挥了其应有的功能。为此，我们有必要深入研究德国民事正当防卫制度的运作机制，研究其如何充分发挥在民法上的功能，以便为专利诉讼及反禁诉令制度的运行

① 宋晓：《涉外标准必要专利纠纷禁诉令的司法方法》，载《法学》2021年第11期，第192页。

② 最高人民法院《关于适用〈中华人民共和国民法典〉总则编若干问题的解释》第30条规定：“为了使国家利益、社会公共利益、本人或者他人的人身权利、财产权利以及其他合法权益免受正在进行的不法侵害，而针对实施侵害行为的人采取的制止不法侵害的行为，应当认定为民法典第一百八十一条规定的正当防卫。”

③ 参见沃耘、关秀平：《民事正当防卫制度的去“僵尸化”与理论纠偏——以民刑关系为视角》，载《天津法学》2020年第1期，第16页。

提供民法上的支撑。

最后,专利法上临时禁令救济措施制度之优化。我国《专利法》第 72 条①赋予专利权人在紧急情况下的专利侵权中获得临时禁令的救济措施。但是,该规定作为专利法上诉前禁令的法律依据,并未规定反禁诉令可以成为专利权人制止侵权行为的具体措施。因此,我国可以参照德国专利法的经验,在我国《专利法》第 72 条中附加一款:专利权人或者利害关系人有证据证明他人在国外正在实施或者即将实施侵犯专利权、妨碍其实现权利的行为,如在国外法院申请禁诉令等,可以向人民法院申请反禁诉令,责令其撤回在外国法院的禁诉令。

三、明确反禁诉令颁发的考量因素

在反禁诉令的具体制度安排中,反禁诉令适用的具体考量因素是最具有考验性的难题。反禁诉令制度的增设不仅要有充分的法律依据,还有赖于设定明确的适用条件。反禁诉令的颁发不仅关系到当事人之间的利益纠葛,还涉及国家之间的司法主权冲突与平衡,因此个案之中法院应当结合当事人利益、国家利益和社会公共利益及国家之间的关系等多种因素审慎决定。反禁诉令制度适用的核心功能是平衡专利权人和专利实施者之间的利益,让双方能够顺利达成专利许可合同。因此,如何通过精细的影响因素设置来反映和平衡专利权人和专利实施者之间的利益,是考量因素指标设计的重中之重。

最高人民法院在康文森案中提出的判断禁诉令颁发的五要素标准已经成为我国法院颁发禁诉令的指导性原则。有学者认为,该案的裁定"是我国知识产权审判领域的新里程碑。裁定中明确了适用禁诉令的考量标准,具有典型示范意义,将为下级法院审判实践提供指引。这一裁定充分考虑了双方当事人的利益以及公平有序的竞争秩序,充分考虑了国际礼让原则,符合国际惯例,为国内外专利权人的创新成果提供了更为有力的平等保护和公平竞争的营商环境,成为涉外审判实践的典范"②。

毋庸置疑,禁诉令颁发的五要素标准将成为指导我国司法实践的重要原

---

① 我国《专利法》第 72 条规定:"专利权人或者利害关系人有证据证明他人正在实施或者即将实施侵犯专利权、妨碍其实现权利的行为,如不及时制止将会使其合法权益受到难以弥补的损害的,可以在起诉前依法向人民法院申请采取财产保全、责令作出一定行为或者禁止作出一定行为的措施。"

② 彭哲:《标准必要专利国际平行诉讼中的禁诉令——兼评中国知识产权"禁诉令"第一案》,载微信公众号"知产财经"2021 年 2 月 25 日,https://mp.weixin.qq.com/s/sLSrfOokvZzCF4cGx2WJ7g。

则。然而,需要注意的是,构建反禁诉令机制的目的并非维护司法正义和个体利益,而是为当事人确定更恰当的管辖法院,提高诉讼效率、降低司法成本。因此,法院对于反禁诉令的颁发应当有一套科学严密而又具有可操作性的实施规则。有学者认为,"禁诉令签发应考量以下因素:1. 禁诉令不得违反条约规定;2. 中国法院与纠纷有实质性的联系;3. 外国诉讼可能损害我国利益;4. 尊重国际礼让原则;5. 对当事人有一定的控制权"①。

从美国法院颁发禁诉令的司法实践来看,美国联邦法院中的自由派常常适用较为灵活、宽泛的裁判标准,认为下列任何一个因素得到充分满足即可签发禁诉令:"(1)外国诉讼是否违反了美国的政策;(2)外国诉讼是否'无理取闹';(3)外国诉讼是否威胁到美国法院的对物或准对物管辖权;(4)另一法院的诉讼是否损害了其他公平考虑;或(5)在不同的诉讼中对同一问题的裁决是否会导致延误、不便、损失、不一致或争相判决。"②从美国联邦法院自由派颁发禁诉令的标准来看,我国反禁诉令制度的创设既要立足实际,维护我国的司法管辖权不受干涉和侵犯,又要形成明确的适用规则,以免被外国法院或当事人认为威胁到该国的司法权或者明显损害公平原则。参考域外的经验,我们认为,可以从以下几方面确定反禁诉令颁发的标准:

1. 中国法院对案件的管辖权

禁诉令颁发的前提往往是当事人在他国提起了平行诉讼,以期延迟或者阻挠本国知识产权诉讼的进行,因而在案件中审查的首要因素是中国法院对案件是否具有管辖权。这与不方便法院原则的适用类似,一旦中国法院不具有管辖权,则失去颁布反禁诉令的法理基础。

2. 中外平行诉讼的当事人、案情是否基本相同

域外平行诉讼对本案的影响。比如,审查中外诉讼中的当事人、诉由是否基本相同。一旦中外诉讼中的当事人、案由基本相同我国法院即拥有颁发反禁诉令的必要性。

3. 域外诉讼是否威胁到我国的司法管辖权

一方当事人提起的域外诉讼行为效果是否对中国诉讼造成干扰,是否威胁到我国对案件的司法管辖权?如果当事人滥用诉权,以国外平行诉讼对抗我国正在进行的诉讼程序,对我国诉讼造成干扰,则应考虑颁发反禁

① 张先砉、殷越:《知识产权国际竞争背景下禁诉令制度探索与构建》,载《法律适用》2021 年第 4 期,第 52 页。

② Ved P. Nanda, David K. Pansius, Litigation of International Disputes in U. S. Courts. Thomson Reuters, 2017, § 16:15.

诉令。

4. 国内外相关利益的平衡

利益平衡是反禁诉令颁发中必须考虑的基本原则，既要考虑国内当事人在国内国际的利益，也要考虑禁诉令颁发对国外当事人利益的影响、对国外诉讼进行和判决执行的影响等，综合考量并决定是否批准当事人申请颁发反禁诉令的请求。

5. 尊重国际礼让原则

国际礼让原则是国际法的基本原则之一，反禁诉令机制必须在国际法框架下适用。将国际礼让原则纳入签发反禁诉令的考量因素，是由反禁诉令的颁发容易影响他国司法管辖权的特点决定的。反禁诉令颁发必须考量是否违背国际礼让原则，是否对他国的诉讼或司法主权造成严重的干扰。

6. 是否会损害公共利益

反禁诉令的颁发不仅要考虑当事人之间的利益平衡，还要考量是否侵害社会公共利益。如果违反我国的公共政策，对我国知识产权政策等产生重大影响的，则应通过反禁诉令予以禁止。

反禁诉令的颁发是法院行使自由裁量权的结果，需要法院结合多种因素综合考量。但是，综合考量并非要求同时满足以上所有因素，只要法院认为满足大部分因素，达到颁发的条件即可。

四、把握反禁诉令适用的限度

从反禁诉令的制度功能来看，反禁诉令的适用不在于进攻，而在于后发制人，在国际平行专利诉讼中发挥反制作用。因此，司法实践中我国反禁诉令的适用范围应当把握一定的限度，既要实现其反制他国禁诉令、维护国家司法主权和企业海外利益之目的，又不致引发与别国司法管辖权的冲突。司法工作人员在裁判中把握一定限度的思想与我国传统法律文化“中庸”“礼治”中的衡平与和谐思想有着密切的联系。“中国传统法文化注重公平、和谐，以天人合一的广阔视野把握个案公正，以此达成整体的司法秩序的公平和谐。和谐秩序的构建是衡平司法的最终目标。”①当然，传统文化中衡平司法的理念实际上与英国的衡平法体系有着许多相似点。虽然，“由于政治和法律背景的不同，中国古代的衡平司法与英国衡平法最

① 王世友、周少元：《中国古代司法秩序中的衡平原理》，载《中国政法大学学报》2021 年第 3 期，第 242 页。

终走上了同途殊归的道路”①,但不可否认的是,两者之间仍有不少相似之处。“中国古代的衡平司法与英国通过司法判例而形成的衡平法传统相比较,具有形式意义上的诸多类似之处,如都表现为一种因解决法律与现实相脱节的矛盾而发展出来的救济途径;都是与司法官的自由裁量权相联系的灵活裁判;都是以‘衡平’为最基本的价值目标。”②由此观之,无论是中国传统诉讼文化还是西方法律文化,通过衡平司法达到公平、公正、和谐的司法结果都是司法追求的基本价值目标。因此,我国法院在国际平行专利诉讼中适用反禁诉令时,应把握一定的限度,注重专利权人与实施人之间的利益平衡,借鉴传统法律文化中的衡平司法理念,实现公平、公正与和谐司法。

五、完善违反反禁诉令的保障机制

对不遵守反禁诉令的行为采取特定的处罚措施,确保反禁诉令得到遵守是禁诉令机制实施必不可少的一个环节。英、美等国对违反禁诉令的行为规定了罚款、藐视法庭罪等处罚方式,这是基于违反法庭秩序的考量。德国对于违反反禁诉令的处罚有罚款和拘留两种方式。相比之下,我国对于违反反禁诉令的处罚方式比较单一,仅有罚款一种。比如,我国在康文森案中尝试了按日计罚的处罚制度,对于违反禁诉令的行为,每日罚款100万元。有学者建议,“为确保禁诉令或反禁诉令的有效性,可以参考我国《民事诉讼法》妨害民事诉讼的强制措施的规定,对违反命令的当事人采取训诫、罚款、拘留措施,对外国法院作出的禁诉令、判决拒绝提供司法协助,包括拒绝送达、承认和执行”③。

增加违反反禁诉令的处罚手段对于确保禁诉令的实施效果极为重要。当前,我国司法实践中对违反反禁诉令的处罚措施一律为罚款,可能是考虑到被请求人均为国外当事人的缘故。但是,随着涉外知识产权诉讼中颁发反禁诉令案件数量的增加,应当进一步明确和丰富违反反禁诉令的处罚措施,以保障反禁诉令得到有效执行。我国可以借鉴德国的经验,对违反反禁诉令的当事人处以罚款或采取拘留措施。

---

① 冷霞:《“同途殊归”还是“殊途同归”?——兼评〈中国传统衡平司法与英国衡平法之比较〉》,载《比较法研究》2010年第2期,第54页。

② 顾元:《中国传统衡平司法与英国衡平法之比较——从“同途殊归”到“殊途同归”》,载《比较法研究》2004年第4期,第26页。

③ 沈红雨:《我国法的域外适用法律体系构建与涉外民商事诉讼管辖权制度的改革——兼论不方便法院原则和禁诉令机制的构建》,载《中国应用法学》2020年第5期,第127页。

第六章　知识产权法域外适用的效果保障机制（反制措施体系）

一直以来，知识产权被视为由特定国家赋予的、在其管辖领域内的专属权利或特许权，权利人对知识产权权利的行使往往受到地域的限制，同样，国家对于知识产权案件的管辖也受此限制。① 随着互联网行业突飞猛进的发展，经济全球化进一步加速，以高新技术产业为主的知识产权跨境交易愈加频繁。随着国界与地界被"打破"，涉外知识产权案件较之过去更为复杂多样，发生的场景也更为多样，诉争权利可能是我国知识产权也可能是外国知识产权，当事人可能是一方为外国主体、一方为我国主体，也可能是双方均为外国主体。② 如对知识产权的法律适用仍然采取过于严格的地域性管辖不利于一国行使公共治理权，对内国的产业利益有较大冲击，也不符合全球化发展的趋势，故知识产权法的效力存在向域外扩张的需求。过去，在涉外知识产权案件的管辖方面，我国采取较为严格的地域审查标准，缺乏弹性应对能力，而英、美等国已经开始积极探索"长臂管辖权"、最低限度联系原则在知识产权法领域的适用，追求司法管辖权的域外扩张，甚至出现了争夺我国司法管辖权的倾向，给我国造成了极大压力。为增强我国的国际竞争力尤其是知识产权竞争力，也为建设创新型法治国家，近年来我国立法、司法等方面采取了一定的反制举措，对他国的"长臂管辖"等进行制约，如颁布了《阻断外国法律与措施不当域外适用办法》《反外国制裁法》等，也有法院开始尝试在一些涉外知识产权案件尤其是涉外专利案件中颁发禁诉令、禁执令等。③ 这些举措虽然有一定成效，但离我国形成完善的、确保法律域外适用效果的反制措施体系还有较大差距。本章主要从知识产权法的实践角度，探索建立应对国外法院域外管辖争端及确保我国相关法律域外适用效果的保障机制与反制措施体系。

---

① 参见杨长海：《知识产权冲突法论》，厦门大学出版社 2010 年版，第 41 页。

② 参见刘义军：《完善我国知识产权侵权诉讼域外管辖权的若干思考》，载《科技与法律》2016 年第 4 期，第 665 页。

③ 参见李凡、郜宙翔、李芮：《涉外知识产权诉讼中长臂管辖的影响与应对》，载《中国发明与专利》2021 年第 4 期，第 66 页。

第一节　知识产权法域外适用中现有效果保障措施的不足

愈演愈烈的国际知识产权争端及其背后可能出现的严重后果已被世界科技企业视为不可避免的商业风险。英美法系从司法实践中衍生出来的管辖原则和制度，如最低限度联系原则①、“长臂管辖”制度等逐渐突破知识产权原有的管辖范围，并对我国在知识产权领域行使正当管辖权造成威胁。② 最低限度联系原则源于美国，即法院通过判断与当事人的商业活动的关系确立管辖权。③ 后来最低限度联系原则逐渐从普通民商事领域外扩到反腐败、国际贸易等更大的领域，从州与州之间扩张到国与国之间。对于涉外知识产权纠纷，最低限度联系是指某国法院以外国发生的“侵害”其本国知识产权的行为和本国存在某种“联系”作为管辖“连结点”行使管辖权。“长臂管辖”以最低限度联系原则为基础，其主要特点在于：“一是在空间上超越了国家或州的地域界限；二是突破了属人管辖与属地管辖两大原则；三是定义模糊，以逐案审查的方式确立扩张性的管辖权；四是适用范围广泛，包括民商事、经济和刑事案件。”④

近年来，我国法院在一些涉外知识产权案件的平行诉讼中积极争取管辖保护，并在采取反制措施以维护我国企业及产业利益等方面进行了一些重要实践。如在最高人民法院审理的华为公司与康文森公司的系列案件（包含确认不侵害专利权及标准必要专利许可纠纷等）⑤中，裁定康文森公司禁止申请执行德国法院判决，并对其可能违反禁令的行为适用日罚金制度。该案是我国法院首次在知识产权诉讼中作出具有“禁诉令”性质的行为保全裁定，该裁定促成双方结束了在全球多个国家的平行诉讼和达成“一揽子”和解协议，取得了良好的法律效果和社会效果。随后，在 OPPO 与夏普公司专利纠纷案⑥中，我国法院通过颁发全球“禁诉令”，有效应对

---

① 1945 年美国联邦最高法院的国际鞋业公司诉华盛顿州案。See Southern Machine Co. v. Mohasco Indus 159 U. S. P. Q. 401(1968).

② 参见丁文严：《跨国知识产权诉讼中的长臂管辖及应对》，载《知识产权》2018 年第 11 期，第 28 页。

③ 参见陈远哲：《“最低限度联系”原则适用中的“有目的利用”标准——基于对 NTCH-West Tenn, Inc. v. ZTE Corp 等案的思考》，载《湖北科技学院学报》2019 年第 4 期，第 43 页。

④ 沈伟：《中美贸易摩擦中的法律战——从不可靠实体清单制度到阻断办法》，载《比较法研究》2021 年第 1 期，第 187 页。

⑤ 参见最高人民法院民事裁定书，(2019)最高法知民终 732 号、733 号、734 号之一；最高人民法院民事裁定书，(2019)最高法知民终 732 号、733 号、734 号之二。

⑥ 参见广东省深圳市中级人民法院民事裁定书，(2020)粤 03 民初 689 号之一。

德国慕尼黑第一地区法院作出的“反禁诉令”，该案表明了中国司法机关的鲜明态度，为企业公平参与国际市场竞争提供了有力司法保障，对于维护我国司法主权、维护企业利益具有重要的意义。

前述案件是中国法院在涉外知识产权案件的管辖以及反制措施领域进行的先锋实践，初步形成中国式“禁诉令”的司法实践路径，但还存在一些问题。

一、我国涉外知识产权案件管辖制度不完善

管辖权意味着主权，我国现行法律体系在管辖权方面较为保守，尤其在涉外知识产权纠纷的处理上属地性特征浓厚。① 与各国争夺管辖权、直接或间接排除中国法院行使管辖权的态度不同的是，我国过去对涉外民商事案件管辖权归属的审理整体表现出“个案化”特征，审判标准往往综合考虑属人原则和属地原则②。但这一标准并无法律明文指引，我国法院很难单方面与国外的“长臂管辖”相抗，更遑论采取与之相应的反制措施。此外，我国对外国当事人违反中国管辖制度的规定所应承担的法律责任不明确。目前，我国法律对违反管辖权规定的应对措施仅仅是驳回管辖权异议，并没有规定违反管辖权规定的当事人所应承担的法律责任，不能保障法院正常行使管辖权，尤其是在平行诉讼中，他国法院向中国企业发出禁诉令时，中国企业面对高昂的罚款往往只能选择撤回在中国法院的起诉。

我国涉外案件管辖制度的不完善主要表现为立法缺失，这与我国一直践行的外交策略有关。基于多边主义的外交原则、对主权原则的尊重和国际礼让的司法原则，我国域外司法管辖一直在国际法关于管辖权原则的框架内保守适用。现行的一些重要法律规定缺乏相应的域外适用衔接条款，具体表述上也很模糊，难以发挥法律的域外适效力。如我国《民法典》第12条对效力范围的定义③，虽然条文包含“但书”条款，但是将“法律”理解为调整涉外关系的法律即冲突法，还是理解为民法体系中的特别法，如知识产权法等，尚无定论④。一些外国当事人在与我国当事人订立合同时会通过约定由国外法院或仲裁机构解决争议、适用国外法等方式排除我国法

① 参见韩书立:《我国专利法的域外适用问题研究》,载《法学评论》2021年第4期,第5页。

② 参见丁文严:《跨国知识产权诉讼中的长臂管辖及应对》,载《知识产权》2018年第11期,第34页。

③ 我国《民法典》第12条规定:“中华人民共和国领域内的民事活动,适用中华人民共和国法律。法律另有规定的,依照其规定。”

④ 参见肖永平、焦小丁:《从司法视角看中国法域外适用体系的构建》,载《中国应用法学》2020年第5期,第60页。

院的管辖①,使我国企业及产业受损。对此,我国司法机关应从积极维护我国企业及产业的利益、增强知识产权领域的国际竞争力等角度出发,主动争取司法管辖权,如适用最低限度联系原则、效果原则②、促成侵权原则③等,尝试突破知识产权等领域的地域性管辖限制。

二、尚未形成有效的反制措施体系

美国和其他西方国家将"长臂管辖权"从传统民商事、海事等领域逐步扩展到国际知识产权诉讼中,尤其是在标准必要专利诉讼、跨境电子商务知识产权诉讼中对我国的高新企业进行精准狙击。为应对这些"卡脖子"的行为,我国商务部出台了《不可靠实体清单规定》和《阻断外国法律与措施不当域外适用办法》,能够在一定程度上提升我国的国际地位,反制外国的制裁措施。然而,这些规定并未明确可以适用反制的具体场景以及反制的具体内容,而且在知识产权领域内我国尚未颁布实施细则,如具体由何部门管理、程序如何及具体效用等均不明确,还有待探索。2021 年出台的《反外国制裁法》在立法上取得了一定的进步,如第 12 条④在明确不得执行国外制裁的同时还赋予了我国公民、组织等的诉权。但其关于反制裁的救济制度构建尚不系统,反制裁规则的设计仍未完备,其实际效力还有待检验。⑤ 另外,现阶段能够让我国法院充分发挥纠纷解决、实现规则适用和社会制约功能的域外适用案例远远不够,法院尚未形成相应的工作体系,实务工作者对法律的域外效力、域外规制也相对陌生。故现在尚不能得出我国已经形成有效的反制措施体系这一结论。

现在我国法律体系尤其是在知识产权法的域外适用方面还处于"摸着石头过河"的阶段,在建立反制体系过程中可以充分参考国际社会经验,如以商事司法的发展带动中国的法域选择。"在积极推进国际司法协助机制建设,保障中国法域外适用案件有效管辖的同时,进一步加强法院涉外审判人才队伍建设,加强涉外法律人才队伍建设,并建立包括司法智库在内

---

① 参见刘义军:《完善我国知识产权侵权诉讼域外管辖权的若干思考》,载《科技与法律》2016 年第 4 期,第 669 页。

② 参见徐伟功:《论次级经济制裁之阻断立法》,载《法商研究》2021 年第 2 期,第 191 页。

③ 参见杨松才:《论美国知识产权法的域外适用》,载《法学杂志》2007 年第 5 期,第 112 页。

④ 我国《反外国制裁法》第 12 条规定:"任何组织和个人均不得执行或者协助执行外国国家对我国公民、组织采取的歧视性限制措施。组织和个人违反前款规定,侵害我国公民、组织合法权益的,我国公民、组织可以依法向人民法院提起诉讼,要求其停止侵害、赔偿损失。"

⑤ 参见霍政欣:《构建"攻防兼备"的涉外法律体系》,载《环球时报》2021 年 3 月 10 日,第 14 版。

的中国法域外适用的研究机制等。”①

三、缺乏域外适用的配套制度

推动中国法域外适用体系建设离不开相关配套机制的完善,“国内法的域外适用,不仅包括实体法律的适用,还涉及程序法的问题,包含域外的取证、送达、引渡、执行、判决的承认与执行、被适用对象的救济途径等多个环节”②。以2007年我国颁布的《反垄断法》为例,虽然该法第2条③明确规定了域外管辖,但人民法院在审理管辖权异议案件时仍然习惯于适用诉讼法的规定。当前我国域外法适用体系构建还缺乏主要法律领域的配套实施措施,既有域外适用规则难以真正得到实施。此外,知识产权法相较普通民商法更为复杂,需要更多实施细则对相关问题提供确切指引。如是否禁止外国法院和政府监管机构直接向我国企业和个人跨境送达传票、调查取证和执行判决,相关措施是否应通过与中国缔结的国际条约和建立的司法合作机制实施;如美国法院和监管部门因中国被诉方拒绝违反中国法律向其提供证据或配合调查冻结中国企业财产或采取其他处罚措施时,中国司法部门应如何利用对等处罚措施补偿中国企业损失等规定尚不完善④。

对于上述问题,有学者认为,我国法院对我国法域内的标准必要专利国际平行诉讼问题,可参考由中国国际私法学会草拟的国际私法示范法第54条相关内容⑤解决。对国外法院签发的禁诉令等存在干扰我国司法主权的情形,则我国法院应适用《民事诉讼法》第283条、第289条,对该判决、裁决不予协助、承认和执行⑥。当事人不履行法院作出的禁诉令或反禁诉令的生效裁定中的义务的,我国法院可依据《民事诉讼法》第114条进

① 初北平:《“一带一路”多元争端解决中心构建的当下与未来》,载《中国法学》2017年第6期,第89页。

② 上海市第一中级人民法院课题组:《我国法院参与中国法域外适用法律体系建设的路径与机制构建》,载《法律适用》2021年第1期,第162页。

③ 我国《反垄断法》第2条规定:“中华人民共和国境内经济活动中的垄断行为,适用本法;中华人民共和国境外的垄断行为,对境内市场竞争产生排除、限制影响的,适用本法。”

④ 参见张岳然、张晓磊、杨继军:《美国长臂管辖权域外滥用与中国应对策略》,载《国际贸易》2021年第3期,第42页。

⑤ 国际私法示范法第54条规定:除中华人民共和国缔结或者参加的国际条约另有规定外,在外国法院对相同当事人之间就同一诉讼标的进行的诉讼已经作出判决或者正在进行审理的情况下,若预期该外国法院判决能够在中国法院得到承认,中华人民共和国法院可以不行使管辖权。但中华人民共和国法院受理在先,或者不行使管辖权,当事人的合法权益无法得到保护的,中华人民共和国法院可以对同一诉讼行使管辖权。

⑥ 参见祝建军:《我国应建立处理标准必要专利争议的禁诉令制度》,载《知识产权》2020年第6期,第33页。

行处罚。

四、缺乏知识产权判决跨境承认与执行经验

前已述及，固守知识产权地域性管辖的观点并不可取，以严格地域性原则否决跨境知识产权法律关系的产生与法律适用的主张并非理性之举。当突破知识产权属地性的法院作出的判决面临在坚持知识产权属地性管辖的国家请求承认与执行时，被请求国法院可能基于地域性否认原判决国法院的管辖权，甚至对原判决的法律适用问题予以实体审查。这使知识产权判决的承认与执行面临例外的情形，增加了制定知识产权判决承认与执行规则的特别考虑因素。因此，“作为诉讼中环环相扣的问题，地域性对管辖权、法律适用问题影响结果的不同，直接加剧了知识产权判决跨境承认与执行中讨论地域性问题的复杂程度”①。

目前而言，我国承认与执行外国民商事判决的司法实践还处于探索阶段，对外国知识产权判决是否予以承认与执行的问题，在理论和实践中尚未得到解决。鉴于判决承认与执行的审查标准原则上是司法协助条约或者互惠关系，兼在程序上进行严格审查，为保障我国作出的判决在国外法院能够获得承认与执行，人民法院在审理涉外知识产权管辖纠纷案件时，除了要避免出现与各国平行判决相互冲突的结果外，还需审慎处理正当程序的要求②。例如，参照 TRIPs 第 42 条③，还应从被告角度考虑是否充分保障其诉讼权利④。现实中，一国法院判决文书在另一国获得承认并执行都会经过严格的程序审查。对于中美两国而言，因并未签订双边协议，仅能依靠“互惠原则”对判决进行审查，之前也没有互相承认知识产权案件判决的先例的，还存在如何落实终审判决的执行、通过什么方式保障执行、

① 樊婧：《跨境知识产权判决承认与执行中地域性问题辨释——以〈海牙判决公约〉制定过程为中心》，载《国际法研究》2021 年第 1 期，第 93 页。

② 参见冯汉桥：《论侵犯外国知识产权的管辖与准据法》，载《政治与法律》2011 年第 3 期，第 97 页。

③ TRIPs 第 42 条规定：各成员应使权利持有人可获得有关实施本协定涵盖的任何知识产权的民事司法程序。被告有权获得及时的和包含足够细节的书面通知，包括权利请求的依据。应允许当事方由独立的法律顾问代表出庭，且程序不应制定强制本人出庭的过重要求。此类程序的所有当事方均有权证明其权利请求并提供所有相关证据。该程序应规定一种确认和保护机密信息的方法，除非这一点会违背现有的宪法规定的必要条件。

④ 参见刘义军：《完善我国知识产权侵权诉讼域外管辖权的若干思考》，载《科技与法律》2016 年第 4 期，第 674 页。

是否需要通过外交[1]途径提交等问题。除此之外,行政执法与司法方面如何衔接也是需要思考的现实问题。

第二节　国外知识产权法域外适用中的保障措施

在“长臂管辖”制度下,自2008年以来,被美国司法部门罚款超过1亿美元的欧洲企业达到14家,其支付的罚款总额超60亿美元,比同期美国企业支付的罚款高3倍。[2] 如此“厚此薄彼”的双重执法标准,让欧洲企业以及其他国家的企业备受压力。长期以来,美国法院在司法判例中适用的效果原则也被多数国家视为对国际法准则的破坏,违背了国际礼让与和谐精神。在抗议没有效果的情况下,各国纷纷制定阻断性立法,以期利用国内立法规则阻止美国司法部门在本国调查取证,或者通过禁止提供某些关键文件和资料等方式阻止美国有关判决在本国的执行。[3] 如将阻断法运用到知识产权法领域,则需要考虑知识产权保护事项涉及的权利内容与侵权责任的特殊性问题,比如,知识产权权利内容应当包括权利的成立、生效、维持、排他范围、限制和有效期等,知识产权侵权责任包括归责原则、禁令救济和损害赔偿等。而且,对于知识产权保护的冲突规范,许多国家或地区都在立法中明确了被请求保护国原则,如1987年《关于国际私法的联邦法律》、2007年《欧共体关于非合同之债准据法》等。[4] 我国要在知识产权法领域内制定反制措施体系,可以参考国外阻断法的有效经验。

一、完善立法内容——阻却立法

阻却立法一般有四种形式:禁止执行外国政府的命令;禁止执行外国法院的判决;禁止向外国法院提供证据或信息;向被外国政府/法院制裁的本国公司给予补偿等。[5] 在各国应对美国制定的阻断立法中,法国的阻断

---

① 参见蔡从燕:《中国崛起、对外关系法与法院的功能再造》,载《武汉大学学报(哲学社会科学版)》2018年第5期,第137页。

② 参见李怡霄、李雨珊、姚天冲:《我国应对长臂管辖的策略》,载《中国外资》2021年第5期,第43页。

③ 参见郭迎利:《论反垄断法律制度中的域外效力规定——以我国〈反垄断法〉为视角》,华东政法大学2009年硕士学位论文,第42页。

④ 参见陈卫佐:《涉外民事法律适用法的立法思考》,载《清华法学》2010年第3期,第116页。

⑤ 参见杜涛:《论反垄断跨国民事诉讼中域外管辖权和域外适用问题的区分——以中美新近案例为视角》,载《国际经济法学刊》2019年第1期,第81页。

法是最早也是最高频适用的阻断法之一。根据该法的规定，法国主体在一定条件下禁止向外国传递一定信息或文件，被禁止的领域主要涉及工业、技术、商业、经济、金融等。该规定有效阻断了美国司法取证的途径，给相关案件在法国境内的调查造成了巨大的压力与阻碍①。英国1980年的《保护贸易权益法》则不仅约定了英国法院不受理国外判决的情形，还制定了一项“弥补性收入条款”②。

我国也以不可靠实体清单制度以及颁布《阻断外国法律与措施不当域外适用办法》《反外国制裁法》为契机确立了如下规则：

(1)明确适用阻断法和反制措施的具体场景，即反制措施仅适用于他国违反国际法和国际关系基本准则，对我国公民、组织采取歧视性限制措施，干涉我国内政等情形。

(2)拒绝执行外国判决或行政决定的工作制度，统一了审查标准。

(3)报告制度，即我国企业、个人因其他国家滥用管辖权遭到不当的禁止或者限制的，该企业、个人等有义务在规定期限内向主管部门报告该禁止或限制。

(4)禁令及豁免制度。关于禁令，国务院商务主管部门有权发布不得承认、不得执行、不得遵守有关外国法律与措施的禁令。关于豁免制度，我国企业、个人有权根据利益权衡向主管部门申请豁免“禁令”以期排除适用“阻断办法”，但此情况下也会排除中国主体适用对当事人在该豁免范围内的求偿权。③

(5)“返还”制度和当事人诉权。当中国企业、个人因禁令中的外国法院作出的不当判决、裁定遭受损失时，该中国企业、个人有权在我国法院提起诉讼，要求在该域外判决、裁定中获益的当事人赔偿损失，并有权申请我国法院强制执行域外当事人的财产。④

---

① 参见汪欣：《跨国并购引发的反垄断法域外效力问题研究》，中国政法大学2008年硕士学位论文，第24页。

② 英国《保护贸易权益法》第6条第(2)项规定：“合格被告人有权向胜诉方索还上述第一款所述的数额中超过应补偿数的部分；这部分在该数总额中所占的比例与为受损方作出补偿判决的法院所估定的数额在判归该方的赔偿金总数中所占的比例相同。”

③ 我国《阻断外国法律与措施不当域外适用办法》第9条第1款规定：“当事人遵守禁令范围内的外国法律与措施，侵害中国公民、法人或者其他组织合法权益的，中国公民、法人或者其他组织可以依法向人民法院提起诉讼，要求该当事人赔偿损失；但是，当事人依照本办法第八条规定获得豁免的除外。”

④ 参见肖永平：《“长臂管辖权”的法理分析与对策研究》，载《中国法学》2019年第6期，第62页。

(6)国家设立专门机构及订立协调机制,负责统筹协调相关工作。①

在此形势下,我国现阶段应当加速整合、完善和发展反制措施体系,尤其是在重点领域,如知识产权领域,加强司法管辖能力,细化反制措施,实现知识产权法律制度具有域外效力并进行反击与反制。

二、禁诉令的适用

除了阻断法和保障反制措施的执行外,各国还经常通过禁诉令机制反制其他国家的知识产权法域外适用行为。从广义上的定义来看,禁诉令是指具有限制性的命令,常见的形式有:禁诉令、反禁诉令、禁执令。

(一)禁诉令

禁诉令制度起源于英国,是在英国王室法院与教会法院争夺管辖权过程中形成的诉讼制度,其在确立衡平法优先原则优于普通法效力上发挥了重要作用。19 世纪 20 年代,英国法院突破了内国法的适用,开始向苏格兰、北爱尔兰地区甚至外国扩张。② 不同国家受法域影响,在实体法与程序法、公共政策以及冲突应对等方面的法律规定差异较大。争议双方在选择管辖法院时,势必要考虑和比较在不同国家的法院起诉、应诉或者参诉的利与弊,“择地行诉”甚至平行诉讼的现象层出不穷。针对国际平行诉讼的当事人频发的滥诉行为,英美法系国家纷纷通过签发禁诉令来维护司法主权并阻止他国诉讼。一般而言,如果当事人违反禁诉令,法院将按照藐视法庭罪对相关当事人予以处罚,包括处以罚金、监禁等,或者要求被申请人赔偿申请一方的损失,并可以冻结或强制执行被申请人在禁诉令签发国境内的财产③,而且对于当事人通过违反禁诉令获得的他国裁决,禁诉令签发国也不予承认和执行④。因此在一定程度上,禁诉令承担了避免或者消除国际平行诉讼的功能。

(二)反禁诉令

反禁诉令,是指在国际平行诉讼中一国法院应一方当事人申请,发布禁令要求被请求的一方不得向他国法院申请禁诉令或者申请禁止执行他国法院作出的待生效或者已生效的裁决。

---

① 参见肖永平、焦小丁:《从司法视角看中国法域外适用体系的构建》,载《中国应用法学》2020 年第 5 期,第 70 页。

② 参见赵景顺、周兢:《对英国禁诉令制度的思考》,载《人民司法》2015 年第 17 期,第 108 页。

③ 参见李晓枫:《论以我国行为保全制度实现禁诉令功能》,载《法学杂志》2015 年第 7 期,第 136 页。

④ 参见仲春:《专利国际诉讼中反禁令的司法应对》,载《知识产权》2018 年第 4 期,第 91 页。

反禁诉令与禁诉令处于诉讼的不同阶段。一般而言,“禁诉令的发布往往是在法院或仲裁庭刚受理案件的阶段,以要求当事人停止在该法院或仲裁庭的相关诉讼活动,实质是对管辖权的争夺;而反禁诉令的发布,往往是在其他法院已经发布在先判决或者裁定之后,而并非在受理案件的管辖权争夺阶段”①。当然,也有先发制人型的反禁诉令。比如,德国法院曾颁发先发制人型反禁诉令,阻止当事人在他国提起诉讼或者申请禁诉令。

法院或仲裁机构往往是根据当事人的申请颁布反禁诉令、禁诉令。法院决定颁布反禁诉令或禁诉令时主要是考虑到其他法院存在管辖上的瑕疵,如存在不符合诉争当事人在先约定的情形。② 当前,电子通信领域的产品或方法专利侵权纠纷频发,且往往涉及复杂的跨国诉讼与平行诉讼,法院或仲裁机构在相关案件中颁布禁诉令、反禁诉令的可能性不断增加。③

(三)禁执令

禁执令,顾名思义是指当事人在一定期限内被禁止执行外国法院作出的生效或待生效的判决或裁决。例如,在康文森案中,我国最高人民法院作出的行为保全裁定就属于禁执令。在我国目前的法律框架下,最高人民法院审理的康文森案以《民事诉讼法》(2017 年修正)第 100 条的行为保全制度为法律依据拓宽了行为保全制度在跨国知识产权纠纷中的适用空间和边界。该案裁定在《关于审查知识产权纠纷行为保全案件适用法律若干问题的规定》第 7 条规定的“难以弥补的损害、损益平衡、公共利益”三个要素基础上,增加了“域外判决临时执行对中国诉讼的影响”“国际礼让原则”两个要素。该五要素既立足于我国法律基本规定,也借鉴了域外禁诉令具有共性的规则。该案裁定的作出是对中国禁诉令司法实践路径的初步构建。④

我国法院在适用禁诉令、反禁诉令、禁执令等措施时,也可以参考其他国家的经验。例如,此前美国法院作出禁诉令中的惩罚性赔偿数额往往巨大,实践中先后出现了德国、瑞士和日本等国拒绝承认和执行此类判决的案例。⑤ 这对我国以后建立禁诉令制度的启示在于,处理此类案件时应同

① 仲春:《专利国际诉讼中反禁令的司法应对》,载《知识产权》2018 年第 4 期,第 89 页。

② 参见郭玉军、陈文璨:《国际民商事争议解决中的禁止执行令制度研究》,载《国际法研究》2017 年第 6 期,第 74 页。

③ 参见仲春:《专利国际诉讼中反禁令的司法应对》,载《知识产权》2018 年第 4 期,第 89 页。

④ 参见张利民:《国际民诉中禁诉令的运用及我国禁诉令制度的构建》,载《法学》2007 年第 3 期,第 129 页。

⑤ 参见张利民:《国际民诉中禁诉令的运用及我国禁诉令制度的构建》,载《法学》2007 年第 3 期,第 126 页。

时考虑司法扩张的需求与国际礼让的要求。涉外知识产权案件中考虑互惠互利原则是指,在对等基础上给予互惠国国民以同等待遇,如一国法院不合理地限制我国当事人在其处的合法诉权(如对我国当事人签发禁诉令),基于对等原则,我国法院亦可对该国的当事人在我国法院的诉讼签发禁诉令或者反禁诉令,以限制其权利。① 禁诉令制度的建立是为了维护国家司法主权,保障我国诉讼当事人的合法权利,而不是主动干涉他国司法。②

第三节 确保知识产权法域外适用效果的反制措施体系

针对特定国家的国内法域外适用措施,固然可以通过该国国内法或者国际法寻求救济,但这两种途径不仅费时费力,成本较高,效果也并不显著。受这类措施影响的国家若能通过自身强有力的国内法域外适用法律体系,与采取滥用措施的国家形成制衡,不仅有利于保护本国企业和公民利益,更有助于通过国际谈判与合作和平解决争端,维护国际关系和国际法治的稳定。③ 基于我国法院在标准必要专利诉讼中的禁诉令适用的经验,为确保知识产权法的域外适用效果,我们按照低中高强度递进的逻辑顺序,提出适度扩张我国知识产权司法管辖权的观点,采取《阻断外国法律与措施不当域外适用办法》《反外国制裁法》中规定的措施,构建适宜中国国情、多层次的反制措施体系。

一、低强度反制措施:强化知识产权法域外适用中的法律责任体系

(一)对现行知识产权法的域外适用进行扩张解释

维护中国法院对涉外知识产权所享有的司法主权以及保护当事人的正当权益的首要问题就是管辖,有学者认为,我国有必要改造现行法律中被动的管辖权体系,将其改造为积极进取型管辖权体系。④ 在 1927 年的荷花号案中,常设国际法院表明,“在缺乏具体限制下,国家具有拓展管辖

① 参见欧福永:《国际民事诉讼中的禁诉令》,北京大学出版社 2007 年版,第 257 ~ 258 页。

② 参见祝建军:《我国应建立处理标准必要专利争议的禁诉令制度》,载《知识产权》2020 年第 6 期,第 33 页。

③ 参见廖诗评:《国内法域外适用及其应对——以美国法域外适用措施为例》,载《环球法律评论》2019 年第 3 期,第 178 页。

④ 参见宋杰:《进取型管辖权体系的功能及其构建》,载《上海对外经贸大学学报》2020 年第 5 期,第 22 页。

权的自由”①。国际法上最为重要的管辖权依据就是属地原则,各国均对疆域界限内的个人及事项享有管辖权。国际法不禁止国家规制那些在领土外但旨在对其领土造成实质影响的行为。当下,多数国家以效果为导向建立对特定域外事项的管辖权。② 我国可参考美国、德国的经验,在某些特定的知识产权纠纷场景中以效果原则建立管辖权基础。实际上,我国现有知识产权立法并未排斥效果原则的适用。如对我国《专利法》第 11 条所称的“专利直接侵权制度”,立法机关并未就该条的适用范围是否仅限于我国境内作出明确的界定,参考美国联邦巡回上诉法院 2005 年在 NTP, Inc. v. Research in Motion, Ltd. 案中的相关做法,可将行为人在境外使用方法专利并将依照该方法专利直接获得的产品进口到我国境内的行为认定为直接侵权,以扩张直接侵权行为;又如,我国《专利法》第 72 条关于诉前禁令的适用,美国案例中,不乏被告的制造行为发生在美国境外且并未侵犯美国专利权的情况下被法院适用诉前禁令的情形。

(二)知识产权法域外适用的立法完善

中国知识产权法域外适用体系尚未建立,不同部门法面临的问题也并不相同。因此,构建中国知识产权法域外适用体系还需坚持以问题为导向,从点到面集中力量应对迫切需要解决的问题,并适时总结实践经验将其转换为司法适用的系统规则。对那些已有域外效力规定的法律,应当着眼于完善、细化规定,制定实施细则,以解决法律实施中的适用问题。以专利法为例,应尽快通过司法解释或立法的方式,在标准必要专利争议方面建立完善的禁诉令制度。③

除了解决自身立法上的技术问题之外,我国还应遵守国际法的基本要求。我国作为维护国际知识产权秩序的重要力量,可以通过制定知识产权法域外效力规则构建知识产权法域外适用的应然状态,但具体规则要想得到他国的承认,必须以遵循国际法原则为前提。当然,国际法并未明文禁止的内容,对于我国知识产权法域外适用体系的构建而言,有着较大的适用空间。

---

① 陈一峰:《国际法不禁止即为允许吗? ——“荷花号”原则的当代国际法反思》,载《环球法律评论》2011 年第 3 期,第 132 页。

② 参见孙南翔:《美国法律域外适用的历史源流与现代发展——兼论中国法域外适用法律体系建设》,载《比较法研究》2021 年第 3 期,第 182 页。

③ 参见祝建军:《我国应建立处理标准必要专利争议的禁诉令制度》,载《知识产权》2020 年第 6 期,第 25 页。

二、中强度反制措施:《阻断外国法律与措施不当域外适用办法》《反外国制裁法》等法律的适用

面对全球贸易争端和国外监管措施滥用的新挑战,《阻断外国法律与措施不当域外适用办法》和《反外国制裁法》应运而生。为了保障法律的有效实施,我国应当坚持通过以民商事法律体系的发展带动全法域的选择,通过科技企业和产业的知识产权发展完善出口监管体系,通过国内成熟的市场经验健全中国法域外规制的体系。对于司法而言,最高人民法院发布的《人民法院知识产权司法保护规划(2021—2025年)》指出,要"推进我国知识产权有关法律规定域外适用,切实保护我国公民、企业境外安全和合法权益。强化国际司法合作协作,妥善解决国际平行诉讼,维护知识产权领域国家安全"①。"法院通过积极参与知识产权司法领域的全球治理,并依据司法裁判推动完善相关国际规则和标准。"②对于行政执法而言,行政机关应转变现有的严格管辖权观念,在执法活动中灵活行使自由裁量权。

三、高强度反制措施:寻求国际争端解决方案

在域外反制、法律适用、域外承认、执行与遵守等事宜中,法律流通和司法对话尤为重要。③ 面对譬如美国等国频频挑起对华经贸摩擦这类严重践踏国际规则的行为,我国应积极争取国际社会的支持,从国际冲突解决机制中获得力量,必要时,政府可以通过签订国际协议、调整立法和贸易政策以及寻求国际争端解决方案来保护我国利益。美国学者布拉德利认为,"有比司法上放弃属地性更好的方式来应对全球相互依存。必要时,政府部门可以通过签订国际协议、调整立法和贸易政策以及寻求国际争端解决方案来保护美国的利益"④。对于我国而言,寻求国际争端解决方案同样非常重要。具体而言,我国可以在积极推动亚太经济合作组织以及区域全面经济发展的框架下进一步开展知识产权合作,建立起"一带一路"共

---

① 《人民法院知识产权司法保护规划(2021—2025年)》,载《人民法院报》2021年4月23日,第1版、第8版。

② 贺荣:《践行习近平法治思想 全面加强知识产权司法保护》,载《人民日报》2021年1月4日,第11版。

③ 参见屈文生:《从治外法权到域外规治——以管辖理论为视角》,载《中国社会科学》2021年第4期,第65页。

④ Curtis A. Bradley, *Territorial Intellectual Property Rights in an Age of Globalism*, Virginia Journal of International Law, Vol. 37, p. 585 (1997).

建国家和地区在知识产权方面的合作机制①,维护 WTO 多边贸易体制。

(一)推进“一带一路”法治共建

有学者认为,调解、仲裁和司法“三位一体”的争端解决中心是国家对海外贸易及投资权益维护举措的应急与补缺,是推动“一带一路”共建国家和地区共同参与争端解决进行裁判的试验场。② 根据国际法和《联合国宪章》以及各国现有法律和政策,进一步促进多边关系下的经济贸易合作,共建开放型的世界经济体系。具体而言,我国应坚持合作和谅解同步的态度,秉持法治与贸易并重精神,按如下方式推进:(1)强化多边合作投资,优化多边贸易结构,提升“一带一路”共建国家和地区的贸易便利化水平;(2)利用好各类国际合作共享平台,发挥多边合作平台的作用,如联合国、上海合作组织等;(3)加强“一带一路”共建国家和地区的法治交流,健全法治合作机制,切实为“一带一路”发展提供法治保障。③

(二)建设兼具法治与开放的多边贸易体制

多边协商是抑制单边主义的最好办法。以共同体为导向的共同体管辖理论富有强大的生命力,是人类命运共同体理论和理念的组成部分。为维护国家利益、主权尊严,有效避免经济利益损失,中国应积极灵活地运用 WTO 规则下的争端解决机制和国际法基本原则进行反制。

以欧盟为例,1996 年 5 月,欧盟向 WTO 指控,美国制定《赫伯法》的行为违反了美国根据 WTO 协议应承担的国际义务,包含 GATT 第 1 条、第 3 条、第 5 条、第 11 条、第 13 条以及 GATS 中第 1 条、第 3 条、第 6 条、第 16 条、第 17 条。欧盟认为即使美国的行为没有违反 GATT 和 GATS 的具体义务,其也损害了欧盟根据 GATT 和 GATS 应享的可期待利益,美国的行为阻碍了 GATT 目标的实现。随后,WTO 在欧盟的要求下设立了一个争端解决小组审查欧盟对美国的这一指控。最终美国与欧盟之间达成了协议,争端解决小组也应欧盟要求暂停了工作,不过欧盟仍保留在美国违反 WTO 协议承诺的情况下重新启动争端解决小组工作程序的权利。④

2022 年 2 月,欧盟就中国法院颁发禁诉令等相关问题向 WTO 提起磋

---

① 参见张鹏:《知识产权基本法立法思路与总体内容研究》,载国家知识产权局条法司编:《专利法研究 2017》,知识产权出版社 2019 年版,第 13 页。

② 参见初北平:《“一带一路”多元争端解决中心构建的当下与未来》,载《中国法学》2017 年第 6 期,第 72 页。

③ 参见习近平:《凝心聚力　务实笃行　共创上海合作组织美好明天——在上海合作组织成员国元首理事会第十九次会议上的讲话》,载《人民日报》2019 年 6 月 15 日,第 1 版。

④ 参见张劲松:《论欧盟对美国经济法域外效力的法律阻却》,载《欧洲》2001 年第 2 期,第 56 页。

商请求。欧盟认为，中国的禁诉令措施对知识产权的保护和实施产生了不利影响，这些措施限制或试图限制专利所有人行使其专有权，以及通过禁止专利所有人向非中国法院提起诉讼，限制或试图限制专利所有人行使其签订许可合同的权利，违反 TRIPs 第 1.1 条和第 28.1 条。① 2022 年 3 月，加拿大、美国和日本也向 WTO 提起共同磋商请求。我们可以看出，WTO 多边纠纷解决机制可以成为我国反制他国禁诉令和知识产权法域外适用的一种重要的方式。

中国还应尽快完善国内相关法律的制定工作，如加快制定域外适用的相关规则和法律体系，完善涉外经贸法律与规则体系，从而实现国内法和国际法的有效衔接②，这是变被动为主动的基础性工作。我国应同国际社会一同努力，重塑 WTO 的权威性，维护 WTO 的中心地位、核心价值和基本原则，坚持 WTO 谈判议程的平衡原则，充分进行开放、透明和包容的讨论。③

---

① See WTO: China—Enforcement of intellectual property rights, World Trade Organization (Jan. 25, 2023), https://www.wto.org/english/tratop_e/dispu_e/cases_e/ds611_e.htm.

② 参见杨宇静：《中国清洁能源涉外知识产权诉讼的特点与趋势——兼论美国超导诉中国华锐风电案》，载《北京理工大学学报（社会科学版）》2019 年第 3 期，第 147 页。

③ 参见顾华详：《论美国对华贸易摩擦的法治反制》，载《西北民族大学学报（哲学社会科学版）》2020 年第 4 期，第 98 页。

结　语

本书开展知识产权法域外适用问题研究之时，恰好面临我国加强涉外法治建设、推进国家治理体系和治理能力现代化的宏大背景。大变局时代，全球一体化的世界经济秩序面临多种风险和挑战，贸易保护主义抬头，英、美等国采取不符合国际法的知识产权法域外适用措施，扩张对国际知识产权诉讼纠纷的管辖权，不仅对我国的司法管辖权和司法主权造成严重冲击，也严重削弱了我国企业参与国际市场的竞争力。在此情势下，对中国法域外适用问题的研究恰逢其时，并且这一问题已经引起党和国家的高度重视。2019 年，中央全面依法治国委员会第二次会议指出，要加快推进我国法域外适用的法律体系建设。党的十九届四中全会通过的中共中央《关于坚持和完善中国特色社会主义制度　推进国家治理体系和治理能力现代化若干重大问题的决定》也作出“加快我国法域外适用的法律体系建设，以良法保障善治”这一重大部署。因此，进行知识产权法域外适用问题研究，探讨如何赋予我国知识产权法的域外效力，并适度开展国内法的域外适用，不仅是保护我国企业在海外市场合法权益的需要，也是我国履行国际条约义务，参与国际知识产权秩序治理，提升国际知识产权话语权的内在需要。

法的域外适用问题由来已久。“二战”以后，美国联邦法院在美国诉美国铝公司案中确立了美国反托拉斯法域外适用的效果原则，并根据该原则对发生在域外的限制竞争行为行使管辖权。① 这一原则已成为美国法院进行法律域外适用的普遍原则，对于知识产权法的域外适用同样适用。在 1952 年《美国专利法》的修订中，美国国会确认了判例法所发展的反域外效力推定原则。然而，自 20 世纪 80 年代以来，科技和国际贸易的发展形势发生变化，境外组装、制造已成为当时国际加工贸易的常态，境外专利间接侵权也屡屡发生。为因应这一情势，美国国会在 1984 年和 1988 年两次修改《专利法》，增加第 271(f)条、第 271(g)条之规定，制定专利法域外适用的例外规则，堂而皇之将美国专利法适用于发生在其域外的侵权行为。除此之外，美国一方面通过“长臂管辖权”和禁诉令机制扩展其域外

---

① 参见王晓晔：《我国反垄断法的域外适用》，载《上海财经大学学报》2008 年第 1 期，第 31 页。

管辖权,另一方面则通过不方便法院等原则克制其域外管辖权的过度扩张,形成了知识产权法域外适用的精密机制和详尽规则。

传统国际私法的观点并不认可知识产权法的域外效力,认为知识产权具有严格的地域性,这决定了知识产权只能在一国地域范围内获得授权并受到保护,原则上不会发生域外效力,亦不会产生法律冲突问题。然而,在实践层面,这种观点忽视了网络知识产权侵权、跨境电子商务中的知识产权侵权和标准必要专利侵权等纠纷频发引发的管辖权竞争和冲突及其对地域性的挑战。在理论层面,该观点将知识产权地域性与知识产权法的地域性混为一谈,否定了知识产权法的域外效力。传统的严格地域性管辖原则,往往会导致我国法院对被告为外国主体或侵权行为发生在国外的案件缺乏管辖权,存在种种弊端。为了因应英、美等国知识产权法域外管辖权扩张的现实,保护我国企业海外利益和产业利益迫切需要知识产权法域外适用中司法管辖权的适度扩张。近年来,我国法院已经通过适当联系原则、更便利法院原则创设新型管辖连结点,探索司法管辖权的适当扩张规则,初步确立了知识产权法域外适用的基本规则。然而,对于源于英美法系的不方便法院原则、禁诉令机制等制度必须结合我国法律传统予以改造,确立适宜我国实际情况的知识产权法域外适用机制。

在知识产权法域外适用体系的制度设计中,域外适用的效果保障机制必不可少。英、美等国法院为了确保其域外管辖权的实现,规定了罚金、藐视法庭罪等惩罚措施;欧洲有些国家为了抵制美国等国的知识产权法域外适用,通过制定阻断法进行反制。诸如此类措施均为我国知识产权法域外适用的制度构建提供了参考。

当然,知识产权法域外适用是一柄"双刃剑",虽然可以起到保护我国企业海外利益和适当扩张司法管辖权的功能,但也容易引起国家之间的司法管辖权冲突、对抗和抵制。因此,知识产权法域外适用的制度构建需要遵循地域性、国际礼让原则、最密切联系原则等基本国际法原则,并适用不方便法院原则等予以克制。

值此百年未有之大变局时代,在国际知识产权秩序重构、知识产权区域化和双边规则盛行之际,我们应当基于全球视野,立足中国实际,在国际知识产权法的发展中发出自己的声音,贡献中国的解决方案,这当然包括知识产权法域外适用的规则机制。对标《区域全面经济伙伴关系协定》《全面与进步跨太平洋伙伴关系协定》等国际贸易协定中的知识产权新标准,可以发现我国知识产权保护虽然有一定差距,但立法、司法和执法水平已居于世界前列。在"一带一路"倡议不断推进、我国国际贸易进一步扩大的背景下，为了防止我国企业和产业在海外的利益遭受不公平的对待，我国有必要适时确立知识产权法的域外适用体系，尽快制定知识产权诉讼特别审理法，通过确定管辖连结点，适度扩张涉外司法管辖权，增强我国司法管辖的弹性应对能力。

参考文献

一、著作类

[1][英]奥本海:《奥本海国际法》(第1卷第1分册),[英]詹宁斯(Robert Jennings)、瓦茨(Arthur Watts)修订,王铁崖等译,中国大百科全书出版社1995年版。

[2]程冰:《知识产权国际私法新问题研究》,人民法院出版社2020年版。

[3]杜涛:《国际私法原理》(第2版),复旦大学出版社2018年版。

[4][美]弗雷德里克·M.阿伯特、[瑞士]托马斯·科蒂尔、[澳]弗朗西斯·高锐:《世界经济一体化进程中的国际知识产权法》,王清译,商务印书馆2014年版。

[5][美]Joseph W. Glannon:《民事诉讼法》,中国方正出版社2004年版。

[6]孔祥俊:《知识产权保护的新思维——知识产权司法前沿问题》,中国法制出版社2013年版。

[7]韩德培、韩健:《美国国际私法(冲突法)导论》,法律出版社1994年版。

[8]韩德培主编:《国际私法新论》,武汉大学出版社2003年版。

[9][美]理查德·D.弗里尔:《美国民事诉讼法》,张利民、孙国平、赵艳敏译,商务印书馆2013年版。

[10]李晶:《国际民事诉讼中的挑选法院》,北京大学出版社2008年版。

[11]李明德、闫文军等:《欧盟知识产权法》,法律出版社2010年版。

[12]李旺:《国际诉讼竞合》,中国政法大学出版社2002年版。

[13]刘力主编:《中国涉外民事诉讼立法研究:管辖权与司法协助》,中国政法大学出版社2016年版。

[14]马志强:《国际私法中的最密切联系原则研究》,人民出版社2010年版。

[15]美国法学会编:《知识产权冲突法原则》,杜涛译,北京大学出版

社2020年版。

[16]欧福永:《国际民事诉讼中的禁诉令》,北京大学出版社2007年版。

[17][美]帕德罗·J.马丁内兹-弗拉加:《国际私法程序中礼让的新作用》,李庆明译,中国社会科学出版社2011年版。

[18]孙国平:《劳动法域外效力研究》,中国政法大学出版社2016年版。

[19][美]谢尔登·W.哈尔彭、克雷格·艾伦·纳德、肯尼斯·L.波特:《美国知识产权法原理》,宋慧献译,商务印书馆2013年版。

[20]徐卉:《涉外民商事诉讼管辖权冲突研究》,中国政法大学出版社2001年版。

[21]杨良宜、杨大明:《禁令》,中国政法大学出版社2000年版。

[22]吴汉东:《知识产权基本问题研究》,中国人民大学出版社2009年版。

[23]朱榄叶、刘晓红主编:《知识产权法律冲突与解决问题研究》,法律出版社2004年版。

[24]张茂:《美国国际民事诉讼法》,中国政法大学出版社1999年版。

[25]张乃根:《国际贸易的知识产权法》(第2版),复旦大学出版社2007年版。

[26]张仲伯:《国际私法学》,中国政法大学出版社2007年版。

[27]钟丽:《国际知识产权争议解决机制研究》,中国政法大学出版社2011年版。

二、期刊论文类

[1][德]彼得·哥特瓦尔德、曹志勋:《论国际商事仲裁的最新发展》,载《法治现代化研究》2018年第5期。

[2]宾岳成:《禁诉令性质的行为保全裁定之考量因素及保障措施——我国知识产权诉讼首例禁诉令裁定解读》,载《法律适用》2021年第4期。

[3]陈安妮:《禁诉令制度若干问题探析》,载《东南司法评论》2010年第0期。

[4]陈锦川:《涉外知识产权民事法律关系的调整》,载《人民司法》2005年第3期。

[5]崔国斌:《标准必要专利诉讼中禁诉令的适用》,载《知识产权》2023年第2期。

[6]丁文严:《跨国知识产权诉讼中的长臂管辖及应对》,载《知识产权》2018 年第 11 期。

[7]杜涛:《论反垄断跨国民事诉讼中域外管辖权和域外适用问题的区分——以中美新近案例为视角》,载《国际经济法学刊》2019 年第 1 期。

[8]杜颖:《知识产权国际保护制度的新发展及中国路径选择》,载《法学家》2016 年第 3 期。

[9]范晓亮:《适用不方便法院原则与国民待遇原则的冲突与协调——以跨国知识产权诉讼为视角》,载《安徽警官职业学院学报》2007 年第 3 期。

[10]冯汉桥:《论侵犯外国知识产权的管辖与准据法》,载《政治与法律》2011 年第 3 期。

[11]冯术杰、于延晓:《知识产权地域性的成因及其发展》,载《长白学刊》2004 年第 6 期。

[12]冯术杰:《"分割论"的合理性及其完善——知识产权冲突规范探微》,载《山东公安专科学校学报》2004 年第 6 期。

[13]冯术杰:《欧盟知识产权冲突法规则及其启示》,载《知识产权》2014 年第 3 期。

[14]古祖雪、赵秋丹:《国际科技合作中知识产权侵权诉讼的若干法律问题》,载《中南大学学报(社会科学版)》2008 年第 4 期。

[15]郭鹏:《信息网络传播权涉外侵权的中国法院管辖权分析——以〈网络著作权司法解释〉第 1 条的完善为中心》,载《法学评论》2011 年第 5 期。

[16]郭小冬:《诉讼保全的实体法视角及其展开》,载《北方法学》2021 年第 1 期。

[17]郭玉军、甘勇:《美国法院的"长臂管辖权"——兼论确立国际民事案件管辖权的合理性原则》,载《比较法研究》2000 年第 3 期。

[18]郭玉军、向在胜:《网络案件中美国法院的长臂管辖权》,载《中国法学》2002 年第 6 期。

[19]韩书立:《我国专利法的域外适用问题研究》,载《法学评论》2021 年第 4 期。

[20]韩秀成、谢小勇、王淇:《构建知识产权大保护工作格局的若干思考》,载《知识产权》2017 年第 6 期。

[21]何其生:《中国的非方便法院原则》,载《武汉大学学报(人文社会科学版)》2000 年第 5 期。

[22]黄武双、刘榕:《驰名商标地域性认定标准的突破》,载《科技与法律》2020年第5期。

[23]黄志慧:《我国涉外知识产权侵权法律适用规则的检视与完善》,载《法商研究》2020年第5期。

[24]霍政欣、金博恒:《美国长臂管辖权研究——兼论中国的因应与借鉴》,载《安徽大学学报(哲学社会科学版)》2020年第2期。

[25]霍政欣:《国内法的域外效力:美国机制、学理解构与中国路径》,载《政法论坛》2020年第2期。

[26]蒋进:《知识产权法的域外效力辨》,载《求索》2009年第2期。

[27]郎贵梅:《知识产权国际保护对司法裁判提出的挑战及应对——涉国际贸易知识产权纠纷疑难问题研究》,载《法律适用》2019年第7期。

[28]李蓓:《美国专利法判例选析:专利权的域外效力问题及法律漏洞如何填补》(上),载《中国发明与专利》2010年第8期。

[29]李庆明:《论美国域外管辖:概念、实践及中国因应》,载《国际法研究》2019年第3期。

[30]李庆明:《美国仲裁背景下的禁诉令制度》,载《商事仲裁》2008年第2期。

[31]李森堙:《谈美国专利法271条f项之问题》,载《科技法律透析》2008年第4期。

[32]李先波、刘林森:《论涉外知识产权诉讼管辖权之协调》,载《湖南社会科学》2004年第1期。

[33]李晓枫:《论以我国行为保全制度实现禁诉令功能》,载《法学杂志》2015年第7期。

[34]廖诗评:《国内法域外适用及其应对——以美国法域外适用措施为例》,载《环球法律评论》2019年第3期。

[35]廖诗评:《中国法域外适用法律体系:现状、问题与完善》,载《中国法学》2019年第6期。

[36]凌宗亮:《域外商标使用行为的效力及其判断》,载《知识产权》2019年第12期。

[37]刘单单:《美国涉外互联网版权侵权案件的管辖确定、法律适用与应诉策略》,载《电子知识产权》2018年第6期。

[38]刘家瑞:《论知识产权地域性在国际保护中的新发展》,载《政法论丛》1998年第5期。

[39]刘义军:《完善我国知识产权侵权诉讼域外管辖权的若干思考》,

载《科技与法律》2016 年第 4 期。

[40]卢正敏、齐延安:《论涉外民事诉讼中不方便法院原则》,载《山东审判》2005 年第 5 期。

[41]吕岩峰:《知识产权之冲突法评论》,载《法制与社会发展》1996 年第 6 期。

[42]马忠法、龚文娜:《法律域外适用的国际法依据及中国实践》,载《武陵学刊》2020 年第 5 期。

[43]宁敏、宋连斌:《涉外知识产权法律冲突的产生及其特点》,载《法律科学(西北政法学院学报)》1991 年第 3 期。

[44]彭奕:《我国内地适用禁诉令制度探析》,载《武汉大学学报(哲学社会科学版)》2012 年第 5 期。

[45]齐爱民、何培育:《涉外知识产权纠纷的法律适用——兼评〈涉外民事关系法律适用法〉相关规定》,载《知识产权》2011 年第 2 期。

[46]钱矛锐、颜昌玲:《知识产权涉外管辖权制度及其涉外领域法律冲突的研究》,载《西昌学院学报(人文社会科学版)》2005 年第 2 期。

[47]乔雄兵:《美国民事诉讼中的挑选法院问题研究》,载《比较法研究》2007 年第 2 期。

[48]屈广清、陈小云:《欧盟知识产权统一国际私法研究——以法律适用为主线》,载《学习与探索》2006 年第 2 期。

[49]屈文生:《从治外法权到域外规治——以管辖理论为视角》,载《中国社会科学》2021 年第 4 期。

[50]屈雨欣:《简析英国禁诉令制度》,载《学理论》2013 年第 32 期。

[51]阮开欣:《论侵犯境外知识产权的管辖权》,载《云南师范大学学报(哲学社会科学版)》2020 年第 1 期。

[52]阮开欣:《论知识产权的地域性和域外效力》,载《河北法学》2018 年第 3 期。

[53]阮开欣:《涉外知识产权归属的法律适用》,载《法学研究》2019 年第 5 期。

[54]沈红雨:《我国法的域外适用法律体系构建与涉外民商事诉讼管辖权制度的改革——兼论不方便法院原则和禁诉令机制的构建》,载《中国应用法学》2020 年第 5 期。

[55]石巍:《知识产权的法律冲突与法律适用探微》,载《现代法学》1999 年第 5 期。

[56]孙尚鸿:《传统管辖规则在网络背景下所面临的冲击与挑战》,载

《法律科学(西北政法大学学报)》2008 年第 4 期。

[57]唐广良:《知识产权海外维权可能涉及的管辖问题——以美国法院近期的两个案件为例》,载《知识产权》2013 年第 1 期。

[58]唐琼琼:《美国专利诉讼中的“超地域性”研究》,载《太平洋学报》2012 年第 10 期。

[59]王德辉:《论国际知识产权的法律冲突及其侵权的法律适用》,载《太平洋学报》2006 年第 8 期。

[60]王娟:《关于我国引入禁诉令制度的思考》,载《法学评论》2009 年第 6 期。

[61]王迁:《〈承认和执行外国判决公约〉(草案)中知识产权条款研究》,载《中国法学》2018 年第 1 期。

[62]王晓晔:《我国〈反垄断法〉域外适用的理论与实践》,载《价格理论与实践》2014 年第 2 期。

[63]王亚丽:《民法典编纂视阈下知识产权禁令救济的制度安排》,载《内蒙古师范大学学报(哲学社会科学版)》2017 年第 4 期。

[64]王艺:《法院地法扩大适用探因——中、美两国比较研究》,载《现代法学》2015 年第 3 期。

[65]伍敏欢、王岩:《知识产权侵权诉前禁令的审查标准探析——兼议〈最高人民法院关于审查知识产权与竞争纠纷行为保全案件适用法律若干问题的解释(征求意见稿)〉第七、八条》,载《电子知识产权》2017 年第 4 期。

[66]肖玲:《涉外知识产权的法律冲突及其法律适用原则》,载《法学论坛》1995 年第 2 期。

[67]肖永平、李臣:《国际私法在互联网环境下面临的挑战》,载《中国社会科学》2001 年第 1 期。

[68]肖永平:《“长臂管辖权”的法理分析与对策研究》,载《中国法学》2019 年第 6 期。

[69]谢祖松:《美国专利域外效力——兼论其对专利涉外民事案件审理之影响》,载《兴大法学》2015 年第 5 期。

[70]徐昶:《我国不宜在涉外民商事审判中引入禁诉令制度——以禁诉令的目标与效果为视角》,载《南京工业大学学报(社会科学版)》2009 年第 3 期。

[71]徐伟功:《美国跨国版权诉讼中的不方便法院原则》,载《新疆大学学报(哲学社会科学版)》2003 年第 2 期。

[72]徐祥:《论知识产权的法律冲突》,载《法学评论》2005 年第 6 期。

[73]杨松才:《论美国知识产权法的域外适用》,载《法学杂志》2007 年第 5 期。

[74]杨文贵、罗依、肖钧天:《论外国法院判决和裁定在中国的承认与执行》,载《中国海商法研究》2019 年第 1 期。

[75]杨长海:《互联网环境下知识产权冲突法面临的新问题及其国际应对》,载《科技与法律》2019 年第 5 期。

[76]杨长海:《知识产权与冲突法连结之理论依据——地域性原则效力再辨》,载《安徽大学学报(哲学社会科学版)》2012 年第 1 期。

[77]姚建军:《英美法系国家(地区)的禁诉令制度及对我国的借鉴》,载《人民司法》2011 年第 1 期。

[78]伊鲁:《论中国反禁诉令制度的构建》,载《中国海商法研究》2020 年第 2 期。

[79]易继明、胡小伟:《标准必要专利实施中的竞争政策——"专利劫持"与"反向劫持"的司法衡量》,载《陕西师范大学学报(哲学社会科学版)》2021 年第 2 期。

[80]詹爱岚、王洁怡:《面向新一代 ICT 产业竞争的标准必要专利战略启示及应对》,载《情报杂志》2019 年第 5 期。

[81]张广良:《反垄断民事案件的管辖及垄断行为的司法认定》,载《中国专利与商标》2009 年第 4 期。

[82]张丽娜:《跨国公司知识产权滥用的反垄断规制——以〈反垄断法〉为视角》,载《广西政法管理干部学院学报》2011 年第 3 期。

[83]张丽英:《"最先受诉法院原则"与禁诉令的博弈》,载《中国海商法研究》2012 年第 1 期。

[84]张利民:《国际民诉中禁诉令的运用及我国禁诉令制度的构建》,载《法学》2007 年第 3 期。

[85]张鹏:《中国法的域外适用现状与域外影响力研究——以美加两国普通法为例》,载《中国应用法学》2018 年第 1 期。

[86]赵景顺、周兢:《对英国禁诉令制度的思考》,载《人民司法》2015 年第 17 期。

[87]赵雷:《美国法中涉外专利之诉的法律适用与执行——基于管辖与禁令执行的分析》,载《知识产权》2018 年第 2 期。

[88]赵相林、邢钢:《论国际民事诉讼中的挑选法院》,载《比较法研究》2002 年第 2 期。

[89]郑成思:《知识产权的国际保护与涉外保护》,载《中国社会科学院研究生院学报》1997 年第 2 期。

[90]郑珠玲:《海事平行诉讼/仲裁中禁诉令的司法实践及解决方案——兼评内地法院反禁诉令第一案》,载《北京仲裁》2019 年第 4 期。

[91]钟丽:《欧盟知识产权跨境侵权案件的司法管辖问题》,载《欧洲研究》2010 年第 6 期。

[92]仲春、关佩仪:《国际标准必要专利热点案件介评》,载《中国应用法学》2020 年第 2 期。

[93]仲春:《标准必要专利全球费率裁判思辨》,载《知识产权》2020 年第 10 期。

[94]仲春:《专利国际诉讼中反禁令的司法应对》,载《知识产权》2018 年第 4 期。

[95]周好轩、王立达:《从国际法观点看美国反托拉斯法域外效力——Motorola Mobility LLC v. AU Optronics 案评析》,载《法学论述》2016 年第 10 期。

[96]朱伟东:《马普所〈知识产权冲突法原则〉简述——欧洲跨境知识产权诉讼的最新发展》,载《国际经济法学刊》2013 年第 3 期。

[97]朱玥:《美国〈谢尔曼法〉域外适用中的国际礼让原则》,载《理论观察》2018 年第 8 期。

[98]祝建军:《标准必要专利全球许可费率司法裁判问题研究》,载《知识产权》2020 年第 10 期。

[99]祝建军:《我国应建立处理标准必要专利争议的禁诉令制度》,载《知识产权》2020 年第 6 期。

三、报纸类

[1]丁文严、韩萍:《中国企业专利涉外司法保护中的管辖困境与应对》,载《人民法院报》2018 年 5 月 30 日,第 7 版。

[2]王淑君:《国际平行诉讼中外国禁诉令签发的主要事由》,载《人民法院报》2021 年 1 月 29 日,第 8 版。

[3]张春阳:《知识产权诉前行为保全探析》,载《人民法院报》2020 年 9 月 3 日,第 7 版。

四、外文参考文献

[1]Adrian Briggs & Peter Rees, *Civil Jurisdiction and Judgments*,

Lloyd's of London Press(2002).

[2]Aleka Mandaraka-Sheppard, *Modern Maritime Law (Volume 1): Jurisdiction and Risks (3rd Revised edition)*, Informa Law from Routledge (2013).

[3]Alexander Shaknes, *Anti-suit and Anti-anti-suit Injunctions in Multi-Jurisdictional Proceedings*, International Law Practicum, Vol. 21, p. 96(2008).

[4]Alexandra George, *Transcending Territoriality: International Cooperation and Harmonization in Intellectual Property Enforcement and Dispute Resolution*, Tsinghua China Law Review, Vol. 10(2018).

[5]Andrew Dickinson, *Resurgence of the Anti-suit Injunction: The Brussels I Regulation as a Source of Civil Obligations?*, International & Comparative Law Quarterly, Vol. 57:2, p. 465(2008).

[6]Annette Kur & Ulf Maunsbach, *Choice of Law and Intellectual Property Rights*, Oslo Law Review, Vol. 6:1, p. 43(2019).

[7]B Steinbrück, *The Impact of Eu Law on Anti-suit Injunctions in Aid of English Arbitration Proceedings*, Civil Justice Quarterly, Vol. 93:1, p. 358 (2007).

[8]Beltrán de Lubiano Sáez de Urabain, Jokin, *Controlando al Litigante Rebelde: Las Anti-suit Injunctions en Los Tribunales Españoles*, Revista Jurídica : Universidad Autónoma de Madrid, Vol. 32:2, p. 75(2016).

[9]Benedetta Ubertazzi, *Intellectual Property Rights and Exclusive (Subject Matter) Jurisdiction: Between Private and Public International Law*, Marquette Intellectual Property Law Review, Vol. 15:2, p. 357(2011).

[10]Caitlin O'Connell, *The End of Patent Extraterritoriality—The Reconciliation of the Patent and Copyright First Sale Doctrine*, George Mason Law Review, Vol. 23:1, p. 229(2015).

[11]Cameron Hutchison & Moin A. Yahya, *Infringement & the International Reach of U. S. Patent Law*, Federal Circuit Bar Journal, Vol. 17:3, p. 241(2008).

[12]Catherine Ross Dunham, *Zippo-ing the Wrong Way: How the Internet Has Misdirected the Federal Courts in Their Personal Jurisdiction Analysis*, University of San Francisco Law Review, Vol. 43:3, p. 559(2009).

[13]CJS Knight, *The Continued Rise (and Future Fall?) of the Anti-suit Injunction*, King's Law Journal, Vol. 20:1, p. 137(2009).

[14] Clare Ambrose, *Can Anti-suit Injunctions Survive European Community Law?*, International & Comparative Law Quarterly, Vol. 52:2, p. 401 (2003).

[15] Curtis A. Bradley, *Territorial Intellectual Property Rights in an Age of Globalism*, Virginia Journal of International Law, Vol. 37, p. 513 – 523 (1997).

[16] D. Peter Harvey, *Applying United States Intellectual Property Laws Abroad-trademarks, Copyrights and Extraterritoriality*, Entertainment and Sports Lawyer, Vol. 15:3, p. 4 (1997).

[17] Dan Jerker B. Svantesson, *A Jurisprudential Justification for Extraterritoriality in (Private) International Law*, Santa Clara Journal of International Law, Vol. 13:2, p. 517 (2015).

[18] Daniel Bruzzone, *Extraterritoriality of the Patent Statute: An Analysis of the Federal Circuits Decision in Transocean Offshore Deepwater Drilling, Inc. v. Maersk Contractos USA, Inc., 617 F. 3D 1296 (Fed. Cir. 2010)*, Cybaris: An Intellectual Property Law Review, Vol. 3, p. 80 (2012).

[19] Daniel E. Wanat, *Copyright Infringement Litigation and the Exercise of Personal Jurisdiction within Due Process Limits: Judicial Application of Purposeful Availment, Purposeful Direction, or Purposeful Effects Requirements to Finding That a Plaintiff Has Established a Defendant's Minimum Contacts within the Forum State*, Mercer Law Review, Vol. 59:2, p. 553 (2008).

[20] Dariush Keyhani, *Bulova Wrongly Decided: A Case against Extraterritoriality of Trademark Law*, Chicago-Kent Journal of Intellectual Property, Vol. 7:1, p. 33 (2007).

[21] Dariush Keyhani, *Patent Law in the Global Economy: A Modest Proposal for U. S. Patent Law and Infringement without Borders*, Villanova Law Review, Vol. 54:2, p. 291 (2009).

[22] Dariush Keyhani, *U. S. Patent Law and Extraterritorial Reach*, Tulane Journal of Technology and Intellectual Property, Vol. 7, p. 51 (2005).

[23] David Altaras, *The Anti-suit Injunction: Historical Overview*, Arbitration: The International Journal of Arbitration, Meditation and Dispute Management, Vol. 75:3, p. 327 (2009).

[24] David S. Welkowitz, *Preemption, Extraterritoriality, and the*

Problem of State Antidilution Laws, Tulane Law Review, Vol. 67:1, p. 1 (1992 – 1993).

[25] Donald S. Chisum, *Normative and Empirical Territoriality in Intellectual Property: Lessons from Patent Law*, Virginia Journal of International Law, Vol. 37:2, p. 603 (1997).

[26] Dylan A. MacLeod, *U. S. Trade Pressure and the Developing Intellectual Property Law of Thailand, Malaysia and Indonesia*, University of British Columbia Law Review, Vol. 26:2, p. 343 (1992).

[27] Elena Leanovich, *Private International Law Issues of Intellectual Property: The Online Dimension in Belarus*, Vestnik of Saint Petersburg University Law, Vol. 2020:2, p. 431 (2020).

[28] Elizabeth A. Rowe & Daniel M. Mahfood, *Trade Secrets, Trade, and Extraterritoriality*, Alabama Law Review, Vol. 66:1, p. 63 (2014).

[29] Elizabeth A. Rowe & Giulia C. Farrior, *Revisiting Trade Secret Extraterritoriality*, Boston University Journal of Science and Technology Law, Vol. 25:2, p. 431 (2019).

[30] Elizabeth M. N. Morris, *Territorial Impact Factors: An Argument for Determining Patent Infringement Based upon Impact on the U. S. Market*, Santa Clara Computer & High Technology Law Journal, Vol. 22:2, p. 351 (2006).

[31] Emmanuel Kolawole Oke, *Territoriality in Intellectual Property Law: Examining the Tension between Securing Societal Goals and Treating Intellectual Property as an Investment Asset*, SCRIPTed: A Journal of Law, Technology and Society, Vol. 15:2, p. 313 (2018).

[32] Friedrich K. Juenger, *Constitutional Control of Extraterritoriality: A Comment on Professor Brilmayer's Appraisal*, Law and Contemporary Problems, Vol. 50:3, p. 39 (1987).

[33] Gary B. Born, *International Commercial Arbitration*, International Lawyer (ABA), Vol. 33:2, p. 289 (2014).

[34] Gary B. Born, *A Reappraisal of the Extraterritorial Reach of U. S. Law*, Law and Policy in International Business, Vol. 24:1, p. 1 (1992).

[35] Geoffrey Fisher, *Anti-suit Injunctions to Restrain Foreign Proceedings in Breach of an Arbitration Agreement*, Bond Law Review, p. [i] (2019).

[36]Graeme B. Dinwoodie, *Developing a Private International Intellectual Property Law: The Demise of Territoriality*, William and Mary Law Review, Vol. 51:2, p. 711(2009).

[37]Graeme B. Dinwoodie, *Territorial Overlaps in Trademark Law: The Evolving European Model*, Notre Dame Law Review, Vol. 92:4, p. 1669(2017).

[38]Graeme B. Dinwoodie, *Trademarks and Territory: Detaching Trademark Law from the Nation-State*, Houston Law Review, Vol. 41:3, p. 885(2004).

[39]Graeme W. Austin, *Intellectual Property Politics and the Private International Law of Copyright Ownership*, Brooklyn Journal of International Law, Vol. 30:3, p. 899(2005).

[40]Guy Wilkes, *Enforcing Anti-suit Injunctions against Sovereign States*, International & Comparative Law Quarterly, Vol. 53:2, p. 512(2004).

[41]Hailegabriel G. Feyissa, *European Extraterritoriality in Semicolonial Ethiopia*, Melbourne Journal of International Law, Vol. 17:1, p. 107(2016).

[42]Hanns Ullrich, *TRIPs: Adequate Protection, Inadequate Trade, Adequate Competition Policy*, Pacific Rim Law & Policy Journal, Vol. 4:1, p. 153(1995).

[43]Harold J. Berman, *Law and Revolution*, Harvard University Press, 1990.

[44]Hueske W, *Rule, Britannia! A Proposed Revival of the British Antisuit Injunction in the E. U. Legal Framework*, The George Washington International Law Review, Vol. 41:2, p. 433(2009).

[45]Ian Bergson, *A New Frontier for Brussels I-private Law Remedies for Breach of the Regulation*, Journal of Private International Law, Vol. 13:2, p. 356(2017).

[46]J. Contreras & M. Eixenberger, *The Anti-suit Injunction—A Transitional Remedy for Multi-jurisdictional SEP Litigation*, Cambridge University Press(2017).

[47]Jacob A. Schroeder, *So Long as You Live under My Roof, You'll Live By-Whose Rules: Ending the Extraterritorial Application of Patent Law*, Texas Intellectual Property Law Journal, Vol. 18:1, p. 55(2009).

[48]James Christopher Gracey, *Thou Shalt Not Steele: Reexamining the*

Extraterritorial Reach of the Lanham Act, Vanderbit Journal of Entertainment & Technology Law, Vol. 21:3, p. 823(2019).

[49] James Kwangho Jang, *Extraterritoriality of State Trade Secret Law*, Journal of the Patent and Trademark Office Society, Vol. 96: 3, p. 409 (2014).

[50] Jane C. Ginsburg, *Extraterritoriality and Multiterritoriality in Copyright Infringement*, Virginia Journal of International Law, Vol. 37:2, p. 587(1997).

[51] Jennifer Giordano-Coltart, *Walking the Line: Why the Presumption against Extraterritorial Application of U. S. Patent Law Should Limit the Reach of* 35 *U. S. C. Sec.* 271(*F*), Duke Law & Technology Review, Vol. 6, p. [1](2006).

[52] Joan E. Beckner, *Patent Infringement by Component Export: Waymark Corp. v. Porta Systems Corp. and the Extraterritorial Effect of U. S. Patent Law*, Houston Law Review, Vol. 39, p. 803(2002).

[53] Joanne Scott, *Extraterritoriality and Territorial Extension in EU Law*, American Journal of Comparative Law, Vol. 62:1, p. 87(2014).

[54] Joel Davidow, *U. S. Patent Litigation: International Aspects and Key Developments*, Journal of World Intellectual Property, Vol. 2:4, p. 475 (1999).

[55] John DeQ Briggs & Daniel S. Bitton, *Heisenberg's Uncertainty Principle, Extraterritoriality and Comity*, Sedona Conference Journal, Vol. 16, p. 327(2015).

[56] John H. Knox, *The Unpredictable Presumption against Extraterritoriality*, Southwestern Law Review, Vol. 40:4, p. 635(2011).

[57] Jonathan H, *Recognition of Foreign Judgments at Common Law—The Anti-suit Injunction Link*, Oxford Journal of Legal Studies, Vol. 17:3, p. 477(1997).

[58] Joseph Michael Levy, *The Confusion of Trademark Territoriality*, Chicago-Kent Journal of Intellectual Property, Vol. 18:3, p. 324(2019).

[59] Kai Burmeister, *Jurisdiction, Choice of Law, Copyright, and the Internet: Protection against Framing in an International Setting*, Fordham Intellectual Property, Media & Entertainment Law Journal, Vol. 9:2, p. 625(1999).

[60] Kajkowska Ewelina, *Anti-suit Injunctions in Arbitral Awards:*

Enforcement in Europe, The Cambridge Law Journal, Vol. 74: 3, p. 412 (2015).

[61] Katharine H. Cummings, *Just out of Reach: Congress, Courts, and Industry Struggle to Define the Scope of U. S. Patent Law Overseas*, Berkeley Technology Law Journal, Vol. 33, p. 861 (2018).

[62] Kean DeCarlo, *Is the Federal Circuit's Holding That the Presumption against Extraterritoriality Making Unavailable Damages Based on a Patentee's Foreign Lost Profits from Patent Infringement Consistent with 35 U. S. C. Sec.* 271 (*f*) (16 – 1011), Preview of United States Supreme Court Cases, Vol. 45:7, p. 247 (2018).

[63] Kendra Robins, *Extraterritorial Patent Enforcement and Multinational Patent Litigation: Proposed Guidelines for U. S. Courts*, Virginia Law Review, Vol. 93:5, p. 1259 (2007).

[64] Kurt G. Hammerle & Theodore U. Ro, *The Extra-territorial Reach of U. S. Patent Law on Space-related Activities: Does the International Shoe Fit as We Reach for the Stars*, Journal of Space Law, Vol. 34: 2, p. 241 (2008).

[65] Lee Michelle, *Anti-suit Injunctions in Aid of International Arbitrations: A rethink for Singapore*, Singapore Academy of Law Journal, Vol. 27:2, p. 438 (2015).

[66] Louise Merrett, *Interpreting Non-exclusive Jurisdiction Agreements*, Journal of Private International Law, Vol. 14:1, p. 38 (2018).

[67] Mahir Al Banna, *The Long Arm U. S. Jurisdiction and International Law: Extraterritoriality against Sovereignty*, Journal of Law, Policy and Globalization, Vol. 60, p. 59 (2017).

[68] Margaret Chon, *Kondo-ing Steele v. Bulova: The Lanham Act's Extraterritorial Reach via the Effects Test*, Boston University Journal of Science and Technology Law, Vol. 25:2, p. 530 (2019).

[69] Marketa Trimble, *The Territorial Discrepancy between Intellectual Property Rights Infringement Claims and Remedies*, Lewis & Clark Law Review, Vol. 23:2, p. 501 (2019).

[70] Michael Brody, James I. Harlan et al., *Extraterritorial Application of U. S. Patent Laws*, Sedona Conference Journal, Vol. 18, p. 187 (2017).

[71] Michael David Schimek, *Anti-suit and Anti-anti-suit Injunctions: A*

proposed Texas Approach, Baylor Law Review, Vol. 45:2, p. 499(1993).

[72]Mukarrum Ahmed, *The Nature and Enforcement of Choice of Law Agreements*, Journal of Private International Law, Vol. 14:3, p. 500(2018).

[73]N. F. Allman, *The Chinese Trademark Law and Extraterritoriality*, China Law Review, Vol. 3:2, p. 78(1926).

[74]Nathan R. Wollman, *Maneuvering through the Landmines of Multiterritorial Copyright Litigation: How to Avoid the Presumption against Extraterritoriality When Attempting to Recover for the Foreign Exploriation of U. S. Copyrighted Works*, West Virginia Law Review, Vol. 104:2, p. 343 (2002).

[75]Neil A. Dowers, *The Anti-suit Injunction and the Eu: Legal Tradition and Europeanisation in International Private Law*, Cambridge International Law Journal, Vol. 2:4, p. 960(2013).

[76]Nicholas Pengelley, *The European Court of Justice, English Courts and the Continued use of the Anti-suit Injunction in Support of Agreements to Arbitrate: Through Transport v. New India*, Journal of Private International Law, Vol. 2:2, p. 397(2006).

[77]P. M. Roth, *Reasonable Extraterritoriality: Correcting the Balance of Interests*, International and Comparative Law Quarterly, Vol. 41:2, p. 245(1992).

[78]P. Sean Morris, *From Territorial to Universal—The Extraterritoriality of Trademark Law and the Privatizing of International Law*, Cardozo Arts & Entertainment Law Journal, Vol. 37:1, p. 33(2019).

[79]P. Sean Morris, *Private Intellectual Property Regulation in Public International Law*, U. C. Davis Journal of International Law & Policy, Vol. 26:1, p. 147(2019).

[80]Peter Thomas Luce, *Hiding behind Borders in a Borderless World: Extraterritoriality Doctrine and the Inadequacy of U. S. Software Patent Protections in a Networked Economy*, Tulane Journal of Technology and Intellectual Property, Vol. 10, p. 259(2007).

[81]R. Davis Mello, *Life after Morrison: Extraterritoriality and RICO*, Vanderbilt Journal of Transnational Law, Vol. 44, p. 1385(2011).

[82]Richard Fentiman, *Anti-suit Injunctions-comity Redux?*, The Cambridge Law Journal, Vol. 71:2, p. 273(2012).

[83]Robert C. Barnard, *Extraterritoriality and Anti-trust Law in the United States*, International and Comparative Law Quarterly Supplementary Publication, Vol. 6, p. 95(1963).

[84]Robert W. Pierson Jr., *Extraterritorial Reach of U. S. Patent Law: Has the Federal Circuit Gone Too Far*, Fordham Intellectual Property Media & Entertainment Law Journal, Vol. 17:3, p. 651(2007).

[85]Robin J. Effron, *Trade Secrets, Extraterritoriality, and Jurisdiction*, Wake Forest Law Review, Vol. 51:4, p. 765(2016).

[86]Rochelle Dreyfuss, Christoph Rademacher et al., *Trade Secret Enforcement: The Reach of Extraterritoriality and Its Alternatives*, Cybaris: An Intellectual Property Law Review, Vol. 8:2, p. 181(2017).

[87]Samuel Tanner Lowe, *Western Geco and the Patent Act: An Analysis of the Patent Act and the Presumption against Extraterritoriality*, Journal of Intellectual Property Law, Vol. 27:1, p. 97(2019).

[88]Scott A. Cromar, *The Location of the Contemplated Sale as the Ultimate Guide in Offer to Sell Transnational U. S. Patent Infringement Cases*, University of Illinois Law Review, Vol. 2012:5, p. 1755(2012).

[89]Steven Baker, Taryn Johnson, Skype Technologies SA v. Joltid Limited and others [2009] EWHC 2783 (Ch.), *Anti-suit Injunction: Clarification of Effect of English Exclusive Jurisdiction Clause in Worldwide Technology Licensing Contract*, Computer Law & Security Review, Vol. 26:1, p. 90(2009).

[90]Teruo Doi, *The Territoriality Principle of Patent Protection and Conflict of Laws: A Review of the Japanese Court Decisions*, Fordham International Law Journal, Vol. 26:2, p. 377(2003).

[91]Thalia Kruger, *The Anti-suit Injunction in the European Judicial Space: Turner v. Grovit*, International & Comparative Law Quarterly, Vol. 53:4, p. 1030(2004).

[92]*The Implication of Nafta to Intellectual Property Protection in the U. S. and Mexico and the Extraterritoriality of U. S. Intellectual Property Laws*, Journal of International Law and Practice, Vol. 5:1, p. 139(1996).

[93]Tim W. Dornis, *Behind the Steele Curtain: An Empirical Study of Trademark Conflicts Law*, 1952 – 2016, Vanderbilt Journal of Entertainment & Technology Law, Vol. 20:3, p. 567(2018).

[94] Timothy R. Holbrook, *Boundaries, Extraterritoriality, and Patent Infringement Damages*, Notre Dame Law Review, Vol. 92:4, p. 1745(2017).

[95] Timothy R. Holbrook, *Extraterritoriality in U. S. Patent Law*, William and Mary Law Review, Vol. 49:6, p. 2119(2008).

[96] Trevor C. Hartlery, *International Commercial Litigation*, Cambridge Press, 2009.

[97] Viki Economides, *Tianrui Group Co. v. International Trade Commission: The Dubious Status of Extraterritoriality and the Domestic Industry Requirement of Section* 337, American University Law Review, Vol. 61:4, p. 1235(2012).

[98] Virginia Zaunbrecher, *Eolas, AT&T, & Union Carbide: The New Extraterritoriality of U. S. Patent Law*, Berkeley Technology Law Journal, Vol. 21:1. p. 33(2006).

[99] Wade Estey, *The Five Bases of Extraterritorial Jurisdiction and the Failure of the Presumption against Extraterritoriality*, Hastings International and Comparative Law Review, Vol. 21:1, p. 177(1997).

[100] Walter W. Heiser, *Using Anti-suit Injunction to Prevent Interdictory Actions and to Enforce Choice of Court Agreement*, Utah Law Review, Vol. 2011:3, p. 855(2011).

[101] Whincop Michael J, *Forum Shopping Duty Free: The Law and Economics of Anti-suit Injunctions after CSR v. Cigna*, Canberra Law Review, Vol. 5, p. 77(1998).

[102] William S. Dodge, *Extraterritoriality and Conflict-of-Laws Theory: An Argument for Judicial Unilaterlism*, Harvard International Law Journal, Vol. 39:1, p. 101(1998).

[103] William S. Dodge, *Presumption against Extraterritoriality after Morrison*, American Society of International Law Proceedings, Vol. 105, p. 396(2011).

[104] William S. Dodge, *The New Presumption against Extraterritoriality*, Harvard Law Review, Vol. 133:5, p. 1582(2020).

[105] William S. Dodge, *Understanding the Presumption against Extraterritoriality*, Berkeley Journal of International Law, Vol. 16:1, p. 85(1998).

[106] Wilson David & Silver Joanna, *Exclusive Jurisdiction Clauses and*

Anti-suit Injunctions, Journal of Intellectual Property Law & Practice, Vol. 5:4 (2010).

[107] Yar Chaikovsky & Adrian Percer, *Globalization, Technology without Boundaries &(and) the Scope of U. S. Patent Law*, Intellectual Property Law Bulletin, Vol. 9:2, p. 95(2005).